金融

结构与中小企业融资

邢乐成 著

山东人民出版社

国家一级出版社 全国百佳图书出版单位

图书在版编目（CIP）数据

金融结构与中小企业融资/刑乐成著. —济南：山
东人民出版社,2015.7
ISBN 978 - 7 - 209 - 09073 - 5

Ⅰ.①金… Ⅱ.①刑… Ⅲ.①中小企业 - 企业
融资 - 研究 Ⅳ.①F276.3

中国版本图书馆 CIP 数据核字(2015)第 171910 号

金融结构与中小企业融资

刑乐成 著

主管部门 山东出版传媒股份有限公司
出版发行 山东人民出版社
社　　址 济南市胜利大街 39 号
邮　　编 250001
电　　话 总编室：(0531)82098914
　　　　　市场部：(0531)82098027
网　　址 http://www.sd-book.com.cn
印　　装 山东省东营市新华印刷厂
经　　销 新华书店

规　　格 16 开(169mm×239mm)
印　　张 15.25
字　　数 260 千字
版　　次 2015 年 7 月第 1 版
印　　次 2015 年 7 月第 1 次
ISBN 978 - 7 - 209 - 09073 - 5
定　　价 42.00 元

序

　　我对中小企业融资难问题的研究，开始于 1998 年在建设银行的专题调研，延续于 2000 年在社科院的研究课题，深化于 2006 年创办齐鲁中小企业投融资公司的运作实践，总结于 2015 年春暖花开的舜耕校园。从表面上看，中小企业融资难是个技术问题，或者是金融机构的操作问题。但从本质上看，却是金融结构与体制问题，甚至是金融发展问题。因此，对中小企业融资难问题的研究，不能仅仅停留在技术层面，而应放到金融结构与金融发展的大背景下去讨论。

　　金融结构与中小企业融资之间存在着怎样的关系？著名经济学家戈德·史密斯曾把金融现象归结为三个基本层面：金融工具、金融机构和金融结构。金融工具指的是对其他经济单位的债权凭证和所有权凭证；金融机构就是金融中介机构；金融结构就是一国现存的金融工具和金融机构的总和。他认为，金融发展就是金融结构的变化。事实上，金融发展的实质就是金融结构的成功变化，而金融结构的变化能直接或间接影响中小企业的融资约束。

　　基于上述认识，我在研究中小企业融资难问题时，开始与金融结构的研究相结合。从技术层面就事论事的研究，开始转向金融结构的变化方面寻找理论支持。十几年来主要进行了两个方面的拓展研究：

　　一是对金融中介变化趋势的研究。金融中介的混业经营是必然趋势，而金融控股公司是介于分业经营和全能银行的一种过渡，不失为金融中介从分业经营向混业经营过渡的现实选择。就中国而言，金融控股公司的发展和模式构建都要突出能力因素，以风险有效控制能力的培育为前提和核心，以收益获取能力的构建为支撑，稳健推进中国金融混业的进程。进一步研究发现，金融混业

1

可以扩大金融制度边界、提高金融的包容性，能够从金融制度边界的扩展中增加对中小企业的金融供给。一国金融业在由分业转向混业经营后，金融机构由于可以开展多种业务，其向中小企业提供金融服务将产生规模经济与范围经济效应，这将使得金融机构更愿意为中小企业提供资金。这一研究结论丰富了现有的金融中介理论，为中小企业融资难的研究找到了理论渊源。本书第一编（第1章至第3章）的内容主要体现为这方面的研究。

二是对金融工具的拓展研究。金融工具又被称为交易工具，是指在金融市场中可交易的金融资产，是证明债权债务关系并据以进行货币资金交易的合法凭证。比如企业可以通过发行股票、债券达到融资的目的，股票、债券就是企业的融资工具。也可以通过贷款实现融资，贷款就是企业融资的现金类工具。目前，中国的金融结构非常不合理，突出的表现就是间接融资的比重过高，而直接融资的比重太低。更为可怕的是，在间接融资操控下出现的直接融资假象，使融资市场出现了异化。中小企业融资难、融资贵已越来越成为管理层纠结且市场难解的实践考题。本书第二编（第4章至第8章）的内容就是对金融工具的拓展研究，提出了大力发展直接融资、加快多层次资本市场建设、不断创新直接融资工具、开放场外交易市场等若干对策建议，这些研究结论将有助于缓解中小企业的融资约束。

在对以上两方面进行拓展研究的基础上，本书的重点放在了对中小企业融资的专题研究上。这些专题研究的逻辑起点和理论渊源，主要来自于对金融结构的研究发现。正是这种拓展研究，丰富和发展了中小企业的融资理论，拓宽了对该问题的研究视野。这部分内容构成本书第三编（第9章至第16章）的研究结论，主要的研究视角有金融错配、集合（金融制度边界）、普惠金融、信息通信技术和互联网金融等。

做理论与实践的结合者，既是我的理念更是我的追求。我曾在银行工作了15年，在国有控股和上市公司也有10年的高管经历。在此期间我接触过大量的中小企业，深知中小企业面临怎样的生态环境。因此，我总想从理论上和实践中为中小企业做些实实在在的事情。一方面，我先后发起成立了将军担保公司、将军典当公司、齐鲁中小企业投融资公司等运作平台，从实践中为中小企业融资提供力所能及的帮助和支持；另一方面，我十分关注对中小企业融资难的理论研究。本书就是十多年来我对中小企业融资问题研究的理论结晶，基本上反映了我对这个问题的认真思考，同时也凝结了我的炽热激情和社会责任。倘若本书能为缓解中小企业的融资约束做点贡献，则甚幸！

特此为序。

邢乐成
2015 年 6 月于舜耕校园

目 录

序 ·· 1

第一编

金融中介：走向混业经营

第1章 金融混业理论综述·································· 2

1.1 多元化经营理论 ··· 2

1.2 金融资产同质性理论 ·································· 5

1.3 金融才能理论 ·· 6

1.4 国内其他研究 ·· 7

1.5 对既有研究的评价 ····································· 8

第2章 能力因素与金融控股公司·················· 10

2.1 问题的提出 ·· 10

2.2 企业能力理论的梳理 ································ 11

2.3 能力因素的地位与作用 ··························· 13

2.4 引入制度因素后的讨论 ··························· 20

2.5 基本结论 ·· 27

第3章 中国金融控股公司发展模式·············· 29

3.1 中国金融混业探索的启动 ······················ 29

3.2 中国金融控股公司的发展路径 ················ 33

3.3　中国金融控股公司运作模式探索 ……………………………… 39

3.4　小结：金融混业对中小企业融资的影响 ……………………… 58

第二编

金融工具：发展直接融资

第4章　资本成本与公司融资偏好…………………………………… 62

4.1　对资本成本的重新认识 ……………………………………… 62

4.2　资本成本约束与公司股权融资偏好 ………………………… 66

4.3　简要的对策 …………………………………………………… 68

第5章　资本成本与资本市场功能………………………………… 70

5.1　资本市场功能 ………………………………………………… 70

5.2　资本成本定义比较 …………………………………………… 73

5.3　资本成本缺位与资本市场功能缺陷 ………………………… 75

5.4　发展硬约束低端信用资本市场 ……………………………… 77

第6章　股票融资偏好的非经济性………………………………… 78

6.1　股票融资偏好及其成因 ……………………………………… 78

6.2　股票融资的经济性分析 ……………………………………… 79

6.3　股票融资的直接和间接成本 ………………………………… 81

6.4　股票融资偏好的非经济性 …………………………………… 86

第7章　直接融资与资本市场建设………………………………… 88

7.1　间接融资的功与过 …………………………………………… 88

7.2　直接融资的功能 ……………………………………………… 90

7.3　直接融资与资本市场建设 …………………………………… 91

第8章　场外交易与多层次资本市场……………………………… 98

8.1　中国场外交易的历史回顾（1988—1999） ………………… 98

8.2　理性认识中国场外交易市场 ………………………………… 99

8.3　场外交易市场的重新定位与运作要点 ……………………… 102

8.4　场外交易市场运作的制度保障 ……………………………… 104

第三编

专题研究：中小企业融资

第9章　中小企业融资：困境与出路 ·············· 108

9.1　中小企业的范围界定 ·············· 108

9.2　中小企业融资的现状 ·············· 109

9.3　简要的对策建议 ·············· 112

第10章　中小企业融资：一个文献综述 ·············· 117

10.1　自身缺陷与信息不对称 ·············· 117

10.2　关系贷款与群贷技术 ·············· 120

10.3　机构匹配与融资次序理论 ·············· 125

10.4　制度因素 ·············· 129

第11章　中小企业融资：基于投融资公司视角 ·············· 133

11.1　引言 ·············· 133

11.2　实证模型及其结果分析 ·············· 133

11.3　解决中小企业融资难的新突破 ·············· 140

第12章　中小企业融资：基于金融体制视角 ·············· 147

12.1　问题的提出 ·············· 147

12.2　融资难的原因梳理 ·············· 147

12.3　问题的实质 ·············· 150

第13章　中小企业融资：基于金融错配视角 ·············· 152

13.1　问题的提出 ·············· 152

13.2　根源分析 ·············· 154

13.3　一个理论分析框架 ·············· 156

13.4　实证研究 ·············· 160

13.5　研究结论 ·············· 165

第14章　中小企业融资：基于集合视角 ·············· 167

14.1　相关文献梳理 ·············· 167

14.2　金融制度边界：基于需求的分析 ·············· 170

14.3 法律基础上的金融制度集与边界 ················ 179

14.4 解决中小企业融资难的制度途径 ················ 185

第15章 中小企业融资：基于普惠金融视角 ············ 189

15.1 中小企业金融排斥 ······················ 189

15.2 普惠金融实践：传统金融领域 ·············· 190

15.3 普惠金融实践：创新金融领域 ·············· 193

15.4 政府在发展普惠金融中的作用 ·············· 197

第16章 中小企业融资：基于信息通信技术视角 ········ 201

16.1 问题的提出 ·························· 201

16.2 相关的文献回顾 ······················ 202

16.3 金融制度边界理论的再分析 ·············· 203

16.4 研究设计 ·························· 206

16.5 实证分析与结论 ······················ 210

参考文献 ······························ 218

后　　记 ······························ 234

第一编

金融中介：走向混业经营

　　金融中介亦即金融机构，它是一国金融结构的主要组成部分。研究金融结构问题，寻找中小企业融资约束的理论渊源，离不开对金融中介的研究。从世界金融业的发展趋势看，金融混业是必然趋势。金融机构之间的竞争不仅以市场为基础，更以巨型金融集团为体现。中国的金融机构要想在国际金融业中占有一席之地，就必须走混业经营之路，这是不以人的意志为转移的。金融控股公司是介于分业经营和全能银行的一种过渡，不失为中国从分业经营走向混业经营的一种现实选择。进一步研究发现，金融混业经营可以扩大金融制度边界，有效增加对中小企业的金融供给，进而缓解中小企业的融资约束。这一结论，既是对传统金融中介理论的丰富，更为解决中小企业融资难问题找到了理论渊源，进一步拓宽了中小企业融资理论研究的空间。

第 1 章　金融混业理论综述

从世界金融业的发展趋势看，金融混业是必然的趋势。金融体系之间的竞争不仅以市场为基础，更以巨型金融集团为体现。金融混业经营的理论基础是什么？尽管国内外很多学者对此进行了多方位的研究，但还没有找到一个较为全面的理论解释。本章集中讨论了金融混业的三种理论，在此基础上提出了三点结论，以期对金融混业提供理论解释，并对解决中小企业融资难问题提供理论支持。

1.1　多元化经营理论

多元化经营理论是最早为金融混业提供理论支撑的基础理论。Chandler（1962）依据战略决定组织结构的基本思路就提出了一个多元化经营的模型，认为当战略与组织结构之间产生有机匹配关系时,企业的多元化将会获得成功。这个主张被 Hill、Hitt and Hoskisson（1992）再次强调，他们在实证检验了有关多元化经营的数据后，认为绩效不是源自企业事先策划确定的多元化策略，而是决定于企业战略与内部组织安排的匹配程度。

Rumelt（1974）在比较了多元化经营与专业化经营企业的数据后，得出了以下结论，即从事相关多元化经营企业的业绩要高于从事不相关多元化经营企业的业绩。但是现实中有着许多的企业坚持采取了多元化经营战略，并且取得了良好的业绩。同时也存在着众所周知的"多元化陷阱"，相当数量的企业陷入多元化陷阱中苦苦挣扎。如何说明这些表现迥异的多元化现象？Jones and Hill（1988）同样采取了比较研究的方法，在界定和实证分析了相关多元化与不相关多元化之间的绩效差异后，他们认为存在一个最优化水平的多元化，即当企业多元化经营水平较低时，仍有进一步扩张的空间，此时多元化的收益大于成本；但多元化超出一定水平后，其成本就会超过收益，进一步的多元化就会陷入多元化陷阱。

Teece（1982）[1]以交易费用理论和企业资源理论为基础提出了一个多产品理论，认为当企业内部产生了过剩的管理资源时，由于交易费用的存在，利用市场机制进行资源的最优配置不可行，因此企业具有利用这些过剩管理资源进行多元化经营的内在激励和根据。他强调：一是并不是所有管理资源都适宜在企业内部继续经营，二是企业内部资本市场可能具有更高的效率。这两点构成了决定或者影响企业多元化绩效的关键因素。

对于金融企业多元化的研究没有得出具有一致性的结论。有的研究认为多元化有利于提高金融中介的收益水平，因为存在协调效应。有的则认为多元化对于收益的影响有限，关键在于多元化降低了金融中介的风险水平。更有的研究得出了多元化对金融中介业绩具有负面影响的结论。

经合组织（OECD）（1993）总结和检验了 1962—1989 年间所有对于金融企业多元化经营的研究，其基本结论是：（1）现有研究结果之间存在显著差异，这些差异主要是因为时期、国家和研究方法的不同引起的；（2）在技术、信息、客户服务一体化等方面发现了有限的规模经济和范围经济效应；（3）金融中介的技术进步能够提高业务多元化程度，进而使一新业务纳入金融集团框架中最小规模水平不断降低；（4）规模经济和范围经济效应在不同金融机构中的显著程度有着较大差异，保险行业的规模经济经常会出现。

Berger 和 Humphrey（1994）的实证分析表明，银行业的范围效率很小，至多可以通过生产多样化的产品而使成本降低 5%，收益则显示出不受产品多样化影响的特性。这个结论明显的支持金融企业多元化有范围经济效应的主张。

Saunders 和 Walter（1994，1996）着重分析多种金融业务混合经营所产生的风险。他们所使用的调查样本包括美国最大的金融服务机构，包括商业银行、地区银行、保险公司和投资银行，利用这些企业的 1984—1988 年间的股本收益数据，在假设这些金融机构随机组成全能银行的情况下，构建了一个假设的全能银行的综合风险公式，分析所得出的结论是：（1）地区银行所从事的火灾险和意外事故险是风险最低的业务，证券经纪和承销是风险最大的业务；（2）自从美国许可金融机构拓展业务以来，主要收益体现在风险降低上，这在商业银行业拓展到保险业上有着较为明显的体现，而商业

---

[1]　盛洪主编：《现代制度经济学》，北京：北京大学出版社，2000 年版。

银行和证券业务的混业则显示出较高的风险水平。

Van Den Berghe and Verweire（1998）构建了一个新的分析框架：金融混业集团控制结构。该框架建立在波特的价值链理论上，认为借助于这个新框架，可以实现两个目的：一是新框架将成为进一步研究的基础，因为金融混业过程是一个量变过程，它会逐步被更多的定量数据所推敲、精炼。二是新框架将成为参与金融混业集团各方进行控制和评估的方法，如金融混业集团中监控人员的各种协作及实现程度，金融混业集团中的各种风险、监控体系的规模和可能发生的结果，金融混业集团的分类和业务协作的实现程度等。

借助于这个框架，他们对一些欧洲国家的金融混业集团、银行和保险公司1991—1995年的有关数据进行了计量分析。结果显示：金融混业集团理论上的优势并没有直接反映在它们的业绩报告中。（1）用税前资本收益率作为指标表示的业绩显示，金融混业集团比专业银行表现要好，但非多元化经营的专业保险公司的业绩最好。这说明多元化对于金融混业集团、专业银行和专业保险公司具有相当不同的意义。（2）多元化程度与税前净资本收益率之间存在（弱的）负相关关系。这意味着多元化程度的提高将带来资本收益率的下降，不利于业绩的进一步提升。（3）并不是所有类型的多元化都能产生正的协同效应。所在行业的不同、企业治理结构、经理人员对战略的控制力、协同效应类型的不同等因素都在不同程度上影响着混业业绩。

Klein and Saidenberg（2000）[1] 通过对美国银行控股公司的研究发现，银行可以从地域多元化及内部资本市场资源配置机会中获取利益。银行控股公司效率提高的原因在于，多元化的经营使其可以持有较少的资本且比单一的资产组合提供更多的信贷，以获取更高的收益，用以补偿因内部机构增多及资产组合复杂化所带来的成本上升。研究同时发现，内部资本市场的便利对于巨型银行控股公司而言很小，因后者所拥有的大型分支机构更倾向于利用自己的内部资本市场而非控股母公司的内部资本市场。这些结论与多元化可增加内部资本市场便利的效率解释相一致，而得不出范围扩张可提高效率的解释。

总结上述研究，本书的一个基本判断是，现有的多元化研究并没有清晰得

---

① Klein and Saidenberg, "Organizational Structure and the Diversification Discount: Evidence from Commercial Banking", *Federal Preserve Bank of New York, Working Paper,* 2000.

出多元化是金融混业理论基础的结论。相反，对金融企业的多元化经营表现出了谨慎态度，更为重要的是，普遍认为有多种因素影响着金融业务多元化的成功概率，在金融业务多元化道路上还没有一个清晰的"成功指南"。

1.2　金融资产同质性理论

现有的金融中介理论没有充分解释金融的全能化趋势，金融企业的多元化实践和研究也没有得出多元化理论能够说明全能化趋势的结论。中国学者王常柏、纪敏（2002）[①] 从金融资产同质性这个角度对金融全能化、混业经营趋势提出了一个理论解释。

王常柏、纪敏（2002）指出金融资产的同质性是和资产专用性（Asset specificity）相对应的一个概念。资产同质性越强，变更经营领域的成本越低，越容易被进入。而金融行业中的资产，不论是资本、信息还是企业家才能，对于所有金融企业来说都具有较高的同质性。由此决定金融行业内不同业务之间相互的进入和退出成本较低，经营更多的金融业务就具有规模经济和范围经济效应，这也是金融集团主要的效率来源。

进一步地，既然金融资产具有较高的同质性，为什么过去没有出现显著的全能化趋势？王常柏、纪敏（2002）按照同样的逻辑进行了回答。即交易成本在不同时代的不同是问题的关键。早期由于信息技术的落后、金融市场的落后以及其他诸多因素，资金盈余者作为产权或债权的直接拥有者，很难真实、及时地掌握和控制资金需求者的资信、资金运用和经营状况，同时证券市场的不完善使得资金盈余者无法有效地通过直接金融满足自身对流动性的需求。同样，随着科技进步、金融市场和制度环境的变化，直接金融的发展获得了空前的便利，即交易成本大大下降。这一方面催生了大量的证券从业机构，另一方面商业银行也从直接金融的便利中获得了好处，逐渐走向了全能化之路，满足客户对直接金融服务的需求，并从中获得范围经济。

同时，他们还认为金融资产的同质性不仅带来全能化趋势，也相应带来了加剧流动性风险和利益冲突的不利于社会的结果。金融资产同质性程度越高，

---

① 王常柏、纪敏：《金融资产同质性：关于全能银行的一个理论分析》，《金融研究》，2002 年第 6 期。

流动性越强，同时表明不同金融部门之间的风险更加易于传递，由此将导致"大而易倒"的结果。同时，由于所有金融业务在同一集团内进行，金融集团一身同时担负多种角色，必然产生金融集团自身利益与客户利益的冲突。

不过，我们需要讨论的是，金融资产的同质性理论能否为金融混业趋势提供足够的解释。其实在多元化研究中，已经基本上形成了这样一个共识：相关多元化的绩效好于无关多元化。显然金融混业属于相关多元化的范围，但是仅有业务的相关和由此形成的较高的资产同质性，是不是构成了足够的混业经营理由？本书的基本判断是：业务相关和资产同质性仅仅构成了金融混业的可能性，但并不构成必然性。因为在部分金融中介大举向全能化、集团化方向发展的同时，也有部分（甚至是大部分）金融中介在向专业化方向发展。也就是说并不是所有的金融中介都因为金融资产具有同质性而走上全能化道路。这其中决定金融中介的选择有差异的关键显然不能再用金融资产的同质性较高这个因素来解释。因此，金融资产同质性只是部分地解释了全能化趋势，解释了全能化的一个基础。借助于这个基础，金融混业具有了可能性。

1.3 金融才能理论

秦力（2003）[①]提出了一个全新的框架来解释金融的混业和全能化趋势。能力理论是其理论基础，在此基础上他提出了金融才能观。以金融才能为基础概念，他将金融控股公司的发展归结为能力的不断积累和拓展。

秦力（2003）首先系统地批评性地回顾了金融中介理论，指出在新古典经济学中囿于其逻辑没有金融中介的理论地位。金融中介旧说将理论集中于解释金融中介在整个经济体系中的功能，通过其功能说明金融中介存在的必然性和合理性。金融中介新说的主流在科斯等的影响下，从企业是市场替代物的角度出发，将金融中介的存在理由建立在与市场相比金融中介具有的优势上，成本节约和规模效应是金融中介的两个基本优势。但是金融市场与金融中介同步壮大的现实使替代定位的新说遇到了难以解释的难题。Allen & Santomero（1998）提出了"参与成本"的概念，认为是居民的参与成本导致金融中介在金融服务的提供上具有优势。进一步地 Merton、Bodie 等复兴了功能理论提出了金融中

---

① 秦力：《金融控股公司的经济学分析》（博士论文），2003 年。

介的功能观点，认为不管金融中介采取了什么样的组织形式，其资源配置的基本功能是不变的。从基本的功能出发，他们进一步总结了金融中介具备的六项功能：清算和支付职能、储备资源和分割股份、跨时间和空间转移资源、管理风险、提供信息及解决激励问题。

正如秦力（2003）总结那样，现有金融中介理论存在着中介与市场的对立、多个解释并存、功能与行为的分割、分工与发展解释不足等缺陷，尤其是不能对金融全能化、集团化给出充分解释。借鉴于企业能力理论秦力（2003）提出了金融才能观点，"所谓金融才能就是金融中介具有的知识和技能的集合"。风险与收益的匹配能力是金融中介的核心能力，是金融中介的立身之本；金融中介向外传递所具有的风险收益匹配能力的能力是金融中介的第二能力，传递安排极大地决定了金融中介的组织结构。

金融中介的发展实际上就是金融才能不断积累的过程和结果。金融才能的外部积累说明了金融中介作为一个企业的整体发展方向，专业化和全能化是两个代表性方向。金融才能的内部积累方向是指金融中介内金融才能的积累方向，包括成本最小化和收益最大化两个方向。金融中介能力不断积累的结果就是，不仅在产业内形成了分工，而且使金融中介之间产生了差异。金融才能的积累不仅受到金融中介及其内部因素的影响，还受到多种外部因素的影响。金融创新、金融需求、技术进步和金融监管是主要的影响因素。金融全能化和集团化实际上是在金融需求的推动下，金融中介能力不断成长和积累的外部表现。

1.4　国内其他研究

整体上看国内对金融控股公司的研究，还处在理解金融控股公司和论证金融控股公司对于中国金融混业的意义上。

研究主要表现为夏斌等（2001）[①]、谢平（2004）[②]、叶辅靖（2001）等。这些研究的共同特点是：首先是介绍金融混业的国外经验。有的重点介绍了美国、英国、日本等国家从分业体制如何改革演变为金融混业体制。特别是对于美国金融体制的变迁过程有着更加全面的介绍，不仅因为美国在世界金融体系

---

① 夏斌等：《金融控股公司研究》，北京：中国金融出版社，2001 年版。
② 谢平：《金融控股公司的发展与监管》，北京：中信出版社，2004 年版。

中占有主导地位，也因为美国的分业体制对中国具有较多的借鉴意义。但少见对另一个分业成功转型为混业体制国家——澳大利亚的介绍。有的重点介绍了西欧具有混业传统国家的经验，如德国、荷兰、瑞士等。还有的重点介绍了进行多元化金融业务经营的各个国家的金融集团，如花旗、汇丰、荷兰国际、德意志银行、瑞银集团等。有的则集中研究了国际金融组织对金融集团的监管规则。

其次是分析和总结中国金融混业的探索历程，指出在中国当前的金融体制中已经产生了金融控股公司，并因此引发了监管等多方面的问题。进一步分析和争论在中国是否要推动金融混业，是否要发展金融集团，以及采取什么样的方式来进行金融混业等问题。否定的观点认为中国还不具备足够的金融混业条件，金融控股公司即使存在也只能以实验和探索的性质存在。肯定的观点认为金融混业是世界趋势，也是中国金融深化的需要，采取金融控股公司的形式进行混业探索，不仅符合目前的法律要求，而且有助于控制风险，从制度上缩小与世界金融巨头的差距。

最后分析了在中国发展金融控股公司的可能路径。一是在中国发展金融控股公司的约束分析（张艳，2003）[①]，说明这些约束不仅有来自于中国金融市场化程度不高的约束，更有来自监管、会计、治理结构等多个方面的制度约束。二是对金融控股公司可能模式的选择，普遍认为控股公司形式是最佳的组织选择。三是有许多研究特别强调如何构建金融混业的监管体系，如谢平（2004）指出金融控股公司的出现对中国的金融监管能力和传统模式带来了极大的挑战，并认为市场准入与退出、资本充足率、关联交易、管理层任职资格和风险控制是金融控股公司监管的重点工作。

总结上述研究，还少见有对金融控股公司的发展逻辑进行深入理论分析的文献，基本上是就金融控股公司讨论金融控股公司，结合国外实践给出一些对中国发展金融控股公司的政策建议。

1.5 对既有研究的评价

总结现有的对金融业表现出的混业化、全能化趋势研究成果，可以得出以

---

① 张艳：《金融业混业经营的发展途径研究》，北京：中国金融出版社，2003年版。

下几个评论性的基本结论：

一、对于风险和绩效的研究仅停留在理论推演层次

对于风险和绩效的研究停留在理论推演层次，实证研究还没有给出清晰的结论，有些结论甚至是相互冲突的。这不仅与各个研究者采取的研究方法有差异有关，更重要的是金融混业探索刚刚开始，风险和绩效还没有充分显示出来，因此研究还不能得出较为一致的结论。并且全能化的绩效和风险又与各个国家金融市场的成熟程度、竞争结构有密切关系，而在这些方面国家之间具有更大的差异。

二、金融控股公司和金融全能化没有得到很好的理论解释

既有的解释多是从金融需求和供给两个方面的现实变化来论证金融控股公司的出现可以更好地满足需求和丰富供给。但这只是一种浅层次的解释，没有在理论上形成和给出金融企业内在发展的理论解释。尽管学者们对此进行了努力，如王常柏、纪敏（2002）从金融产品同质性角度的解释，其他学者从多元化角度的解释，但本书已经指出这些解释都不充分。Skipper（2002）的综述文献中指出对金融控股公司的解释多是从规模与范围经济的角度进行的，认为金融控股公司之所以产生是为了获取规模和范围经济。但规模和范围实际上是金融控股公司扩张后的结果，而不是其扩张的内在动力。并且规模经济和范围经济的证据并不是十分充分。同时也正是因为缺乏对金融控股公司深入而透彻的理论解释，而对发展金融控股公司可能遇到的风险难以有清晰的认识。

三、金融控股公司运作模式的研究还需要加强

既有文献更多地着重于集团组织形式对混业经营的影响，而对于如何在这个组织平台上构建起多种金融业务有机组合的途径还没有清晰认识，许多结论多是基于逻辑判断，而不是出于对现实的刻画。多种金融业务融合基础是什么？有机融合的方式与组织体现是什么？融合的风险与收益以及它们与融合方式之间的关系如何等问题都还没有得到清晰说明。因此需要更多地对金融控股公司的全能化实践进行更加深入的研究，将更多的注意力集中于金融控股公司运作模式和能力培育上，以充分说明金融控股公司的发展规律。

第2章 能力因素与金融控股公司

2.1 问题的提出

金融控股公司作为中国未来金融混业的企业形态选择，尽管其中有些问题已经得到研究，但还有许多问题没有解决。即使是被研究的问题，如金融控股公司的发展演进理论，也没有建立在一个有解释力的理论基础上，依然需要进一步地研究和探索。

国内外对金融控股公司演进理论的研究，多数侧重于金融混业的风险和绩效，也就是说现有研究主要是围绕金融混业的风险和收益展开的，但还没有找到一个桥梁将二者结合起来。本章借助于"能力"这一因素把二者沟通起来，以风险、收益、能力作为决定金融控股公司发展路径的三个变量，建立一个金融控股公司发展演进的理论解释。在这个解释中，将回答下列问题：在金融控股公司演进过程中，相关的风险是哪些？相关的收益是什么？有效控制和降低金融控股公司所产生的风险，获取金融控股公司可能产生的收益，都需要建立在金融控股公司的能力基础上。那么，金融控股公司应当具备的能力包括哪些？鉴于既有的金融中介理论没有对金融全能化、混业化给予充分解释，因此需要构建一个新的理论框架，从这个框架出发说明哪些能力是金融中介必须具备的能力集合，哪些是金融中介多元化经营时需要具备的能力。

特别地，国外对上述问题的研究多数集中在技术层面上，没有对制度给予充分重视。国内研究关注到了制度及其变迁的影响，但没有将制度和技术显著地结合在一起深入探讨。本章将它们联系在一起，构建一个更加宏大、全面的风险—收益—能力模型，研究它们对中国金融控股公司的发展路径和模式选择的影响。

在金融控股公司的发展以及运作模型确定上，本章特别强调了能力因素，认为这是关键所在。不仅是获取金融混业经营的潜在收益需要能力，而且控制混业风险也需要能力。实际上金融控股公司代表着一种全新的金融盈利模式，需要金融中介培育出完全不同于专业化经营的能力体系。我们更将金融控股公司的演进看成是一个能力积累和成长的过程，反对那些仅强调混业必然性和可能性而忽视混业所必需的能力前提的主张。再进一步，本书将中国金融制度环境对风险—收益—能力模型的影响引入理论解释中，讨论了由此引起的变化，发现不仅技术层面上的风险、收益有了不同的表现形式，而且还产生了一些特有风险和收益，尤其是收益具有转化为风险的潜在趋势，因此要求在中国进行混业探索时需要具备更多、更高超的能力。

2.2　企业能力理论的梳理

由于金融控股公司是一种多元化经营的金融中介组织，因此首先对于混业经营和金融控股公司进行解释的是金融中介理论。按照秦力（2003）[①]的分析，金融中介旧说将理论集中于解释金融中介在整个经济体系中的功能，通过其功能说明金融中介存在的必然性和合理性。金融中介新说的主流在科斯等的影响下，从企业是市场替代物的角度出发，将金融中介的存在理由建立在与市场相比金融中介具有的优势上，成本节约和规模效应是金融中介的两个基本优势。但是金融市场与金融中介同步壮大的现实使替代定位的新说遇到了难以解释的难题。此后，Allen & Santomero（1998）[②]提出了"参与成本"的概念，认为是居民的参与成本导致金融中介在金融服务的提供上具有优势。Merton、Bodie[③]等复兴了功能理论，提出了金融中介的功能观点。正如秦力（2003）总结的那样，现有金融中介理论存在着中介与市场的对立、多个解释并存、功能与行为的分割、分工与发展解释不足等缺陷，尤其是不能对金融全能化、集团化给出充分解释。

正是由于金融中介理论没有能够充分说明金融控股公司存在和发展的根据，部分学者利用企业能力理论提出了一些学说，用来说明金融控股公司出现的理论根据。

企业能力理论是近年来快速发展、具有强大理论潜力的一个企业理论分支。Selinick（1957）最早提出了能力或特殊能力的概念，认为能力或特殊能

---

①　秦力：《金融控股公司的经济学分析》（博士论文），2003 年。

②　Allen, Franklin&Santomero, Anthony M., "The Theory of Financial Intermediation", *Journal of Banking & Finance*, 21, 1998, pp.1461–1485.

③　Bodie, Z. & Merton,R.C., *Finance Preliminary Edition*, Prentice–Hall, Inc, 1998.

力就是能够使一个组织比其他组织做得更好的特殊物质。

Nelson & Winter（1982）强调了企业能力在企业与企业经营中的重要意义，认为企业能力在本质上是组织积累起来的且主要以"习惯"的形式得以维持。沃纳菲尔特（1984）正式提出了企业内部的组织能力、资源和知识的积累是解释企业获得超额收益、保持竞争优势的关键。普拉哈拉德和哈默（1999）正式提出了企业核心能力理论，认为核心能力是企业获得竞争优势的关键。由此正式宣告了企业能力理论的诞生。

在金融中介理论和企业能力理论的基础上，秦力（2003）提出了一个全新的框架来解释金融的混业和全能化趋势。借助于企业能力理论，秦力（2003）提出了金融才能观点，"所谓金融才能就是金融中介具有的知识和技能的集合"。风险与收益的匹配能力是金融中介的核心能力，是金融中介的立身之本；金融中介向外传递所具有的风险收益匹配能力的能力是金融中介的第二能力，传递安排极大地决定了金融中介的组织结构。

秦力（2003）也特别强调金融中介的传递能力和传递机制的不同是形成不同金融中介组织形式的关键。金融中介的发展实际上就是金融才能不断积累的过程和结果。金融才能的外部积累说明了金融中介作为一个企业的整体发展方向，专业化和全能化是两个代表性方向。金融才能的内部积累方向是指金融中介内金融才能的积累方向。金融中介能力不断积累的结果就是，不仅在产业内形成了分工，而且使金融中介之间产生了差异。金融全能化和集团化实际上是在金融需求的推动下，金融中介能力不断成长和积累的外部表现。

在解释金融控股公司的多元化经营方面，Teece（1982）将多产品组织理论的中心问题界定为解释"企业为何增加相关和无关产品的品种，而不是对原有产品进行再投资或将资产直接转移到股东手中"[①]，也就是讨论是什么因素影响和决定了企业的多元化经营决策。借助于 Penrose（1959）对企业成长的解释，Teece（1982）指出"一个专业化企业的过剩资源（管理的和技术的）的产生以及这些资源的可替换性质，是前面提出的多元化理论的关键"[②]。面对过剩资源，企业可以选择将其向市场出售（保持专业化状态），也可以选择

---

① 盛洪主编：《现代制度经济学》，北京：北京大学出版社 2000 年版，第 220 页。
② 盛洪主编：《现代制度经济学》，北京：北京大学出版社 2000 年版，第 224 页。

利用兼并或重新进入的方式进行多元化经营（进入多元化状态），还可以选择以红利的形式支付给股东（保持专业化状态）。而当向市场出售和支付给股东的选择面临较高的交易成本时，必然促使企业选择多元化经营。可以说，这些过剩资源实际上就是企业所具有的基本能力的体现，多元化经营则是企业对这些资源的进一步使用。

本章将借鉴 Teece（1982）给出的框架，进一步发展秦力（2003）的能力观点，在前人研究的基础上发展构建了一个说明金融控股公司产生和发展的理论模型：风险—收益—能力模型。

2.3　能力因素的地位与作用

一、能力因素在金融中介理论中的地位与作用

秦力（2003）认为风险—收益匹配能力和该能力的传递能力是金融中介的两个核心能力。本书在此基础上进一步指出金融能力是一个能力束，除了秦力（2003）总结出的这两个能力外，还应该补充一个重要能力——基础管理能力。

从严格意义上讲，传递能力，甚至匹配能力，都属于管理能力。但由于金融中介的金融性质和中介性质，而使匹配能力和传递能力成为金融中介的特色能力，使之能够区别于一般企业。因此本书所讲的基础管理能力是支持匹配能力、传递能力有效发挥的基本的企业管理能力。这部分能力与一般企业的管理能力具有较大的相通性，但由于它服务的对象是匹配能力和传递能力，而使它与一般企业管理能力呈现出形似而神异的特征。如在金融中介的集团化进程中，从一般企业借鉴来的管理经验和能力，如果不能和匹配能力、传递能力有机结合起来的话，就不能使金融集团达到流畅运转的状态。所以基础管理能力必须围绕金融中介的核心能力展开才有意义。但是基础管理能力又是金融中介生存和发展的最基本的基础，如果一个金融中介连基础管理都做不好，根本就谈不上具备什么竞争优势。

在上述金融能力束中，匹配能力为核心，决定着后二者的积累方向；传递能力则极大地决定了金融中介的组织形态，二者构成了金融中介区别于其他企业的主要特征。基础管理能力则类似于金融中介内部的"黏合剂"。将三者有机融合在一起，就形成了金融中介的基础能力系统，并构成了金融中介的能力门槛。因此有效提高一个金融中介的竞争力，有三个基本途径或措施：一是提

高匹配能力，二是改进传递机制使客户更加确信其匹配能力，三是围绕匹配能力和传递能力加强基础管理能力，如使用更先进的内部管理系统和营销管理系统等都是这方面的措施。这三个措施可以同时采用，也可以单独使用。从难易程度来看，提高匹配能力最难，有效传递次之，加强基础管理相比之下比较容易，但是使基础管理与前二者有机结合也比较困难。

1. 能力因素在金融中介多元化经营理论中的地位与作用

匹配能力、传递能力与基础管理能力构成了金融中介的能力系统，也形成了对外进行多元化经营的基础。当一种类型的金融中介在特定方向上积累到一定程度的能力总量后，就形成了过剩资源。尤其是当其在基础管理能力、传递能力的积累明显超出自身需要时，更是如此。

通过市场利用过剩资源时所遇到交易成本的大小决定了企业是将过剩资源出售还是留在企业内部使用。Teece（1982）指出存在过剩资源时，企业面临三个选择：一是出售于市场，二是多元化经营，三是分配给股东。当使用过剩资源存在较高交易成本时，过剩资源将在企业内部得到应用。但是由于继续投资于既有业务将面临"弹性有限的需求曲线"的约束，继续扩大投资得到的结果是降低价格和利润，因此企业就会选择进行多元化经营。所以企业进行多元化经营的关键在于克服这些交易成本。

而要克服这些来自企业内部的交易成本，就需要企业在已有的过剩资源基础上形成新的资源、新的能力。本书将企业为克服多元化产生的内部交易成本而需要具备的能力称为多元化能力。这种能力是新生的，是专业化经营企业所不具备的（或者说不需要的），是多元化经营企业区别于专业化经营企业的关键特征，也是决定多元化经营企业是否成功的关键所在。

本书认为，就金融中介来说，多元化能力主要应该包括：

（1）多业务的战略管理能力

当企业有着不止一个业务时，就产生了业务层次的战略发展方向问题。是确立一个主导业务，还是多个业务平衡发展？以哪个业务为主导业务？主导业务与非主导业务之间的关系如何处理？观察目前的金融混业经营企业基本上都确定了一个主导业务。如花旗集团依然以外汇业务为主导，德意志银行依然以零售银行业务为主导，汇丰集团依然以成为最佳本地银行为战略方向。在主导业务的引领下推进其他业务的发展。特别是德意志银行在经历了一些挫折后重新确定了以商业银行零售业务为主导同时大力推进投资银行业务和国际业务发展的战略方针。

同时，在确立主导业务之前，多元化在战略管理上还有一个问题需要解决，即选择哪些业务领域作为多元化的起步领域。一般多提倡相关多元化，或者沿着产业链延伸，或者基于服务对象延伸，或者基于特定优势或能力延伸。就金融混业来说，虽然在本质上是一种风险—收益的匹配，但是显然对于不同的金融产品具有明显的不同的匹配规律，尤其是将不同的金融业务叠加在一起后所产生的可能风险和收益还没有清晰的结论。有些实证研究显示，商业银行业务与保险业务结合在一起具有较好的降低风险水平的效果，但对于将商业银行业务和证券业务结合在一起以及将保险业务和证券业务结合在一起会得到什么样的结果则没有一致的结论。因此观察到的金融领域的多元化多起步于商业银行与保险集团的合并。

（2）组织架构能力

在基本战略确定后，进一步的挑战来自如何构建一个适合该战略组织框架以推动整个企业的力量聚焦于战略的实现。多业务的组织结构完全不同于单一业务的组织结构。企业由 U 型向 M 型、H 型的发展演变实际上反映出企业组织结构随着业务增多而进行变化的过程。对于金融企业来说，由它的服务性质决定，绝大多数多元化经营的金融控股公司都采取了按照前后台的基本结构来组织新框架的做法，即首先将集团要服务的客户大致划分为公司客户和个人客户，然后按照前台—后台的结构，对所有相关的资源进行整合。首先是作为前台的销售渠道的整合，然后是作为后台的研发、产品与方案设计的整合，最后是信息技术平台的统一。而在这个过程中，每一个环节都会遇到前所未有的挑战，如销售人员之间的冲突、不同产品销售定位的冲突、研发支持以及服务方案与客户要求的一致度、信息技术平台统一在技术和时间的限制等前后台不协调、冲突问题都可能将混业带来的成本节约和收益增长侵蚀得无影无踪。

控股公司结构也是金融集团混业经营在风险、收益不确定状态下的一种必然选择。控股公司的最大优势在于利用有限责任机制在集团内部构建一个法律防火墙，一个业务的经营风险不至于传递到整个集团，从而避免整个集团在法律上处于破产威胁中。并且控股公司安排也使集团总部和分部之间产生了内部分工，总部集中于从战略的角度对整个集团进行方向、资本、风险和人事控制，并作为分部之间的协调和整合机构加速实现集团资源的深度整合。分部则作为相对独立的业务运作单位，借助于总部提供的支持与市场上其他金融企业展开竞争。

（3）内部资本市场的运作能力

内部资本市场是否有效是所有多元化经营企业成功的一个关键所在。那些进入多个毫不相关业务领域的不相关多元化企业集团成功的秘诀，就在于它们拥有一个有效率的内部市场，能够发现外部资本市场所不能发现、不能接受的投资机会。

金融企业虽然作为接受他人委托进行资产转型的专业机构，并不代表它本身就拥有较高的内部资本市场的运作能力，尤其是当集团内部存在着激烈的争夺财务资源的政治斗争时。在企业合并后这样的斗争多数会出现，而并购是多数金融控股公司进行混业经营的主要手段，这样内部资本市场的运作就会呈现出低效率状态。而低效率运作的内部资本市场，不仅导致资源配置的错误，而且将发出错误的激励信号，使员工错误地理解企业的战略方向。

因此，金融企业的多元化经营要成功，必须首先有意识地建立一个完善而有效的内部资本市场，尽量减少内部政治斗争对财务资源配置的影响。同时建立配套的风险预警和控制机制，以避免和控制投资失败。

（4）传递能力的变化

在踏上多元化经营道路后，金融企业在能力信息传递上将面临一个挑战，即随着业务范围的扩大，尽管潜在的匹配空间扩大了，但是客户同样会因为业务复杂和对潜在利益冲突的担忧而怀疑企业是否能够有足够的能力来妥善处理这些问题，从而使企业面临一个能力置疑期。

人们一方面担心垄断对竞争和效率的破坏，一方面担心过于复杂的业务和组织架构掩盖了潜在的巨大风险。花旗集团就遇到了这样的麻烦，它旗下的所罗门美邦在金融衍生工具领域的能力在并购后有了较大提高，但是所罗门美邦的操练越是娴熟、金融手段越是完备，花旗集团被整体拖入不当行为的可能性就越大。投资者把它当作一个信号，一种花旗集团过度专注于机会主义式的金融业务并购，以致创造一个本身无法管理的巨型怪物的信号。纽约大学商学院教授罗伊·史密斯说："整个行业就那么三四家公司，投资人怎么还会再信任这个行业呢？"自从安然事件曝光以来，花旗集团和摩根大通的股价已经从 2000 年夏天的峰值分别下跌了 21％和 50％。而同一个时期，没有参与投行业务的美国标准普尔中等银行指数的 27 家成份股银行股价却平均上涨了 57％。[①] 如何在有效利用新架构、新规模的信号传递优势的同时消除人们的担心，让人们相信全能化金融集团不仅安全而且高效，是金融集团面临的一个重大挑战。

面对这样的质疑，对于刚刚走上混业道路的金融控股公司来说，首先要做的不是开发出新的产品组合以展现自身具有更高的匹配能力，而是首先有效消除客户对潜在利益冲突的疑虑，树立客户的信心。然后才是探索如何将不同的业务和产品有效地组合在一起，开发出新产品服务于日趋复杂和变化的客户需求。

（5）匹配—组合能力

金融业务的多元化使金融控股公司有了更加广阔的风险—收益匹配空间，能够组合出更加丰富的产品。观察金融创新在很大程度上就是不同金融工具之间的新组合。但是金融产品的组合也同样面临挑战。因为组合空间的扩大，不仅意味着盈利空间的扩大，但同时也可能代表着更高的风险。对于不同金融业务，尤其是过去法律所不允许同时经营的业务，融合所带来的风险还没有清晰认识。这就需要重新审视金融集团具有的匹配能力，探索新产品和业务有效组合的途径。在更高的风险不确定性下，需要具备更高的匹配能力。并且新匹配能力的培养不是一个从容进行的过程，而是一个速度竞争过程。谁先具备了这样的能力，就将在世界金融领域占据有利地位，成为全世界金融业的领导者。

第一到第三项能力是对基础管理能力的强调，多元化的起步基本上都是从基础管理能力的进一步拓展起步的，之后才是核心业务能力的整合和精致化。基础管理能力的通用性也决定这些能力能够低成本地进入新领域。但当企业进行多元化决策时往往不重视基础管理能力，结果形成了管理"瓶颈"阻碍了多元化之后的深度整合进程。并且相对于专用性资产来说，具有通用性质的基础管理资源在企业内的位置，本身就处于一种不清晰状态，而专用性资产的"专用"实际上已经也标示出了它在企业内应该处于的位置。

综上，多元化经营实际上是构建一种全新的盈利模式，绝不是既有盈利模式的简单延续。因此需要进行全新的能力构建，仅有过剩资源的支撑不足以实

---

① 转引自《华尔街投行大洗牌》，《中国证券报》，2003 年 3 月 10 日。

现多元化理想。

2. 风险—收益—能力模型在金融控股公司演进理论中的地位与作用

规模扩张是金融混业经营显著的外在表现。相当部分金融控股公司毫不掩饰对规模的偏好。这在一定程度上是因为规模是一种能力信号，大规模代表着高能力，更因为他们试图通过规模的扩大实现规模经济，在更大范围内分摊管理成本、人力成本、基础设施等固定成本。尤其是共用同一的信息技术平台，在理论上能够节约大量的成本。范围经济是金融企业不断扩张的另一个理由。对于金融控股公司来说，范围经济突出地表现在多种客户服务共用一个销售平台和分摊品牌成本上。统一的销售平台提供实现金融服务一体化的形式基础，而金融企业的信誉成本具有"网络效应"，能够随着"进入者"（客户）的增加而降低。

更广泛的业务领域有助于金融控股公司扩大风险分散范围，从而降低集团的整体风险水平。Saunders 和 Walter（1994）[1] 表明金融业务之间的不相关性越高，组成的收入流就越稳定，进而风险水平越低。但是，金融业务越不相关，多元化可能的协同效应越小。这就使金融业务的多元化陷入到一个两难境地中。从风险角度看要求业务尽量不相关，但从多元化角度看要求业务尽量相关。这可能是金融混业过程中特有的一个困境。显然这个"风险—协同困境"会深刻影响到金融控股公司新盈利模式的构建。综合金融服务究竟是各自独立的供给，还是真正的综合？金融控股公司需要在风险和多元化之间寻找平衡，因此需要具备更高超的能力。

由此，可以给出一个基本判断说，能力是金融混业过程中最重要的因素。过剩资源和交易成本都是一些准备，能力是分散与降低风险、将潜在收益转化为现实收益的关键。

这里所说的能力除了前面阐述过的基本能力、多元化能力外，还包括另一种能力，即过渡能力。过渡能力指的是在金融企业由单一业务向多业务过渡过程中应当具备的能力。由单一业务发展成为多业务实际上是企业盈利模式的重大转变，伴随着这个转变也需要企业能力系统有一个根本性的改变。

---

[1]　Saunders A. and I. Walter, *Universal Banking in the United States*, New York, Oxford University Press, 1994.

对于金融控股公司来说，过渡能力首先表现为对过渡期间风险的控制和管理能力。我们前面指出金融混业面临着许多风险，既有来自企业内部的因为业务混合而产生的风险，也有来自外部金融市场的风险，更有来自监管部门的风险。更为重要的是，这些风险并不是清晰地凸现在金融控股公司面前，而是潜在地存在着，是否充分显露具有很大的不确定性和不可预知性。而风险一旦形成，就可能产生致命性打击。因此对于刚刚踏上多元化道路的金融控股公司来说，首要的任务是应对随时可能产生的意外风险，将风险控制和管理放在第一位。

其次表现为整合能力。整合包括多个方面的内容，业务层面、内部管理层面、信息技术层面、研究开发层面、企业文化层面、组织结构层面等都需要进行全面、深入的整合。

结果是，随着整合的不断深入，金融控股公司的盈利模式越来越成熟。并且伴随着整合程度，金融控股公司的发展也表现出阶段性。最初是简单地将各种业务单位组合在一个控股公司结构下，然后是在组织结构大框架、财务、销售、信息平台等方面展开整合，之后是更深入地在前后台结构、研发、薪酬体系等方面继续整合，然后在业务层次上开发出综合产品、企业文化上初步具有综合性质，最后是形成较为完整和成熟的构建在业务交叉和综合基础上的全新盈利模式。

最后需要强调的是，整合能力尽管是一种过渡能力，但同时又是一种长期能力，因为企业在发展过程中总会发现其组织结构、业务供给、销售安排等各个方面持续存在着落后于市场需要、客户需要的地方，因此需要不断地整合。

二、风险—收益—能力模型的基本逻辑

风险、收益与能力是决定金融控股公司发展路径的关键变量。金融混业存在着多种风险，这些风险因为业务混合类型、组织框架、企业文化、金融体系、管制环境而有着不同的表现，复杂程度较高。风险不明和难以准确预期金融混业风险是阻碍金融混业顺利发展的重要因素。在理论上，金融混业存在着许多优势，如基于成本节约的优势、基于绩效协同的优势等。但是正如强调指出的那样，在风险控制与多元化收益之间金融混业表现出来对立逻辑，由此形成了风险—协同困境。这样，面对更加困难的多元化道路就需要更加高超和更多的能力准备。能力不仅包括金融中介的基本能力——匹配能力、传递能力和基础管理能力，而且包括多元化能力和过渡能力。特别是过渡能力是需要重点强调的，因为它是多元化是否顺利、是否成功的关键。这就是风险—收益—能力模型的基本逻辑。

总之本书在Teece（1982）和秦力（2003）的基础上构建了一个风险—收益—能力模型，用以解释和说明金融控股公司的发展逻辑。与Teece（1982）相比本书的进步在于说明仅有过剩资源和交易成本还不足以给予金融多元化以充分解释，它们只是在一定程度上说明了多元化的可能性。多元化本身需要单独的能力，需要有独立的能力体现来进行支撑。过剩资源并不必然能够顺利转变为多元化能力，在企业内部继续使用过剩资源的交易成本可能并不必将该资源出售于市场更低。秦力（2003）基于能力理念提出了一个全新的金融中介理论框架，并以此作为金融控股公司的理论基础。本书虽然赞同从能力角度对金融中介的发展进行分析和说明，但是本书更进一步提出了对于金融控股公司来说，仅仅说明金融中介的基本能力体系是不够的，还需要强调金融控股公司应当具备的基础管理能力、多元化能力和过渡能力，否则难以对金融控股公司的发展给出一个全面的说明。

2.4 引入制度因素后的讨论

前面所构建的风险—收益—能力模型并没有考虑金融控股公司所处的具体制度环境，仅从技术层面上界定了风险、收益和能力的作用。事实上，任何一个金融控股公司的发展都基于一定的制度环境。不同的制度环境必然使金融控股公司所面临的风险、收益有着不同的表现，并且可能有着不同种类的风险和收益。中国的金融体制呈现出新兴加转轨的双重特征，这两个基本特征决定中国发展金融混业的探索，有着一些特殊的风险和收益，进而要求中国的企业在进行金融业务多元化探索时具备更多、更特殊的能力。

一、由中国金融体制决定的风险

1. 中国金融企业的系统性风险

系统性风险是指在特定的范围内，对金融市场上所有的各类金融企业的业务都产生影响的那些风险。在此我们用上市的金融企业作为样本来计量中国金融企业面临的系统性风险。尽管上市的金融企业并不能全部代表中国的金融企业，但可以作为一个较好参照。

计量公式如下：

$$R_{it} = \ln p_{it} - \ln p_{i(t-1)} \qquad \text{\\* MERGEFORMAT （1）}$$

$$R_{mt} = \ln p_{mt} - \ln p_{m(t-1)} \qquad \text{\\* MERGEFORMAT （2）}$$

$$R_{\tau i} = \tfrac{1}{T}\sum_{t=1}^{T} R_{i(t)} \qquad \text{\\* MERGEFORMAT （3）}$$

$$R_{\tau m} = \tfrac{1}{T}\sum_{t=1}^{T} R_{m(t)} \qquad \text{\\* MERGEFORMAT （4）}$$

$$\sigma_{\tau m}^{2} = \tfrac{1}{T}\sum_{t=1}^{T} \left[R_{m(t)} - R_{\tau m} \right]^{2} \qquad \text{\\* MERGEFORMAT （5）}$$

$$\sigma_{\tau i}^{2} = \tfrac{1}{T}\sum_{t=1}^{T} \left[R_{i(t)} - R_{\tau i} \right]^{2} \qquad \text{\\* MERGEFORMAT （6）}$$

上述公式中，p_{it}、$p_{i(t-1)}$ 分别表示选取的样本股票在 t 期和 $t-1$ 期的价格。对其取对数后相减得到这一时期的收益率 R_{it}，时期的选择可以是日、周、月或者年。$R_{\tau i}$ 表示某一个时期内证券的收益平均值。$\sigma_{\tau i}^{2}$ 表示证券 i 在 T 时期内的总体风险。整个市场的收益率选择深成指数、沪综合指数，同理可得：沪深两市的收益率 R_{mt}，收益平均值 $R_{\tau m}$ 和投资风险 $\sigma_{\tau m}^{2}$。

重要的是要求的系统性风险占总风险的比例，为此，把样本股票和指数的收益率写成了以下形式。

$$R_{i(t)} = \alpha_{\tau i} + \beta_{\tau i}R_{m(t)} + \varepsilon_{\tau i} \qquad \text{\\* MERGEFORMAT （7）}$$

$$\sigma_{\tau m}^{2} = \beta_{\tau i}^{2}\sigma_{mi}^{2} + v\sigma_{\varepsilon i}^{2} \qquad \text{\\* MERGEFORMAT （8）}$$

$$\frac{\beta_{\tau i}^{2}\sigma_{\tau m}^{2}}{\sigma_{\tau i}^{2}} = \left[\frac{P_{\tau im}\sigma_{\tau i}\sigma_{\tau m}}{\sigma_{\tau m}^{2}} \right] \times \frac{\sigma_{\tau m}^{2}}{\sigma_{\tau i}^{2}} = P_{\tau m}^{2} \qquad \text{\\* MERGEFORMAT （9）}$$

其中 $\beta_{\tau i}$ 是以周或月为考察时间段时证券的收益率中，由整个市场平均收益水平决定，相当于 CAPM 中的 Beta 系数，$\varepsilon_{\tau i}$ 是以周或月为考察时段时证券 i 的收益率中由该证券本身决定的收益部分，是一个与市场无关的随机变量，$\alpha_{\tau i}$ 为常数项，因此（7）式表示以周或月为考察时段时证券 i 收益的随机变量表达式。

我们对（7）式两边取方差，就可得到（8）式中以周或月为考察时段时证券 i 的总风险。（8）式表明，证券的总风险分为两个部分，即 $\beta_{\tau i}^{2}\sigma_{\tau i}^{2}$ 和 $\sigma_{\varepsilon i}^{2}$，前者由证券所在证券市场整体因素引起，属于系统性风险；后者由证券 i 本身面临的个体因素引起，属于非系统性风险。所以，某一时期证券 i 全部风险中系统性风险所占比例可用（9）式求得。从（9）式可知，以周或月为考察时段时证券 i 的总风险中系统性风险所占比重为相应时期证券收益率与证券市场总体收益率随机变量相关系数 $P_{\tau m}$ 的平方。

最后计算出以周或月为考察时段时样本股的 Beta 系数、总风险水平和系统性风险占总风险比例（即 β_{Mi}，σ_{Mi}^2 和 P_{Mim}^2）。

$$\sigma_{My}^2 = \frac{1}{N_y} \sum_{i=1}^{N_r} \sigma_{Mi}^2 \qquad \text{* MERGEFORMAT （10）}$$

$$\beta_{My} = \frac{1}{N_y} \sum_{i=1}^{N_r} \beta_{Mi} \qquad \text{* MERGEFORMAT （11）}$$

$$P_{My}^2 = \frac{1}{N_y} \sum_{i=1}^{N_r} P_{Mi}^2 \qquad \text{* MERGEFORMAT （12）}$$

这是对金融企业系统性风险测量理论基础。

本书选取在上海、深圳证券交易所最早上市的 10 家金融企业和深圳成分指数作为样本，数据的选择为 2013 年至 2014 年 51 个周末的收盘价作为股票的市场参考价格。对整个交易数据进行了除权和除息处理。应用 SPSS 统计分析系统软件。对 10 只股票的 Beta 系数、总风险水平和系统性风险占总风险比例（即 β_{Mi}，σ_{Mi}^2 和 P_{Mim}^2）进行了计算，其部分计算结果如下。

表 2-1　　　　　　　　　　回归分析及各种检验结果

	constant	Beta	R-Square	F	T	
					constant	Beta
宏源证券	−0.008	1.001	0.296	26.87	−1.366	5.184
中信证券	−0.001	1.293	0.477	58.46	−0.299	7.646
华夏银行	−0.007	0.958	0.392	41.18	−1.703	6.417
招商银行	−0.001	0.877	0.328	31.27	−0.246	5.592
深发展 A	−0.006	0.633	0.241	20.35	−1.350	4.512
陕国投 A	−0.009	0.991	0.227	18.86	−1.309	4.343
浦发银行	−0.004	0.845	0.446	51.63	−1.239	7.186
爱建股份	−0.004	1.087	0.220	18.01	−0.596	4.244
安信信托	−0.007	1.335	0.506	65.50	−1.600	8.093
民生银行	−0.005	1.101	0.294	26.59	−0.842	5.157

（资料来源：作者整理。）

方程式的拟合优度检验采用统计量，从上面的表中可以看出 R^2 在 0.5 左右回归方程对样本数据的拟合度不高。回归方程的显著性检验采用 F 统计量，

从上面的表中 F 的检验值都相当高，对应概率 $p-$ 值近似为 0，小于显著性水平 $\alpha = 0.1$，检验顺利通过，根据这一点可以建立线性模型。

回归系数的检验，常数值 $t-$ 检验明显偏小不能通过与被解释变量的线性关系不显著。Bate 系数的显著性检验的 $t-$ 检验的概率 $p-$ 值都小于显著性水平 $\alpha = 0.1$，拒绝零假设，认为回归系数与 0 有显著性差异，与被解释变量线性关系显著。

$p-$ 值经过双尾检验概率为 0 相关性明显。

2014 年 10 家上市金融企业加权平均系统性风险占总风险的比例超过 34%。而西方成熟市场一般都控制在 30% 以内，大约在 25% 左右的水平，加拿大证券市场的系统性风险的占比仅为 20%。[①] 这说明中国的金融企业所面临的系统性风险明显高于成熟证券市场的系统性风险。尽管样本数量较小，但也基本上能够反映出中国金融企业的制度风险水平。

2. 中国金融企业的制度风险：静态制度风险和动态制度风险

本书的一个基本判断是中国金融的系统性风险主要是源于中国金融体制转型过程中的制度风险。金融制度风险是指由于制度缺陷或制度变迁而造成的金融风险，因此可以分为两类：一种是因现存制度缺陷而带来的风险，可称为静态金融制度风险；另外一种是因为制度变迁而导致的风险，可称之为动态金融制度风险。

静态金融制度风险主要体现在产权不完善以及由此产生的不完善的委托代理关系方面。我国一直将国有产权作为金融制度体系的基础，金融物品营运实际上是国家公共金融产权内中央与地方、上级与下级对公共金融产权的博弈，结果为金融物品数量增长，质量下降，国有商业银行金融风险"外部化"于中央银行，产权同质性使地方政府产生支配银行机构的倾向。金融产权"人格"虚置与产权排他性产权主体缺位；金融产权边界模糊与产权有限性矛盾，导致金融物品供给不足和金融资源浪费；金融产权结构失衡与产权有序分解组合矛盾导致金融产权内部个人控制；公有产权进入壁垒同产权交易性矛盾导致金融产权不能真正交易和有效流动重组。一切表明，国有产权下的负外部性极严重，

---

① 陈小悦、孙爱军：《CAPM 在中国股市的有效性检验》，《北京大学学报》（哲社版），2000 年第 4 期。

其引发的静态金融制度风险主要表现在如下几个方面：第一，金融体系的风险首先表现在国有银行大量的不良资产的积累。第二，信用混乱与危机直接冲击金融机构的经营活动，使银行的融资活动陷入危机，增大金融风险。第三，国有银企债务困境实质最终要由国家财政解决，"国家综合债务"的提高有可能引发全面的财政、金融危机。第四，资本市场的风险。第五，金融企业自身的治理水平和风险控制能力有限。

当静态制度风险发展到一定程度，以至危及到多数人利益，即现有制度安排已难于使人获取机会利益时，只要新制度的预期净收益大于预期成本，制度变迁就会发生。但是，从现行制度安排过渡到另一项制度安排，是一个消费时间、努力和资源的过程，进而制度变迁因昂贵费用而需要一段时间。在这一段时间内，仍可能存在获利机会，从而导致形成某种风险，这便是动态金融制度风险。

在金融制度变迁过程中，由于利益争夺和机会主义行为，信用关系重建出现了混乱，信用关系脆弱易产生金融风险，主要的动态金融制度风险表现为：第一，金融制度创新的政策失误或执行不当形成的"阶段性牺牲品"风险。第二，既得利益集团的抵制带来的风险。第三，现有环境可能带来的风险。第四，国有股一股独大带来的风险。第五，金融制度创新对现有监管体系带来挑战。

二、由中国金融体制决定的收益

尽管在中国从事金融业务风险巨大且风险具有自我再生的性质，但这并不代表着在中国进行金融混业探索没有任何收益，否则也不会出现各种各样的金融控股公司实验。

从企业的角度出发，有两个收益是中国这样处于转型和开放中的国家所独有的，一是先发优势，二是融资通道优势。

先发优势可以分为制度先发优势和业务先发优势两种情况。制度先发优势指的是领先于其他金融企业率先获得许可进行改革领先向市场化方向演进而形成的优势。如中国的股份制银行不仅领先于四大国有商业银行进行了股份制改造，而且部分股份制银行已经公开上市，从而在产权改革上领先了一步。业务先发优势即领先于其他金融企业获得从事某项新业务的许可，率先积累展开该业务的经验和抢先占领相关市场而形成的优势。中国这样一个新兴市场中有着许多国外发达市场已经运作成熟而在国内完全空白的金融业务，渐进式的改革思路又决定难以在同一时期内允许所有相关金融企业都开展新业务，绝大多数采取的是"先试点、后推广"的模式，获得试点资格即是得到了新业务开展上的领先。

金融全能化经营，不仅将给企业带来制度先发优势也将带来业务先发优势。在制度层面上，首先要构建起母子公司式的集团结构，然后还要在母公司和子公司层面实施股份制改造，最后集团体制还将促生全新的金融企业组织和运作模式。但现实中在这三个层次上还都存在着较为严格的管制，不仅集团体制还没有被明确为金融企业的合法组织体系，而且对金融企业的控制性投资也受到严格管制。因此率先进行金融控股公司探索无疑将获得在上述多个方面的探索优势，特别是当中国的金融企业面临来自国际全能化金融集团的竞争威胁时。四大国有商业银行在境外设立的投资银行性质的机构以及中信金融控股公司都是这个方面的体现。

从业务层面上看，金融混业经营实质性地突破了分业管制，一个金融企业可以同时经营多个原先被管制的金融业务。而且金融业务之间的组合和融合也会被逐渐推出，从而能够在很大程度上改变中国金融企业普遍面临的业务单一、利润来源单一的局面，因此也形成了对金融企业的巨大吸引力。

如果说先发优势主要为中国金融企业所期望，那么融资通道优势则是中国非金融企业的期望所在。中国实行严格的投融资管制，尤其是占主导地位的四大国有商业银行的投资方向被严格控制在政府手中。同时市场化改革也促使银行关注投资对象的偿还能力。这样，不仅民营企业的融资受到极大限制，融资通道有限且狭窄，而且部分国有企业也因为融资空间早已经在国家拨改贷政策下被穷尽，融资通道同样被阻碍。为获得和打通融资通道，进入金融领域直接获得投融资资格就成为许多中国企业的自然选择。相当多的中国产业集团表现出了明显的金融投资偏好，一方面固然与金融领域的投资收益较高有关，另一方面更重要的是打通融资通道，不再受制于严格的投融资管制。在这样一种出发点下，就不难理解产业集团以金融业务服务于产业的行动，也不难理解当产业经营陷入困境时其必然造成金融困境的现象。

实际上可以看出不论是先发优势还是融资通道优势都是基于管制而形成的优势，都是在竭力获取某种牌照以及因为管制而附属于牌照的潜在价值。因此也就有理由担心，企业更多的将注意力放在牌照价值上，而忽视了对牌照所界定的业务及其盈利模式的关注，从而丧失了将牌照价值开发为具有持续发展性的竞争能力的机会。也就是说，这些收益是现实存在的，但它们只是短期收益，当制度改革、业务许可成为普遍现象时就不再存在，因此更关键在于如何借助于短期优势构建起具有长久性质的竞争能力。并且如果仅关注于短期收益并缺乏相应的风险控制能力，这些短期收益最终将被不幸地转换为风险而不是收益，使领先者、实验者成为一个阶段性的牺牲品。

三、引入制度因素后的风险—收益—能力模型

将中国的现实引入风险—收益—能力模型后，可以发现，一是风险和收益有了不同的表现形式，二是产生了原来模型中所没有包含的风险和收益。整体上来看，风险水平更高，并且收益也有转换为风险的潜在可能。

基于更高、更多的风险现实，相应地自然要求有更高、更多的能力来应对。在中国进行金融混业探索，不仅要面对整个制度环境在变化带来的不确定性（包括市场不成熟和成长造成的不确定性），还需要面对多种低水平金融业务融合在一起进行经营而产生的不确定性。并且即使是收益也有潜在地转换为风险的倾向，更需要具备防止收益转变为风险的能力。能力更加成为中国金融混业经营的关键。但是对于中国这样一个金融市场化刚刚起步的国家来说，金融企业所具备的市场竞争能力是十分有限的。这样就形成了一个困境，一方面风险和收益因素要求有更高的能力支持，但是另一方面中国金融中介的能力水平却很低，远远低于市场化国家金融企业的能力水平。

也就是说，中国多数的金融企业（包括产业集团）是在缺乏足够的 Teece（1982）所谓的过剩资源的情况下进行金融混业探索的。而这一方面是受潜在收益的诱惑，如融资通道对于许多产业集团来说具有决定生存与否的意义，是必须具备和打通的，另一方面则是来自国际金融巨头的竞争压力迫使中国金融企业不得不仓促迎战。

同时从交易成本的角度来看，中国新兴加转轨的市场现状决定交易成本较为高昂。从这个方面看，如果具备了一定的过剩资源留在企业中继续使用，或进行多元化，或对现有产业进行再投资，是更好的选择。

进一步地，从多元化能力这个角度来看，中国的金融企业普遍缺乏多元化能力，因为在严格的管制下几乎没有计划进行多元化。商业银行采取的是分支行结构，证券公司、信托投资和保险公司是单一企业组织形式，对它们的集团

化有着较为严格的管制。在这个方面能力稍强的中国的产业集团，伴随着中国改革开放后内部需求不断释放的步伐，产业集团（尤其是）为追逐行业发展初期的暴利而不断地在进入下一个新兴产业的同时放弃上一个产业，从而积累了一定的多元化经营能力。并且中国连弱有效市场标准都达不到的资本市场更凸现出企业内部资本市场具有的相对优势。因此就可以理解为什么有这么多的产业集团进行了金融多元化的探索。

基本结论是，将中国的现实引入风险—收益—能力模型后，发现从整体上看，风险水平上升了，能力要求提高了。但从相对的角度来说，产业集团比金融企业具有更多的多元化能力。

2.5　基本结论

本书所构建的风险—收益—能力模型虽然是描述性的，但基本上给出了一个以企业能力因素为出发点的、较为全面和准确的金融控股公司发展逻辑的理论解释。总结上述阐述，可以得到以下基本结论和引申：

一、金融控股公司的发展不仅是一个整合过程，更重要的是一个能力延展和新生过程

集团运作、多业务经营实际上对金融控股公司提出的是能力挑战。要求金融控股公司具备清晰界定集团使命和业务方向的战略管理能力、围绕客户需要整合所有业务提供统一销售与维护平台的市场开发能力、具备有机调配集团内部资源的平衡能力、具备清晰认识多业务交叉产生的风险并有效控制的能力以及抑制和化解利益与文化冲突的协调能力。总结起来金融控股公司需要向两个方向进行能力积累，才有可能踏上成功之路。一是集团管理能力，二是基于客户需要有机融合多种金融业务的能力。这两种能力在一定程度上都集中反映在金融控股公司组织管理模式的构建上。适当的制度和组织形式，不仅是能力的载体，而且是能力有效发挥的标志。同时探索金融控股公司有效组织管理模式的过程本身也是一个能力积累和新生的过程。

二、在分权基础上进行部分功能整合是当前中国金融控股公司的主导组织管理模式

金融业务的不同特性、不同文化、不同风险，使金融混业经营面临着巨大的整合成本，整合进程取决于整合能力的增长速度。整合能力越是高超，就越

27

能够在降低融合风险的同时扩大融合收益。与此同时，金融管制也在影响着不同金融业务的融合可能和程度。目前保险和商业银行业务必须以具备独立资本的金融机构运作是普遍的管制要求。美国等采取金融控股公司的国家更是要求商业银行、投资银行、保险等业务必须是以具备独立资本的金融机构来运作。多种金融业务融合到底会带来什么样的影响，目前还是不清楚的。过去基于分业建立的监管体制也制约着业务融合进程。因此可以判断说，金融控股公司的有效组织管理模式不仅依赖于其能力积累速度，而且将继续受制于外部监管要求。

但是中国的集团化、全能化明显面临着企业能力准备不足的问题。一方面世界混业潮流和中国对外开放步伐的不断加快对中国金融集团的发展提出了迫切要求，但另一方面中国金融企业的能力还不足以支持中国大规模地发展金融集团，金融体系迟缓的市场化进程也强烈约束着金融才能的最大可能边界。这就是中国金融企业当前面临的基本形势。

三、不仅获取金融混业经营的潜在收益需要能力，而且控制混业风险也需要能力

为使中国将来在国际金融业中有一席之地，就必须顺应潮流适时推进中国金融体系的市场化改革，向混业方向发展。实际上金融控股公司代表着一种全新的金融混业盈利模式，需要培育出完全不同于专业化经营的能力体系。在这个全新的盈利模式中，金融中介的基础能力、匹配能力和传递能力有着全新的表现形式，基础管理能力有着更高的要求，而且需要建立和培育独立的多元化能力，并且强调对过渡能力的培育。本书更将金融控股公司的成长看成是一个能力积累和成长过程，反对那些仅强调混业必然性和可能性而忽视混业所必需的能力前提的主张。此外，在中国特定的环境中，不仅风险、收益有着不同的表现形式，而且产生了一些特定的风险和收益，因此要求有更多、更高的能力。本书的基本结论是，中国金融控股公司的发展和模式构建都要突出能力的中心地位，以风险有效控制能力的培育为前提和核心，以收益获取能力的构建为支撑，稳健推进中国金融混业进程。

第 3 章　中国金融控股公司发展模式

世界金融全能化、集团化趋势催生了金融控股公司，中国也具有一些处于雏形中的金融控股公司，并且从长远看金融混业也将是中国金融体制的发展方向。那么中国的金融混业道路到底如何走？本章将系统阐述对中国金融控股公司发展路径的构想，并在最后一节总结了金融混业对中小企业融资的影响。

首先将制度因素引入风险—收益—能力模型中，考察中国正在处于转型的金融体制所特有的制度风险和收益，这些风险和收益对在中国构建金融控股公司提出更多的考验。然后提出以管理型金融控股公司作为中国金融混业道路的启动者，并进一步说明中国金融控股公司的发展方向。最后对中国金融控股公司的运作模式进行了探讨。

3.1　中国金融混业探索的启动

一、 以管理型公司为主启动中国混业经营

1. 金融控股公司发展逻辑决定

金融控股公司在发展初期由业务、组织、文化等多个方面的因素决定，在组织结构上基本上采取的是控股公司结构，将收购来的新业务（新开展的新业务）先简单地放在母公司的控制之下。此时母公司可能同时是从事业务运作的实体，也可能是已经被改造过的独立的管理型的母公司，不从事具体业务，只从事集团管理。

独立的控股公司结构，不仅适合在多元化初期防范风险的需要，而且有利于整合的逐步展开。本书已经指出在多元化阶段两个能力至关重要：一是风险控制能力，二是整合能力。而在多元化初期，风险控制能力更为重要，因为此时到底业务多元化能够产生什么样的风险具有最高的不确定性，风险还没有充分暴露出来，对于企业内部存在哪些风险点、具有什么样的风险敞口都还不十分清晰。此时，控股公司结构是较好的风险控制选择。一方面利用有限责任安排做好风险发生的最坏打算，另一方面各自独立的业务结构也避免了风险在内

部的传染，并且业务独立能够为发现现有的风险点和确定责任提供支持。同时在整合上控股公司结构能够给予母公司以较为充分的空间和时间来寻找更合适的业务组合途径和有效发挥其他协同效应的组织形式。

2. 中国的现实决定

首先是主导金融企业本身的素质决定了他们首先需要的是加强自身健康，而不是扩张。四大国有商业银行，不仅在制度转型上较为落后，而且存在着不良资产隐患，内部的官僚型文化更严重阻碍着其竞争能力的提高。正如前面已经指出的那样，四大国有商业银行更多的是被迫走上多元化道路的，其能力准备还远远不足。

其次是其他金融企业，如股份制银行、信托投资公司、资产管理公司、证券公司等，作为新兴力量，一方面是其发展历史较短，自身的抗风险能力有限，有些自身甚至就是巨大的风险源，另一方面是它们也不具备多元化的经历和相关的能力。

再次是以产业为主的企业集团，尽管它们多数具有多元化经验并因此积累了一定的多元化能力。但是融资定位为维持主业而牺牲金融业务是产业集团最大的缺陷，也是其最大的风险所在。国内外的事实也不断说明，监管部门还不具备高超的风险控制能力前，产融结合往往导致产业和金融业的同时失败，并且这个风险一旦形成，要消除和分散由此产生的损失往往需要较长的时间和更多的成本。如日本在20世纪90年代初陷入困境后至今还不见明显的复苏迹象，而导致困境的一个重要原因就被认为是日本式的产融结合方式。再如中国德隆集团形成的风险至今还在处理中。

3. 管理型金融控股公司具有的优势决定

在排除了可能的金融混业主体后，本书提出以管理型金融控股公司作为中国金融混业探索的启动者。所谓的管理型金融控股公司是指采取母子公司结构且母公司不从事具体业务的金融集团。首先它是一个金融企业，不是产业集团或者其附属。产业集团可以作为股东存在，但前提是确保金融控股公司的独立性；其次它是一个集团，采取控股公司结构；再次，也是关键的一点，母公司是管理型的，专业从事集团管理。

管理型金融控股公司作为中国金融混业探索的启动者，除去其他主体不合格的原因外，主要还是因为它具有以下优势：

（1）利益中立是风险控制的关键。已经反复强调风险控制是金融多元化探索初期的关键所在。风险一方面源自金融业务的组合，另一方面源自利益冲突，即为了优先发展某些业务而牺牲其他业务的利益，突出表现就是金融业为产业服务。管理型的母公司由于不具体经营业务，因此它在对各个业务的优劣势进行判断时较为客观，在选择业务组合和确定主导业务时也能较为客观，较少出现为发展某些业务而有意牺牲其他业务的情况。利益中立的立场使管理型金融控股公司具备了构建有效风险控制机制的最佳基础。因此要求它必须独立于它的股东，独立于所从事的金融业务之上。

（2）能力探索与培育较为从容。从能力角度来看，管理型金融控股公司尽管在成立之初可能缺少基本的金融能力和多元化能力，但是这个缺陷完全可以通过有关人才的引入来解决。并且管理型总部的开放性和工作的挑战性也有助于吸引有关人才的加盟。独立于业务操作之上，管理型总部可以较为从容地探索业务之间、管理平台的使用、销售网络构建以及财务管理等可以产生协同效应的可能方面，并构建起相关的组织和途径来实现协同效应。探索可以循序渐进地在稳健和风险可控的前提下推进，随着风险承担能力的成长进行更多、更深入的探索。如从业务线来看，可以先从边缘的金融业务做起，逐步进入到主导业务。在主导业务中先进行商业银行业务与保险业务的混业探索，因为二者的结合已经被证明风险较低，然后再探索更多的业务混合。从管理线来看，可以先从销售网络和信息技术平台的共享做起，然后向研发一体化、管理一体化过渡，逐渐加深一体化程度。这样可以避免风险的快速积累，也可以逐渐增长抗风险能力。

二、将军控股公司的实践

与国内其他企业集团产融结合的实践相比，将军集团在探索产融结合上迈出了可喜的一步。1999 年将军集团先后参股了光大银行和交通银行，随后又准备参股证券公司，并着手成立财务公司。这些做法和设想与其他企业集团向金融产业渗透的做法并没有两样。不一样的探索出现在 2001 年，当年 1 月 8 日，将军集团出资成立了将军投资管理有限公司，该公司主要负责集团的投融资业务、资本运营业务，探索向金融产业渗透的结合点。公司成立后，先后涉足证券、保险经纪、基金管理、典当、拍卖等金融或准金融业务，并成功收购一家上市公司（600807），作为公司进行资本运作的平台。至此，将军投资管理有限公司已具备了金融控股公司的雏形，但它还属于事业型的控股公司。随着业务的开展，将军投资管理有限公司经国家工商局批准，正式更名为将军控股公司。从类型和公司治理结构来看，它已成为一家管理型的金融控股公司。该公司没有具体的经营业务，专门负责整个经济主体的资产配量和风险管理，从而使得公司的运作更加有效率和安全。具体结构见图 3-1。

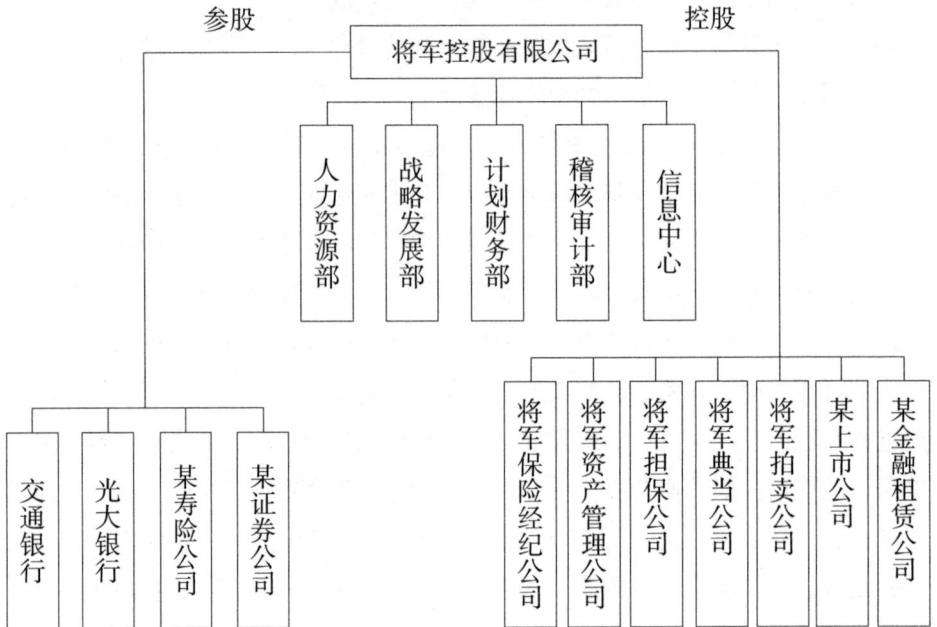

图 3-1　将军控股构架图

（资料来源：作者整理。）

将军控股公司作为纯粹管理型的控股公司，除具备所有控股公司的一般特征（具有相当经济规模；以股权资本为连接企业的纽带而形成企业集团；被控股公司具有独立的法人资格；控股公司是一个整体）外，又具有自己独到的优势，这就是"实施一体化管理，做到两个独立，提高三个能力"。所谓一体化管理就是信息资源共享，做到研发一体化、战略管理一体化，加深公司的一体化程度。所谓两个独立就是独立于公司的大股东，独立于所从事的金融、准金融业务，真正做到利益中立。提高三个能力就是，提高资源的整合能力，提高多元化能力，提高风险控制能力。

3.2　中国金融控股公司的发展路径

一、两个基本路线

金融混业潮流已经势不可挡，金融体系之间的竞争不仅以强大的市场为基础，更以巨型金融控股公司为体现。为使中国将来在国际金融业中占有一席之地，就必须顺应潮流适时推进中国金融体系的市场化改革，向混业方向发展。中国金融控股公司的发展才刚刚开始，目前面临的基本形势是，一方面世界混业潮流和中国对外开放步伐的不断加快对中国金融控股公司的发展提出了迫切要求，但另一方面中国金融企业的能力和监管机构能力还不足以支持中国大规模地发展金融控股公司，金融体系迟缓的市场化进程也强烈约束着金融才能的最大可能边界。

因此在中国发展金融控股公司，须遵循两个基本路线：一是能力路线，二是市场化路线。能力路线就是全力加快金融企业和监管机构的能力积累速度。一方面从金融才能的五个方面提高金融企业的能力，另一方面进一步改革金融监管体系消除监管盲区，学习先进经验提高监管水平。市场化路线就是以金融体系不断改革和发展为基本手段加快提高市场化水平，以市场化水平的提高促进历史问题的解决和风险抵抗能力的进步。市场化水平的不断提高实际上是不断扩大企业的能力边界，使企业不再徘徊于低水平的竞争阶段，提高市场自然选择的可靠程度，使整个金融业尽快自然过渡到"寡头主导、大中小共生"的理想产业格局。

二、基本目标

形成具有国际竞争力的金融控股公司是中国金融控股公司发展的最终目标。金融企业的竞争力是国家金融业竞争力的集中体现，金融控股公司是现代金融企业中的领先者。现在和未来的金融竞争越来越明显地呈现出寡头竞争的格局，全能化的金融控股公司代表着一个国家的金融实力。因此中国金融控股公司的发展，不仅要着眼于利用集团化、全能化趋势推进中国金融体系的市场化进程，更要着眼于国际竞争的需要。要发展出能够在国际金融市场上具有重大影响力的金融控股公司，而不是仅满足于中国最大、最强。实际上开放程度的进一步提高，也不允许中国的金融控股公司将目标停留在国内第一的目标上，实力强大的国际金融控股公司必然在国内和国际两个市场同时与中国金融控股公司展开竞争。仅与国内金融企业对比的后果将极有可能是，中国金融控股公司被压缩于几个外资金融控股公司不屑于进入的利润微薄的细分市场中，或依靠政府管制维持其在主要市场中的地位。不进则退，因此作为中国金融业发展战略中的一个重要组成部分，中国金融控股公司一定要以发展成为具有国际竞争力的金融控股公司为目标。

三、企业层面的发展和能力积累

1. 鼓励管理型金融控股公司进行混业试验和探索以积累经验

一是在政策上明确鼓励管理型金融控股公司进行混业探索，二是鼓励现有部分金融机构转型为管理型金融控股公司，并特别强调管理型金融控股公司的独立性。如鼓励目前已经进行探索的中信、光大、平安、民生、招商等金融机构向上集团化，构建出一个独立的管理型母公司，控制已有的金融业务，继续进行金融混业，鼓励它们利用金融控股公司的形式，积极探索金融控股公司风险防火墙有效设置、不同金融业务有效协同的组织基础和协同渠道、统一基础上的差异薪酬体系的设计等管理经验，促进集团母公司发展成为仅提供战略决策和控制的纯粹控股公司，并成为各子公司业务及管理协同的组织平台。在提高基础管理能力的基础上，积累多元化经营能力，推动中国金融体系的混业进程。

强调管理型金融控股公司的独立性是一个基本原则。对内保持对所有业务的独立，对外保持对股东及其业务的独立。尤其是外部独立要特别突出地强调，对于目前出现的产业集团积极利用金融控股公司形式进入多个金融领域的现象，要谨慎对待。一个深刻教训就是日本和韩国的产业集团控制了金融资本，尽管能够起到促进产业发展的作用，但在产业发展出现停滞和倒退时，产业资本对金融资本的控制，将不可避免地将产业倒退放大至经济衰退。因此保持金融资本的独立性，对于风险承受能力十分脆弱的中国来说至关重要。基本原则就是防止产业资本对金融资本的实质控制，尤其是对商业银行资本的实质控制。将产业资本的进入定位在参与而不是控制上应是中国对待产业资本的"金融控股热潮"的基本态度。

2. 以四大国有商业银作为未来全能化金融控股公司的主导

就综合竞争实力来说，四大国有商业银行无疑是中国金融体系中最强大的金融企业。就历史地位和未来发展来说，中国金融体系的市场化改革成功的一个重要成功标志就是四大国有商业银行成功转型为具有国际竞争力的金融企业。那么在混业发展是金融体系未来的背景下，中国金融控股公司的发展也必然以目前主导金融企业成功转型为金融控股公司为成功的标志。因此尽管当前四大国有商业银行面临着产权改革刚刚启动、不良资产包袱沉重等困难，但可预言，它们仍将会在中国金融控股公司化和全能化潮流中占据主导地位。

将四大国有商业银行改造成为金融控股公司的基本路径大致是：首先进行股份化，将国有独资的产权结构逐渐改造成产权多元化、以国有产权为主导的股权结构。在这个过程中寻求在多个市场公开上市是股权多元化的一个有效途径；其次是在股份化的同时进行集团化改造，或按照区域、或按照业务、或按照客户将分支行结构改造成为母子公司结构，积累集团化运作经验和能力，形成银行控股公司；最后在能力进一步提高的基础上逐渐地、适时地推进四大国有商业银行的全能化经营，以四大商业银行为主体整合整个金融产业，收购非银行专业化金融企业，强强联合，形成全能化的金融控股公司。

这个过程有两个关键的核心问题：一是中国政府要认识到四大国有商业银行是自主的市场主体，而不再是政府执行金融或其他政策的一个载体，要尊重和承认四大国有商业银行的自主权；二是四大国有商业银行要随着组织形式的改进和独立性的不断加强而不断提高自身管理能力，以适应竞争的需要，充分发挥出组织形式改进产生的潜在竞争优势。

3. 以市场化为原则，培育以保险公司为核心的金融控股公司

保险公司作为一个越来越重要的资本跨时期匹配的通道，面临着两个方面的问题，一方面是如何有效扩大保险销售量，另一方面是资金如何有效使用。扩大保险销售量的一个渠道是保险业发展自己的销售渠道，如发展保险经纪，更重要的渠道是利用其他金融机构的销售渠道，尤其是商业银行的销售渠道。实际上最先取得突出进展的混业协同就是银行保险。资金的有效使用，更需要利用投资银行以及基金管理公司的理财能力。因此保险公司有进入商业银行和资产管理领域的内在动力。中国的保险业，尽管保费还没有实行市场化，但在对外开放等方面已经处于国内金融业的领先地位。随着中国向市场经济的进一步转型以及相应的社会保障需要的不断扩大，保险业今后将有广阔的发展前景。目前中国保险公司面临的一个重要约束就是资金运用渠道十分有限。为突破这些约束以及更好地把握未来的发展机遇，可以预言中国的保险公司将会适时进

入其他金融领域，并由松散型的业务合作阶段向股权紧密控制阶段发展。那些在产品销售具有明显优势的小型商业银行和具有资产管理专长的金融企业、基金公司将最可能成为大型保险公司的收购对象。因此要以市场化为原则，培育和支持保险公司发展成为金融控股公司，成为金融控股公司中的第二梯队。

4.鼓励其他金融企业在稳健的基础上发展成为专业化金融控股公司

证券公司、基金公司、信托公司以及期货公司等其他金融机构目前在规模和实力上还都比较小，在组织形式上基本处于前集团化阶段。从业务发展趋势来看，它们具有较强的独立性，并且从事的是金融业中利润相对比较高的业务。目前就世界范围内这些公司的发展趋势来看，多数发展成为独立的专业化的金融控股公司，或者成为全能化金融控股公司的一部分。因此这些企业要在稳固发展核心业务的基础上，积极探索与发展那些与核心业务密切相关的其他金融业务，进一步提高自身管理能力，以匹配能力为核心，发展成为稳健的专业化金融控股公司。

四、监管层面的发展和能力积累

1.消除监管盲区，加强对混业发展趋势的监管

2003年随着中国银行监督管理委员会的成立，中国的金融监管体系发生了比较大的变化。但是在这个以银监会、保监会与证监会为基础的专业监管框架中，依然缺乏对混业发展的监管机构。目前的监管主要是由混业所涉及的主要业务的监管机构为主进行监管，如对证券公司和商业银行发起的"集合受托投资管理"业务就曾由证监会确定暂不开展的。[①] 显然这样的监管局面，既不利于促进混业发展，也不利于控制风险。

首先就监管的组织保障来说，要适时推进向以银监会、证监会、保监会为基础的伞形金融监管体系过渡。这个监管体系，不仅是为适应当前的混业发展监管趋势，而且也是为了对中国未来金融业的战略发展提供组织保障。未来金融业的发展显然已经不能仅从单个金融子行业的角度来考虑，中国未来的金融发展战略也不能只倚重于单独的金融子行业。在银监会、保监会和证监会之上，补充中国人民银行的职能，使其发展成为中国金融战略的制定和实施机构，货

---

① 2003年4月29日证监会发布《关于证券公司从事集合性受托投资管理业务有关问题的通知》要求证券公司暂停开展这样的业务，等待证监会制定出管理办法后再开展。

币政策的制定和执行只是中国未来金融发展战略中的一个组成部分。由中国人民银行负责对跨越三个专业监管机构的混业业务进行协调监管和对采取金融控股形式的企业进行直接监管。这样不仅可以有效消除监管盲区，而且可以起到有效促进专业监管机构的信息交流，并从中国金融业整体发展战略的角度来对待混业发展趋势的作用。进而能够使混业发展真正进入中国金融业的未来战略范围内，而不再游走于中国金融业的边缘。监管机构的明确有助于确定混业发展的规范，也有助于加强对中国金融战略的前瞻性研究。

其次就监管内容来说，要以风险监管为重点，从业务和股权两个层次加强对混业趋势的监管。对于混业经营的风险仅从所涉及任何一个子行业的角度来观察和控制，显然是不完整的、缺乏有效性的。要把握混业经营风险，就需要监管机构放弃和超越行业与机构观念，需要从中国金融业的整体发展战略出发，全面分析混业发展对所涉及的全部金融子行业的影响，才有可能把握得比较全面和准确。这就需要专业金融监管机构在中国人民银行的协调下，在监管信息充分共享的基础上统一行动，才能达到控制和降低风险的作用。

在业务层次上监管的重点在于防止来自于业务混合产生的风险，对于明显跨越商业银行、保险、证券、信托、期货等金融子行业的业务合作，要在控制风险的前提下，按照金融体系的市场化进程，采取"平衡发展与重点推进"相结合的策略，有序地推进金融企业之间的业务合作。所谓"平衡发展"，就是对于不同金融业务之间的交叉、不同子行业金融企业向其他子行业的扩展，采取统一对待的态度和政策，不以牺牲其他子行业发展空间的做法来推动本子行业的发展。改变当前证券业在混业业务发展中的被动局面。所谓"重点推进"就是按照中国整体的金融发展战略与金融市场化的节奏，在一段时期内重点推进一些混业业务的发展。如当前证券业正面临着佣金自由化和证券市场持续低迷导致的困境，就要重点推进证券业与其他金融业务之间的合作，拓展证券业的利润空间。所有金融子行业的均衡发展，不仅对所有金融子行业有利，而且对于整个金融体系的稳定具有重要作用。德国是商业银行业务发展超前而投资银行业务发展滞后的国家，后果就是德国的全能银行利润来源单一，尽管具有全能化的优势，但整体竞争力依然不如商业银行业务和投资银行业务发展比较均衡的美国金融控股公司。所以首先要坚持"平衡发展"，其次择机进行"重点推进"。

在股权层次上监管的重点在于保持金融控股公司的独立性，首先是确定中国人民银行是采取金融控股形式同时进入多个金融领域的企业的监管机构。由中国人民银行负责建立金融控股公司的股东监管、资本监管、防火墙和利益冲突监管以及监管信息有效交流的制度安排等基本规范。中国人民银行还负责推进和总结中信等金融改革试验企业的经验和教训，负责从整体上评估中国金融混业发展现状和风险，进而为制定和实施中国金融发展战略服务。其次则是专业监管机构，负责推进本行业内的集团化发展，消除限制或不利于企业股份制改造和集团化发展的政策。

2. 加强前瞻研究和规划，引导金融企业向集团化、全能化方向逐渐发展

在中国发展金融控股公司，首先就要确定中国金融业的未来发展是什么方向，确定金融控股公司将来在中国金融业处于什么样的位置，这些问题不弄清楚，金融控股公司的发展就是盲目的。但是在中国，不仅在微观层次——金融企业的战略研究没有得到足够重视，就是在宏观层次——中国金融业发展战略研究上的投入也嫌不足。因此要加强对中国金融战略的研究，制定金融业的宏观发展规划。在整个基础上，每一个专业监管机构制定出本行业的发展规划。最后则是金融企业根据自身的资源和能力，制定出企业发展战略。这样才能减少发展过程中曲折的出现，有效凝聚各方面的力量，加快中国金融业竞争力的提高过程。

3. 促进监管手段由封堵管制向以金融企业自律为基础的市场化方向过渡

对于中国来说，金融监管的目的有二：一是发展，为金融机构提供一个制度框架，使金融机构在这个框架内展开各种业务和进行创新；二是控制风险，以制裁为手段确保金融活动的风险控制在可接受的范围内。二者有一致之处，也有冲突之处。但与风险相比，发展应当是更根本的目的。金融企业自身的发展和风险控制能力的不断提高，是有效解决发展与风险控制矛盾的根本途径。并且如前所述，随着金融企业采取的组织形式越来越复杂、从事的业务越来越多，金融企业与金融监管机构之间的信息不对称程度越来越大。一个必然的推论就是，金融监管的有效性仅依赖于监管手段的完善和监管信息的充分已经不可靠了。因为金融企业复杂程度的不断上升，即使是信息已经在企业和监管机构之间进行了充分传递，但监管机构对信息的理解也可能达不到的企业理解程度。进而即使监管手段再完善，如果据以决策的信息没有得到充分理解，所采

取的措施就极有可能失误。所以金融体系的稳定，未来将直接建立在金融企业
稳健的基础上，而监管将退居于次要的辅助位置。世界金融监管的发展趋势已
经证明了这点。

五、能力提升

在开放和竞争压力越来越大的约束下将金融业的集团化、全能化风险控制
在可承受范围内是中国金融控股公司发展过程中面临的基本矛盾，仅有能力的
逐渐积累还不够，更要利用各种措施进行能力提升。

1. 加强研究，提前规划

能力是金融企业拥有的关键技术和隐性知识，是企业拥有的智力资产，它
是企业决策和创新的源泉。提升能力是一个漫长的过程，为此，必须要加强研
究，提前规划，制定出能力提升的措施和步骤，有效凝聚各方面的力量，加快
能力提升的过程。

2. 加快金融市场化步伐

市场化水平决定着企业的能力边界是本书一再强调的基本观点之一。基于
这个观念，本书进一步认为加快中国金融体系的市场化步伐是提升中国金融企
业竞争力的有效途径。市场是检验竞争能力大小的最终标准，在市场竞争中积
累的能力是企业生存和发展的最终根据。因此一方面要通过发展和壮大金融市
场拓宽金融企业的生存空间，另一方面要提高市场深度，建立多层次的市场体
系，并逐步向利率市场化、保费自由化等市场定价体系过渡。

3. 以严格的准入和淘汰制度为前提，提高金融业的竞争水平

金融业的高风险特性，不仅决定了要提高进入门槛确保金融企业的高素
质，而且决定金融企业的退出具有较强的社会负外部性。因此对于金融企业的
门槛要求，不仅是静态的更应是动态的。这样就能有效减少金融企业经营失败
的可能性。而对于失败金融企业的退出要谨慎，尽量采取市场化兼并的方式减
少振荡。同时提高金融企业的素质也是提高金融业竞争水平的一个有效途径。

3.3　中国金融控股公司运作模式探索

一、战略先行

战略是企业的灵魂，指引着企业的发展和能力积累方向。金融控股公司的
发展应当首先是战略指引的结果。因此对于金融控股公司来说，不是在进入集

团化阶段后，再确定发展方向，而是在这之前就已经确定了发展成为金融控股公司的长远愿景。进入集团化阶段后战略管理的主要任务是根据新形势和新组织特点，进一步地确定实现长远愿景的中短期战略目标。首先是确定金融控股公司的业务和市场定位。任何一个金融控股公司不管如何强大，也不可能达到随时随地万能的程度。每个金融控股公司都要清晰地界定出能够最大化发挥自身优势的业务基地，还要界定出集团未来的利润增长点以确保持续稳定增长。这就要求不仅在地理区域上，而且在细分的客户市场上清晰地说明集团业务重点。同时上述这些决策是在细致的市场调研、科学的内部资源分析后做出的，是与市场和企业既有能力的发展方向相一致的准确战略，而不是盲目决策。其次则是进一步积累和提升实现中短期战略目标的能力。从组织架构、业务组合、职能路线、资源匹配和文化融合等多个方面，对金融控股公司进行内部整合，以适应新战略的需要和获取新能力。最后进一步加强风险管理能力，防范和化解集团化、全能化过程中出现的风险。

二、科学组织

科学的组织形式是实现战略目标的有力保障。在战略和业务发展方向确定后，就要相应地调整企业的组织方式以使企业资源能力都集中于战略实现上。从单一金融企业发展到金融控股公司首先表现出来的就是企业组织形式的重大变化。从单一企业发展到母子公司结构、再发展到控股公司结构，标志着金融企业（集团）在组织形式上的不断成熟。但是组织形式的成熟，尤其是与战略的有机匹配，并不是自然形成的，而是需要经过科学的设计、痛苦的调整和磨合，甚至付出沉重代价后才可能实现的。这个过程不仅是组织形式的成熟过程，更是企业组织管理能力的积累和提升过程。

1.设计金融控股公司组织管理模式的基本原则

根据组织设计的一般原则、对金融需求变化趋势的分析和发挥金融控股公司优势抑制劣势的基本理念，本书提出以下基本原则。

（1）效益导向原则

金融控股公司化的目的就是适应变化了的金融需求，通过全能化地为客户提供比以前更加全面和深入的金融服务，来获取更多的利润。企业是利润主体是企业存在的理由和永恒主题。因此不管企业形式如何变化，利润最大化这个核心不会变化。企业形式永远是实现利润最大化的手段，其演变都是为了更好、更有力地实现利润最大化。因此设计金融控股公司组织管理模式的首要原则就是效益导向。具体讲就是通过客观分析金融控股公司这种新型金融中介，能够产生的优势和带来的挑战以及法律环境所允许的空间，明确在这种新型的组织安排中，有哪些新的因素影响着利润产生的价值链条，甚至彻底改变了原有的盈利模式。在此基础上，以效益为导向在法律许可的范围内，有重点、有目的通过组织安排放大和发挥优势、抑制劣势，建立新的价值链条，形成全新的盈利模式，应对挑战。

（2）客户导向原则

前述的分析已经得出了金融控股公司的优势更多地来源于收入创造方面，而收入创造则是建立在适应客户需求为客户提供更有价值的金融服务的基础上。客户导向已经是现代企业组织设计的基本原则，企业与客户的关系是推动企业组织形式演变和企业发展的主导线索，建立在客户需求基础上的客户满意度已经成为检验企业组织形式是否有效的主要标准（李怀斌，2002）。[①] 客户导向原则是效益导向原则的深入，它进一步指出了效益的主要源泉。这对金融控股公司国际经验的总结中已经得到了体现。

（3）协同效应原则

多业务企业要取得比专业企业更好的绩效，主要的手段就是充分发挥多业务之间形成的协同效应。在研发、生产、销售渠道、客户、财务管理、资本运用、风险管理、人力资本的积聚等各个方面，金融控股公司都有形成协同效应的空间，关键就是能否利用和发挥出来。良好的组织和管理模式设计能够通过提供有效的组织平台来促进协同效应的发挥。因此金融控股公司的组织管理模式设计，不能孤立地看待每一个组织构成部分，要认识到整个集团应当是一个协调一致的有机系统，甚至应当专门成立一些用于沟通和协调的临时或正规组织，以增强协同效应。协同效应也是效益主导原则的深入，它表明了实现效益的主要手段。

（4）控股主导原则

控股是金融控股公司的组织特性，是保证整个集团能够产生协同效应的资本基础，也是金融控股公司内部股权结构设计的主线。并且控股结构的包容性和灵活性，为效益的实现提供了充分的组织空间。观察国际大型金融控股公司

---

① 李怀斌：《企业组织范式研究》，大连：东北财经大学出版社，2002 年版。

可以看出，在内部股权结构上，它们具有一个突出的共同点，即金融控股公司的核心企业都为集团全资拥有，而不是股份制企业。核心企业是集团的主要收入来源和核心业务、资源所在，不允许外来资本分享。[①] 边缘企业和集团的弱势业务、还有部分创新型业务是通过合资的方式进行，以利于充分利用外部资源。

（5）分权为主集权为辅的平衡原则

鉴于金融控股公司是多业务、跨地域的公司，鉴于公司内部在业务文化、区域文化、公司文化等方面的差异，更鉴于因此而形成的报酬制度上的差异，并根据公司权力应当向接近客户层倾斜的原则，金融控股公司内总部和分支机构之间的关系应当定位在分权为主、集权为辅的原则上。集权为辅是明确总部的职责，将其集中在集团战略、部分主要资源的获取与分配、集团整体风险管理和业务协同（包括可共享资源的提供与分配）上。分权为主则是将剩余的其他权力都赋予子公司，包括子公司的业务展开战略、资本与人力资源的配置、内部风险控制，使子公司不仅具有独立的法人地位，而且基本具有独立的市场地位。但分权为主、集权为辅并不代表子公司的独立性可以危及集团的整体性，分权以不损害集团的整体价值为底线。而集团对分权程度的把握则体现为这样一种判断：当将一个业务子公司化并赋予其相应权力能够同时提高该子公司的市场价值和集团价值时，就将其子公司化；当只能提高子公司的市场价值而对集团价值没有提高时，就应将该业务卖出，不再保留在集团内；当带来的结果是损害子公司和集团价值时，就根本不要考虑是否将其子公司化。集团的一体化主要体现在战略、业务和风险控制的协同程度上，在总部与分支机构之间形成一种平衡关系，不使一方过于强大而给另一方的运作产生不利影响。

上述五个原则不是孤立的，而是一个有机整体。效益主导原则是核心，是原则中的原则。客户导向原则指明了效益的主要源泉，协同效应原则则说明了实现效益的主要手段，控股主导和分权原则给出了获取效益的组织框架。

2. 金融控股公司的基本组织框架

金融控股公司的基本组织结构是母子公司制，但其成熟标志是发展到控股公司结构，母公司不直接从事经营，母公司对子公司以股权为基础，通过战略协调、资本配置、财务和风险控制、人事安排、业务指导等方式与子公司建立

---

① 中国目前还不允许成立全资子公司，这将不利于中国金融集团的发展。

起一体化程度不一的关系。一体化程度与母公司的控制能力、集团内文化差异程度、集团整合时间长短、法律要求等因素密切相关。多业务、跨地域经营必然增加协调成本，有效控制协调成本同时又使子公司具有灵活性的一个安排就是成立一些跨部门、跨业务的专门委员会，利用它来进行协调。

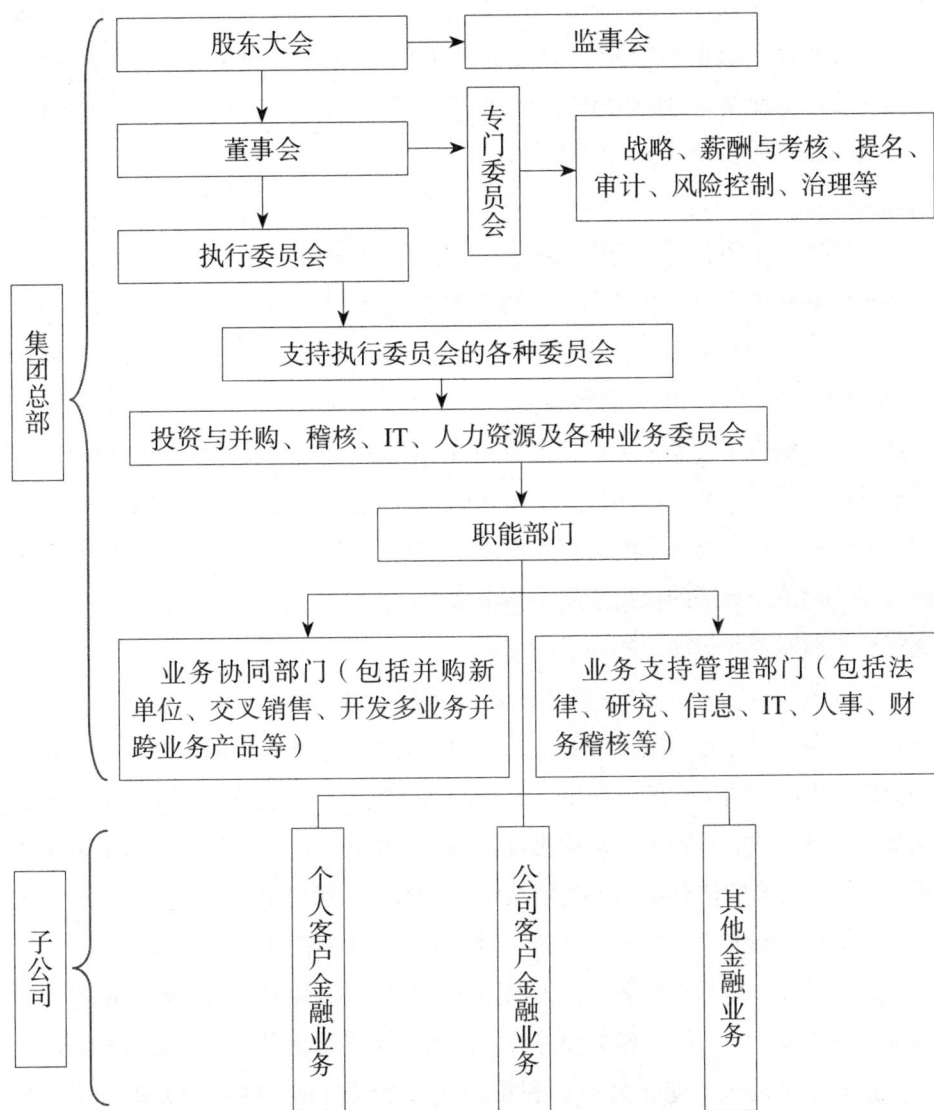

图 3-2　金融控股公司的基本组织框架

（资料来源：作者整理。）

子公司的设立，首先在股权结构上，核心子公司为集团全资所有，非核心类子公司为充分利用外部资源可以引入外资合资成立。为防止风险在集团内部传染和提高公司股权结构的透明度，一般不采取子公司交叉持股的方式成立子公司；其次在设立依据上应尽量按照客户需求的不同，并考虑业务差异和区域范围的大小，成立子公司；再次在成立子公司的顺序上，要综合考虑客户需求的商业化程度、集团所能够投入的资源和能力、法律允许的空间等因素来确定。不过更多的情况是通过并购组建金融控股公司，这就不是新建而是整合的问题。

3. 金融控股公司的公司治理结构

金融控股公司的公司治理结构是集团整体架构设计中的重要内容。它又分为两个层次：集团公司治理结构和子公司公司治理结构。

加强和提供金融控股公司的公司治理水平具有特殊的意义。一是由于集团经营的复杂性，使金融控股公司运作的透明度大大下降。为使投资者不因此产生较大的市场评价折扣，金融控股公司需要通过良好的公司治理以提高透明度，增加投资者信心。二是金融业务混业经营的风险十分巨大。尽管人们对混业经营能够产生什么样的风险还没有清晰认识，但对混业经营的风险水平和监管难度大于分业经营却有基本的共识。而高水平的公司治理具有良好的风险管理功能。如公司治理水平的提高能够促使金融控股公司更加重视自己的"声誉"，这将有效抑制企业与客户的利益冲突。

世界范围内的公司治理机制出现了趋同的趋势，英美的市场型和德日的大股东主导型出现互相借鉴的现象。一方面是英美在培育积极的股东，另一方面是德日在提高公司运作的透明度，减少交叉持股。这个趋势也体现在了国际大型金融控股公司的实践上。机构投资者在花旗集团、汇丰集团等作用越来越重要，它们对后者的治理结构、发展战略和盈利水平都提出越来越高的要求。而德意志银行、瑞穗集团都成立了公司治理委员会等专门机构，专门发布公司治理报告来提升公司治理水平。作为国际化经营的金融控股公司为得到世界范围内投资者和客户的认同，就必须综合不同治理模式的优点来提高治理水平。

公司治理的核心是在公司的利益相关者之间形成一种制衡关系，在股东（大与小、内部与外部）、经营者、债权人、职工等直接相关者以及政府、社区等其他利益相关者之间建立相互信任支持的诚信关系，形成抑制任何一方机会主义行为的机制。综合金融控股公司的实践和公司治理的发展趋势，本书认为金融控股公司公司治理的整合在集团层次应主要采取以下实现措施：

（1）外部治理机制要充分利用市场，即金融控股公司至少要在一个资本市场公开上市。世界大多数金融控股公司都是上市公司。公开上市，一方面金融控股公司不得不接受所在市场对公司治理的要求，另一方面也形成了利用市场压力，抑制管理层等内部人损害股东、债权人等外部人利益的机制。同时也将迫使金融控股公司披露大量信息，使其运作处于公开监督之下，提高透明度。这也将有利于政府的监管。

（2）内部治理机制重点是建立健全董事会等治理机构。董事会成为企业核心已经成为普遍趋势。加强董事会的力量、提高其决策的科学性和开放性是主要发展方向。一方面是健全支持董事会有效运作的支持机构，各种专门委员会应运而生。如专门的公司治理委员会将在提升公司治理水平方面发挥重要作用。另一方面是引入外部支持力量，独立董事的作用越来越重要。独立董事不仅可以起到事前监督作用，而且可以拓展董事会的决策视野，提高决策的审慎性和科学性。花旗集团和汇丰集团都引入了大量的独立董事，日本也建立了独立董事制度。

在子公司层次则应重点做好：一是健全子公司的内部治理机构，不能因为子公司是集团的附属机构，就忽视子公司治理机构的建设。良好的子公司治理机构能够将子公司利益相关者的利益平衡在子公司层次上，不会将矛盾和冲突引致到集团层次。二是充分尊重子公司董事会的独立性，不论子公司是全资还是非全资。总部对子公司的决策都要通过其董事会进行，在子公司也是上市公司时尤其要如此进行。三是要充分尊重子公司的外部利益相关者，包括子公司的外部股东和债权人，使子公司的发展不建立在损害他们利益的基础上。四是交叉持股和关联交易的多少是投资者评价集团透明度大小的主要参考指标，集团内部尽量减少交叉持股和内部关联交易。

三、有效的整合

本书已经特别强调了整合能力对于金融控股公司顺利成长的重要性，在此再深入讨论如何实现有效的整合。因为多数金融控股公司都是通过并购来构建的，内部成长尽管具有文化同质等优势，但竞争的压力已经使多数金融企业没有实现内部成长的时间，因此更加突出了整合的重要性。

整合的重点工作集中在集团战略、集团整体架构的设计、总部的作用、业务和文化整合上。在这里假定集团已经完成了战略整合，集团对今后的发展已经有了清晰的并且得到广泛认同的战略，在此基础上来讨论组织整合问题。组织整合的基本出发点是在战略方向的指引下，抑制和消除集团化产生的劣势和挑战，放大和发挥集团化的优势。

1.总部的作用

（1）总部的重要性

总部在集团内发挥什么样作用是多元化经营企业面临的普遍问题，同时也是一个没有统一答案和没有得到很好解决的问题。但是从基本的成本收益角度来讲，多业务企业绩效要大于业务单个进行时相加的绩效，或至少要等于后者的和，多业务企业的存在才有意义。而与业务单个进行相比，是集团总部将多个业务集中在了一起。因此集团总部的存在价值应当是使多个业务整体进行产生的绩效大于每个业务的单独进行产生的绩效和。也就是说集团总部作用的核心就是使"1＋1＋1＞3"，使业务之间产生协调效应。如果集团总部不能起到这样的作用，整合集团的存在就没有什么经济意义了。

对于金融控股公司来说也是同样的道理。通过前面的分析已看到在快速发展的金融业务和金融需求方面出现了原有业务界限逐渐模糊和需求一体化的趋势，使多个金融业务整体经营具备了一定的客观基础，虽然同时也带来了巨大的挑战。主观上能否实现金融业务混业经营产生的优势，包括实现成本的节约和创造更多的收入以及克服挑战带来的困难，都取决于金融控股公司总部的驾驭能力。

在实践中发展比较成功的花旗集团和德意志银行集团都经历过痛苦的并购整合期，都出现过因为驾驭能力不足而使并购过来新业务的经营绩效大幅度滑坡的现象，但他们通过不断调整，加强总部的整合能力和进一步明晰总部的职责，度过了困难时期，逐渐走上了稳定发展的道路。英国的四大清算银行也都先后进入了投资银行领域，但都铩羽而归又先后退出，损失惨重。总结它们失败的一个重要原因就是出身于商业银行业务的集团总部缺乏驾御投资银行业务的能力（罗杰斯，2001）。

因此对于金融控股公司的总部来说至少要把握这样两个原则，其存在才有意义。一是它应当是一个价值创造者，至少它能阻止因多个业务的集中而产生的价值下降，使集团的价值至少等于集团业务采取独立公司形式单个进行时的价值之和。二是作为价值创造者，其价值创造的内部有效性要高于外部有效性。一方面是集团内业务的绩效要高于该业务的市场平均绩效，另一方面也要高于其他集团同类业务的平均绩效。如果不能达到上述水平，就说明集团的运作效率是低于外部平均水平的，是低效的。这个业务就不应当是集团继续保留的业务，应当退出。

（2）总部应当具备的能力

为实现总部的价值创造功能，集团总部的着力点应是推动集团整个的管理、组织、资源储备和配置以及业务发展向成本节约和收入创造方向发展。为此总部至少具备三个基本能力。

①发展的辨别与利用能力。总部应当具备发现有效促进业务一体化水平、提高集团价值的途径和机遇的能力，并能够预见到这些促进因素的发展趋势，进而使集团能够不断地利用这些有利因素。同时能够有效识别哪些因素在不利于业务整合和集团价值的提高，并能够采取有效的应对措施避免或抑制这些因素起作用。更重要的是对有利因素的利用和不利因素的规避，其效率要高于同样进行集团化经营的金融控股公司，否则将在竞争中持续地处于劣势。

②发现并集中于价值最大化领域的能力。每一个金融控股公司因为历史的不同、管理者风格的不同、客户的不同、法律环境的不同等等因素，而使每一个金融控股公司都具有不同的资源和能力。所以每一个金融控股公司的发展并不是一致的不加区别的全能化和多元化，而应是建立在其资源和能力基础上的全能化和多元化。因此，总部应当能够辨识出集团的与众不同来源于何处，这些不同是否是集团的价值源泉。如果是就要投入资源和力量使之最大化。如果不是那将来有没有可能是。将来也没有可能，就说明集团的努力与市场需求发生了很大的偏差，总部就要具备纠正的能力。英国清算银行的投资银行之路就是在他们并不清楚自己的价值最大化区域是英国本土零售业务的情况下进行的，盲目地追求全能化、国际化，希望通过资产规模的扩大和幻想中的业务交叉带来的价值增加实现增长，结果可想而知。当时它们的总部就不具备价值最大化领域的发现和集中能力。

③匹配资源的能力。发现有利的机遇和有潜力的价值区域，集团总部还应当有能力为机遇的利用和价值的开发匹配资源。对于大的发展机遇和潜力无边的价值区域，仅靠子公司的单薄力量是难以把握的，需要总部在集团范围内调

动资源，如果需要还要联盟利用外部资源来进行开发。但是资源的提供要与不断变化的客户需求、管理目标以及其他因素的变化相符合，这些都是在子公司层次上难以完成的。

（3）总部的地位

总部在金融控股公司内十分重要，担负着价值创造的职责，并行使着上述职能。但这并不代表着总部全面控制着子公司，相反除了在上述领域总部具有作用、享有权力外，其他的领域和权力都应归于子公司行使。以子公司拥有绝大多数权力为主导，母公司只在部分权力上集权为辅助来构建金融控股公司。因为是子公司而不是母公司直接面对市场和客户，现代企业组织和权力分配的一个趋势就是客户主导和企业权力向客户终端集中。

并且就金融控股公司整合的动态过程来看，权力也应当集中在子公司层次。在并购完成后首先要进行的就是以消除内部业务冲突为主的业务整合。其次在这个基本框架的基础上由子公司在各个市场上同外部竞争者展开竞争。在竞争过程中，子公司进一步明确了竞争的优势和劣势，明确需要总部提供什么样的支持。再次总部根据子公司的需要提供相应的支持，如建立统一的销售网络、统一的信息平台、统一的风险管理平台等。总之总部的作用不是在并购之前凭想象和直觉形成的，而是在整合过程中逐渐形成的。也只有在整合和竞争过程中，总部才能更加清晰地明确集团的价值区域，进而确定自己在增进价值最大化中的作用。与子公司相比，总部应当是首先服务于子公司的发展，其次才是引导子公司的发展。

2. 职能与业务整合

（1）战略管理

在金融管制普遍放松和金融创新的冲击下，金融企业的发展战略体现出两个方向：一是在国际化和大型化基础上的全能化，二是在国际化和大型化基础上的专业化。这是两种既有共同点又有显著差异的发展战略。其中前者的尝试者中有成功者，但更多的是失败者。后者的情况同样喜忧参半，因为有不少专业机构都被全能机构收购了，现在专业的大型投资银行只剩下高盛了。而面对如此的战略实践和正在变化的金融需求，金融控股公司的总部首先要有清晰的战略思路，确定集团要做哪些事情、不做哪些事情，是大范围的全能化，还是有限全能化，还是保持专业化，都是需要深入思考的问题。这就需要考察环境因素的影响和集团资源与能力存量，二者共同决定集团哪些事情可以做、哪些不可以做和今后的发展方向。辨识有利与不利因素就是进行环境分析，确定价值区域则是清晰资源和能力存量，这都是战略管理的核心内容，是总部的首要职责。

集团董事会及其战略委员会是总部实现战略管理的主要组织形式。集团董事会及其战略委员会，一方面要对集团的资源和能力有清晰认识，认识到集团的价值最大化区域源自何方，新增的业务组合对该价值区域将产生什么样的影响，另一方面要通过独立董事及广泛的外部关系认识到集团所处环境及其变化趋势。在战略确定后，不仅要采取强有力的措施保证战略的实施，而且要不断结合实施进展检讨战略步骤的适当性和方向的正确性。

（2）业务整合和协同

并购后面对交叉重叠的业务格局，首先要重新进行业务划分，避免集团内的业务竞争，这也是总部应当的职责。新业务单位的划分应当以客户需求为基础，同时考虑影响管理成本的原有业务分类、员工的业务状况和彼此熟悉程度、地理区域等因素。Jordi Canals（1998）[1] 给出了划分新业务单位的三个标准：一个集中——业务集中于特定类型的客户、一个界定——界定开展业务需要使用的资源、一个责任——明确应负责的金融绩效。业务重组的过程是痛苦的，以一定的盈利水平下降为代价。花旗集团和德意志银行都已经较成功地完成这个历程，而瑞穗、汇丰则还在转型过程中。这是必经的并且需要彻底地一次性完成的工作，并且越彻底越迅速越好，否则后患无穷。[2]

其次是业务的协同。在整合过程中肯定已经考虑到了协同的需要，整合应当是业务协同的起点。从价值链条来看，进一步的业务协同可以在前台、后台和生产环节展开。前台主要是销售品牌和渠道的统一。往往是商业银行和保险公司都具有比较成熟的零售网络，而投资银行和资产管理公司具有比较好的批发网络。Hensal（2001）发现销售网络被过度利用的银行通过收购销售网络没

---

① Jordi Canals, "Universal Banks: The Need for Corporate Renewal", *European Management Journal*, 1998, 16(5):623–634.

② 巴克莱银行在 1986 年通过收购伦敦的两家证券公司成立了自己的投资银行公司 BZW。但是巴克莱的总部并没有很快地将所有投资银行业务整合到 BZW 下，尽管他们意识到整合的重要性，并给出了时间表。BZW 与巴克莱其他的公司银行部门发生了激烈的业务冲突，由此也放大了巴克莱内投资银行文化与商业银行文化的冲突，极大地增加了管理成本。BZW 也一直在欧洲二流投资银行水平上徘徊，直至它被分拆出售。（罗杰斯，2001）

有充分利用的银行，可以产生成本节约的效果。Siems（1996）也发现在美国的银行合并中当分支网络存在极大的重叠时，就会产生比较高的非正常资本回报。并且 Skipper（2002）也总结说金融服务一体化的成功例子都是在零售市场。这些都说明销售渠道的整合是金融控股公司协同效应的一个重要源泉。后台的整合则主要体现在信息、IT、研发、资本支持和风险管理的统一上。这些领域普遍认为是成本节约的区域。生产环节的协同则主要体现在金融产品的创新上，利用来自不同金融领域的专家和在不同市场积累的经验，可以设计出新的产品及新的组合。

从开始有意识地进行业务协同到有效协同的过程是比较漫长的，很多具体协同安排都是在探索中逐渐形成的，不是能够一蹴而就的。并且很多协同安排将会随着环境的改变、客户需求的变化以及人事安排的变化而改变。能否有效缩短这个过程并推动协同不断地深入和制度化取决于集团总部和领导人的管理能力。

实现业务协同的有效组织形式仍在探索中，观察国际著名金融控股公司的实践可以看出，它们的做法既有相同点，也有不同。业务协同的共同前提是按照个人和公司两类客户重新划分业务范畴。但具体的业务协作组织形式却有差异。在业务重新划分基础上，花旗集团形成的是统一销售平台上区域内的业务协作，不同业务（公司）使用统一的区域销售平台向客户提供全面服务。总部没有具体的业务管理部门，只有提供统一后台支持的行政管理部门。业务协同主要是通过董事会（及其专门委员会）和执行董事完成的。汇丰集团的特点则是在一个地理区域内由一个子公司将所有业务整合在一起，形成一个公司平台，提供全面服务。总部层次主要是通过董事会的行政管理委员会和执行董事完成业务协作，同花旗一样总部也没有业务管理部门，只有行政支持部门。德意志银行的重点是将收购来的美国投资银行公司，从业务重新划分到子公司设计融入到商业银行网络中，业务协同也主要在总部的董事会和执行委员会（及其专门委员会）层次完成，总部也没有业务管理部门。上述三家的做法是业务战略协同的体现，不追求在具体环节上进行全面的业务控制，而是追求整个集团内业务展开的统一逻辑，具体的业务开展由分支机构自主决策。瑞穗集团的做法与此不同，它不仅通过董事会进行战略协同，而且通过设立专门的业务管理部门追求业务控制（安志达，2002）。

　　导致上述差异是有原因的，花旗实行的是区域与大客户并重战略，充分发挥其网络优势和优质客户优势，大客户需要全球化服务相应要有专门的全球性公司为之服务；汇丰则要突出其区域和中小客户优势，中小客户只需要区域性服务，由区域性公司完成即可；德意志银行的重点是消化和发展投资银行业务，挤入顶级投资银行行列；瑞穗则是基于文化的同质性在面对困难的特殊时期进行强力控制。因此不同的业务协同组织形式各有根据，其绩效仍有待于实践的进一步检验。

　　（3）风险管理

　　如果说战略管理和业务整合与协同着重于收益的创造，通过节约成本和新生价值，那么风险管理则是着重于损失的避免。与专业金融企业相比，金融控股公司的风险特征突出表现在风险种类和发生空间都比前者有了大幅度的增加。可以将金融控股公司的风险分为四类：业务风险、资本风险、道德风险和能力风险。业务风险是由市场变化导致的单一或多个金融业务面临的风险，其中不包括业务操作人的因素，主要是交易对方的信用、利率、外汇以及其他导致市场价格波动的因素所造成的。业务风险又可分为单个业务风险和交叉业务风险，后者是专业金融企业所没有的，有许多也是监管部门的空白。资本风险是金融控股公司内一笔资本金被重复使用或母公司将贷款转为子公司资本金而导致资本金虚置产生的风险。资本放大作用是金融控股公司的一个优势，但如果过度放大就会导致资本风险，当一个子公司出现危机时就可能危及整个集团的生存。道德风险主要是指以损害客户、投资者等利益和违反法律为代价谋取利益而产生的风险。同时开展多种金融业务，就为支持一项业务的开展而损害另一业务客户提供了可能。安然和世界通讯公司事件中一些金融控股公司就扮演了这样不光彩的角色。能力风险则是指金融控股公司的能力不足而导致的风险。这在许多进入新业务领域的金融控股公司身上都有不同程度的体现，如国民西敏寺银行的蓝箭事件，就是在其投资银行公司不具备发行能力的情况下，匆匆上马发行蓝箭公司的配股，结果认购严重不足。为推动认购国民西敏寺银行又违规操作超额认购，一错再错，最终导致其声誉大受损失。

　　面对更加复杂的风险，金融控股公司应当通过采取多种措施，实现风险管理的一体化，从而不仅有效控制风险，而且可以产生协同效应。因为多种金融业务的风险特征是不同的，它们共同作为一个资产组合，自身具有风险对冲和通过分散降低风险的功能。上述风险有的可以通过有效的事前控制予以消除，如资本、道德和能力风险，有的则只能是降低，如业务风险。因此风险管理的内容主要包括三个方面：一是确认整个集团的风险临界线，二是建立严密的动态风险管理体系，三是对风险进行有效组合。进而金融控股公司风险管理的原则：一是统一管理原则。将整个集团作为风险管理的对象，而不是孤立地对一个业务或一个子公司进行风险管理。二是遵守法律规章的原则。尽管有些情况下从整个集团的风险状况来看，风险还在可控制的范围内，但对单个业务来说已经超过了法律界线，这时就要遵守法律的规定。三是技术手段和制度建设并重原则。目前发展的风险管理技术手段多是针对业务风险的，而金融控股公司内存在着多种风险，这就需要综合运用多种措施来管理，不能盲目偏重。

有效的风险管理需要复杂和系统的组织做保障。就目前的实践来看，金融控股公司的风险管理基本上都实行总部统一管理、分支机构提供支持的模式。集团董事会及其风险管理委员会确定集团的风险管理原则和框架，总部的风险管理部门负责具体化实施，分支机构的相应部门按照制度报告有关风险指标的动态变化情况，总部统一监控并向集团首席风险管理官员报告。同时在总部和分支机构之间划分风险权限，明确职责。更重要的是要在不同业务之间设置防火墙，如咨询业务与证券业务、自营业务与受托资产管理业务等之间，都必须设置财务、股权安排等防火墙。在股权安排上，主要是母、子公司具有独立的法人地位，母公司仅承担有限责任，并且减少集团内的交叉持股，防止风险传染。

（4）资源配置和利益平衡

集团作为一种企业组织形式之所以存在的一个经济学理由就是集团的资源配置效率高于市场。因为集团能够比市场获得更多的关于子公司的真实信息。因此集团总部资源配置职能是服务于战略管理、业务整合与协同以及风险管理职能的，根据它们的需要总部在集团内调配各种资源。在调配过程中不可避免地将产生利益冲突，因为子公司之间存在着为资源获取竞争。所以与资源配置相伴生的就是利益平衡问题。如果后者处理不好将直接影响资源配置的效率。当然总部的利益平衡不仅限于上述情况，更发生在报酬领域。不同业务的报酬体系、付酬理念和报酬水平是不同的，尤其是经过历史的发展，投资银行、商业银行和保险等业务领域都已经形成了成熟的报酬理念和体系，它们之间存在着巨大的差异。特别是当报酬水平较低的商业银行兼并报酬水平较高的投资银行时，因为并购整合会导致投资银行的盈利水平下降，此时商业银行的员工就会对亏损却依然拿高报酬的投资银行员工产生强烈的不满。这些激烈的冲突必然导致复杂的内部矛盾，进而使投资银行与商业银行之间的业务协作难以开展，同时也会使投资银行领域的优秀员工选择离开，这又将加剧投资银行业务的恶化。

解决因为资源配置和报酬分配的利益冲突问题，只有一个比较有效的原则，那就是市场化。资源配置包括资本的分配、销售渠道的使用、公共资源的使用等尽可能地模拟市场，通过建立内部资本、产品、人力资源等市场以市场标准达到内部分配的有序和公平。报酬分配中首先强调报酬的市场竞争性，而不是内部公平性。因为是前者直接影响着业务的市场竞争能力，只有报酬至少不低于外部人力资源市场的中等水平，公司才可能吸引到优秀人才，进而提高竞争力。金融业的竞争实际上就是人才的竞争。

3. 文化整合

文化整合对于任何并购而产生的企业集团都是十分重要的，金融控股公司更应重视文化整合。在金融控股公司内存在着多种相互冲突的文化，表现出来的冲突有时是一种差异所致，更多的情况是多种文化差异共同起作用的结果。

这些文化差异主要包括业务文化的差异、区域文化的差异和公司文化的差异。业务文化主要是由业务特点、市场环境、从业人员构成等因素决定的。投资银行、商业银行、保险（寿险和非寿险）、资产管理等具有不同的业务文化。区域文化则是由地理位置的差异、民族文化传统等因素形成的。对于全球化经营的金融控股公司来说将不可避免地面临这些冲突。公司文化则是由公司的历史传统、领导人的风格、公司职员的构成等因素决定的。即使是经营同一业务、在同一国家、属于同一民族，不同公司之间也会表现出强烈的差异。

如果不有效化解冲突，将其控制在可接受的范围内，那么将难以产生协同效应，成本节约和收入创造产生的收益也将荡然无存。罗杰斯（2001）详细描述了英国四大清算银行在全能化过程中遭遇的文化冲突以及由此产生的管理成本和糟糕的绩效，他认为缺乏文化整合能力是导致四大清算银行全能化失败的一个重要原因。并且很多情况下，制度对于解决文化冲突是无能为力的，只有通过建立新的文化，才能解决问题。

对于文化整合没有成熟的可以套用的模式，只有一些原则。一是以价值创造为核心，求同存异。企业不管组织形式如何变化、分支机构的数量有多少，它始终是一个盈利组织。企业的任何组成部分都应是为价值创造而存在的。因此不管是哪种文化，有效地促进价值创造应是其核心内容和不同文化的共同之处。体现不同文化的个体和组织在企业中位置和报酬都应当与其价值创造水平和能力相匹配。所以在文化整合过程中可以在价值创造这个基点上，促进不同文化的交流和比较，求同存异，建立新型的有利于企业发展的文化。二是诚信为本。信誉是金融企业的生存和发展根本，诚信应当是所有金融企业文化中的另一个共同点。诚信不仅包括对客户等外部利益相关者的诚信，而且包括集团内部职工和部门之间的诚信。不同文化的形成都是有根源的，因此不同文化的个体和组织之间要彼此理解，互相换位思考。集团的高级领导者之间更要彼此理解和信任，否则将人为加剧文化冲突。

以这两个基本原则为基础，总部推动有潜在冲突可能组织之间有意识地加强交流，再加上适当的制度支持，如报酬制度中适当体现内部公平性等，通过综合运用正式和非正式方式，就能够加速文化整合过程，减少文化冲突，早日建立起新型的企业文化。

四、内部控制

风险控制和管理能力也是金融控股公司在过渡时期需要具备的关键能力。在整合能力中已强调了对风险控制和管理的整合，在此再在更广阔背景——金融控股公司内部控制下来讨论如何加强风险控制。首先需要指出的是控制的目的不是约束和抑制子公司的发展，而是为实现集团战略目标寻求最佳的资源内部配置格局。控制的对象是集团运作过程中可能出现的各种风险，控制系统的完整性和有效性是保证集团稳健发展的关键。

1. 内部控制有效性的影响因素

首先是集团的战略目标。集团的战略目标将决定业务和子公司在集团内的战略定位和资源配置情况以及相应的内部控制机制和手段。定位于提高市场占有率的子公司与定位于贡献现金流的子公司，应分别有着不同的资源支持和控制机制。

其次是集团的组织架构。集团的组织架构直接确定了集团资源的分配格局和母子公司及子公司之间的关系。集权垂直型架构将所有权力集中在总部，子公司只是总部指令的执行者，是同一价值链不同结点；集权平行型架构同样将权力集中于总部，但子公司面向不同的客户分别提供不同的产品和服务；平台型架构则是总部通过一个平台公司（如销售、研发）来实现对其他子公司的控制；参与型架构则是子公司的经营者同时是子公司的部分所有者，总部主要通过股权进行控制；控股分权型架构则是资源和权力主要分布于子公司，总部只具有资本控制权力；控股网络型架构则是资源和权力在子公司之间的分布是专业化的，子公司彼此依赖共同完成对客户的服务，总部具有重要的协调和指导功能。

三是内部控制的层次性。内部控制应当是一个有层次的系统，渗透于整个集团，集团内不同的机构层次应当分别赋予相应的控制权力。并且与总部对子公司的控制相比，子公司的内部控制更加重要。缺乏层次的控制往往难以达到预期效果。

四是激励与文化。激励是控制的另一面，文化则是控制的润滑剂和有效补充。缺乏激励和文化的有效配合，控制的目标几乎难以达成。

2. 金融控股公司的内部控制机制

（1）集团组织架构

分权基础上进行部分功能整合是金融控股公司的主要组织架构。以客户需求为导向，将分布于不同业务、不同子公司的资源进行专业化整合，形成产品生产、销售的统一渠道，为客户提供更加深入和全面的金融服务。由此决定：资源和权力将主要配置在子公司中，母公司主要作为协调者和整体风险控制者存在。控股网络型架构是金融控股公司组织架构的发展方向。子公司之间的依赖是建立在对对方资源的有效运用上，因此子公司有激励进行合作，在彼此之间建立正式和非正式的联系机制。总部的作用就在于根据集团的战略取向，鼓励子公司横向联系，确认这些联系机制的合法性。

（2）治理结构与控制层次

首先在股本设计上，一是要确定外部股东的投资比例，绝对控股、相对控股、参股分别对应着法律所允许的不同控制深度；二是要确定内部股东的身份和投资比例。内部股东包括子公司和职员。为保持金融控股公司的透明性，应尽量减少母子公司及子公司之间的交叉持股。员工（管理层）持股是多数金融企业（尤其是投资银行）的普遍做法，这有利于激励员工（管理层）为企业发展进行长期人力资本投资。

其次在机关设计上，要建立有层次的内部控制机构。应当沿着这样三条线索设立控制机构：一是战略控制线，母公司股东大会——母公司董事会——战略委员会和审计委员会——CEO（执行委员会）——母公司与子公司的稽核部门，负责制定集团战略和监督、评价战略的实施进展；二是业务和行政管理线，母公司董事会——CEO（执行委员会）——母公司职能部门——子公司；三是风险管理线，母公司董事会——CEO——首席风险控制官（风险控制委员会）——子公司风险管理部门——风险岗位。

第三，建立功能强大的内部控制平台。进行内部控制，不仅要建立各种内部控制机制和全面运用各种控制手段，更重要的是建立功能强大的控制平台，使集团的控制有一个顺畅的制度通道。有两个因素决定集团的内部控制难以采取单一企业的直线型控制方式：一是子公司具有独立的法人资格，母公司的控制必须在法律允许的范围内进行；二是子公司领导人的级别一般比集团职能部门负责人高，抑制了集团职能部门对子公司管理的有效性。因此需要构建新的控制平台。

委员会制是多数国际金融控股公司的普遍选择。① 在集团 CEO 下成立执行委员会，由集团 CEO、首席财务官、首席风险控制官、首席经济学家等集团管理层和子公司负责人组成，同时这些人又构成了子公司董事会的多数成员。这样可以有效协调集团决策和决策在子公司的执行，又符合法律的要求。在执行委员会下再设立如风险控制、投资、人力资源、IT 等职能委员会，各委员会分别由一个集团领导人任主任、由子公司领导人和集团相关职能部门负责人任成员共同组成委员会，集团相关职能部门担任委员会的常设办公机构，并负责对子公司对应的职能部门进行业务领导。专业委员会的决议作为母公司对子公司董事会的议案，提交子公司董事会讨论通过。这样就建立了职能控制的通畅渠道。②

---

① 如德意志银行在集团董事会下设立执行委员会，在执行委员会下又设集团金融、集团投资、集团资产负债、集团风险、集团投资与或有负债、集团 IT 与运作、集团人力资源、集团纪律等委员会。

② 如此设计的原因在于子公司具有独立的法人资格，母公司的控制，不能像对部门进行控制那样，深入到具体的细节，法律也不允许或有限制。因此母公司首先要改变控制的指导思想，从针对部门的全面、具体控制转向对子公司重点、宏观控制，重点就是对于涉及子公司发展的重大事项进行控制，宏观就是评估子公司的有关控制制度并提出相应意见，强调和要求子公司加强自我控制并承担相应责任。母公司不能也不应在所有层次上进行控制，否则将导致责任体系的混乱。其次母公司的控制一定要经过合法的渠道。或者经过由母公司多数代表组成的子公司董事会，或者将某些控制职能及其实现所需要的权力在子公司的公司章程中就明确地赋予母公司。

（3）建立健全授权机制

与有层次的内部控制机构相配合，对不同层次进行授权，并按照权责对应的原则，确定相应的责任。权力和责任要明确，为保持权威性和一定的灵活性，一是对重要权力明文授权，如投资权、融资权、风险控制权，人事任免权等，对于不十分重要的权力采取赋予基层的做法；二是对于授权范围内的权力，明确规定如果出现争议或授权不明决定权在上级的原则。而对于其他权力则采取"法无明文禁止则不违法"的原则，鼓励基层进行创新。

（4）建立审计、稽核、法律、电子信息等其他控制机制

审计、稽核、法律等控制机制主要对集团内部运作的合法性、合规性进行检查，看公司的业务开展和管理行动是否遵守了法律和公司的内部制度，从中发现风险和管理漏洞予以弥补。电子信息控制机制除关注其自身的安全性问题外，主要是为促进信息在集团内的快速流动提供保证，以为各级决策提供支持。

3. 金融控股公司的内部控制手段

（1）资本控制。母公司通过资本在集团内部建立起产权纽带，资本关系是母子公司之间形成所有关系的基础。资本控制的强度随着由全资、绝对控股、相对控股向参股、持股的转化而逐渐减弱。资本控制的主要措施也就是通过动态调整母公司对子公司的持股比例，从进入到退出，来控制子公司以促进集团整体价值的最大化。

（2）人事控制。以资本控制强度为基础，母公司通过全部或部分有权决定子公司董事会、监事会及高级管理人员的构成、选任和报酬来控制子公司。

（3）财务控制。资本控制是基于母公司的出资者身份形成的，而财务控制则是建立在资本控制基础上，为资本控制的实现而赋予母公司的集团财务管理权，主要包括资本的筹集、资本的投资和组合、集团及子公司资本结构的调整、集团内的现金及结算业务等内容。

资本、人事及财务控制都是为法律所直接支持的母公司所拥有的控制手段，但它们是外在控制手段，目的都是为了实现战略控制。战略控制是母公司控制的核心和根本，但也是最难以完美实现和易被忽视的控制，因为从明晰战略基点到明晰实现战略基点的资本、人事和财务控制手段往往存在着十分复杂的阻挠因素，使人们看不清战略基点，也看不清战略与可采取措施之间的关系。

最后需要特别指出的是，由于中国还缺乏成功或者有借鉴意义的混业实践，更多的是根据国际金融混业实践给出了对中国金融控股公司运作模式的分析。尽管分析可能存在一些与中国实际情况不一致的地方，但本书是从一个理想状态来勾画中国金融控股公司运作模式的。

五、一个预测

基于上述分析，本章对中国金融控股公司未来的发展阶段做出大致的如下预测：第一阶段，未来3年时间内，构建起专业金融控股公司的框架，完成以下任务：一是建立完整的金融监管体系。使中国人民银行成为金融综合监管机构，负责对金融控股公司进行监管并协调专业金融监管机构对不同金融业务的合作进行联合监管，在总结金融改革试验企业混业实践和研究世界混业监管的基础上制定混业监管规范。二是继续鼓励混业探索。在股权层次上鼓励金融改革试验企业的探索，在业务层次上以风险分析报告书为依据鼓励不同行业金融企业之间的业务合作。三是争取在这3年时间深化四大国有商业银行的股份制改造，构建起母子公司框架。四是鼓励目前单一企业形式的金融企业向集团化方向发展。

第二阶段再用5年时间，促进金融企业达到成熟集团化水平。一是继续推进四大国有商业银行的转型，使它们成功转型为银行控股公司，集团管理经验和能力有了比较丰富的积累，不良资产和资本充足率已经达到国际标准。二是保险行业中发展出几家领先的保险控股公司，具有了成熟的集团管理运作能力。三是其他金融行业中基本上发展出了行业领先的专业化集团。四是监管机构已经对专业化金融控股公司的运作规律和风险有了比较充分的把握。

第三阶段从未来的第8年开始全能化，促进专业化金融控股公司向全能化金融控股公司转变。主要是促进四大国有商业银行控股公司和1—2家保险控股公司转变为全能金融控股公司，以它们为主力整合中国金融业，形成具有国际竞争力的全能化金融控股公司。

3.4　小结：金融混业对中小企业融资的影响[①]

金融混业经营从客观上消除了不同类型金融机构间的隔阂，从而扩大了金融制度的边界。从金融中介的分业与混业经营角度而言，一国金融业在由分业

---

① 转引自李伟民：《金融混业经营和中小企业融资》，《光明日报》，2014年10月3日。

转向混业经营后，金融机构由于可以开展多种业务，其向中小企业提供金融服务将产生规模经济与范围经济效应，这将使得金融机构更愿意为中小企业提供资金。

一、混业经营能使金融中介与中小企业建立长久关系

从总体上看，混业经营的金融机构比专业化的金融机构更具优势，在金融机构与企业之间能够建立起更为广泛和长久的联系。企业的融资需求及方式在其生命周期的各个阶段是不断变化的。在早期，企业主要由其创立者提供资金。在取得了初步的成功后，企业开始从银行通过贷款方式筹集资金。随着企业走向成熟，它们往往转到资本市场融资。在这样的演化过程中，与专业化的金融机构不同，混业经营的金融机构可以在企业的不同阶段满足其融资需求，增进了金融机构与企业之间的长期联系。而且对于一个新建的企业来讲，在同样的条件下与混业经营金融机构建立密切的关系将使其能够更快地进入资本市场进行融资。

混业经营金融机构相对会有利于中小企业的成长并降低其融资成本。商业银行往往对向小企业贷款不屑一顾，这主要是由于对其贷款成本过高的缘故。与向大型企业贷款相比，银行在贷款时需要进行同样的贷款审查与分析程序，但贷款的规模却小得多，审查与贷后的监控成本都较高。还有，一旦这些小企业成长起来之后，它们就会到资本市场上去融资，银行不能得到长期的回报以弥补前期的高投入。然而，如果允许商业银行开展证券承销业务，它们就能够从成长起来后的企业那里继续获得证券发行等相关业务收入，银行将更愿意在搜集与企业有关的信息方面进行投资，并将这种投资成本分摊到一段较长的时间段里，从而降低投入企业的成本。因此，将证券业务与商业银行业务融合在一起的混业金融机构会对中小企业提供更多的资金支持，金融机构与企业将结合得更紧密、更长久。

二、混业经营有助于缓解信息不对称

金融市场上普遍存在着信息不对称的问题，金融中介机构尤其是银行能够缩小这种信息差距，但这也是有限的。相对来说，混业经营金融机构更具信息优势，在混业经营环境下，金融机构通过观察企业对多种金融工具的使用情况及账户上资金的变化情况，从而全面地把握客户的财务、信誉等状况，减少信息的不对称性。另外，通过提供大量的金融服务，混业经营的金融机构在设计融资合约时有更多的工具可供选择，更容易降低银行与企业之间的交易成本。

同那些分别与单个公司接触并对其进行调查和评估的专业化金融机构相

比，混业经营金融机构的信息成本将会很低，因为信息可以重复利用。如果管理客户关系这一固定成本（如专业的管理技术，信息数据库的建立等）能够在不同的金融服务中进行分摊，那么向同一客户提供各种不同的金融产品将会产生较好的经济效应。在一个获取信息相对较难，或者说信息质量较差的环境下，混业经营金融机构在促进中小企业融资方面的效应更为明显。在混业经营体制中，金融机构存在着重要的信息优势。信用评估对于任何融资方式都是必不可少的程序，就这一点而言，承销各种证券与提供贷款之间并没有太大的区别。由于混业经营金融机构的各附属机构可以从其他附属机构与客户进行交易的过程中获得有用信息，因此不需要对每家客户进行逐项评估，从而降低信息成本。

三、混业经营有利于中小企业的直接融资

银行进入证券业无疑将加剧整个证券业的竞争程度，这种影响将有利于中小企业上市融资。首先，商业银行的进入将减少证券公司的发行和其他相关业务收入。决定证券公司承销收入的因素主要有两个：一是证券的分销成本、信息生产成本（包括尽职调查、询价、定价等的成本）等，二是市场竞争程度。如果市场不是充分竞争的话，那么承销商可能会很容易地获得垄断租金。商业银行进入证券业将加剧市场的竞争程度，减少承销商的发行收入，企业则可以降低发行成本。其次，商业银行的进入将降低股票公开发行定价过低的程度，提高企业的发行收入。承销商在证券发行中面临的最大风险就是证券发售不出去，此时承销商就需用自有资金包销。为避免这一风险，金融机构在承销证券的过程中常常要对所发行证券定出较低的价格，这在股票的首次发行和增发中都是普遍存在的现象。商业银行参与到证券承销业务中无疑将有助于打破证券公司的垄断局面，证券承销的价格将会得到一定程度的提高，上市公司的发行收入也会随之增加。

目前世界上绝大部分国家的金融业都已采取了混业经营制度，对此中国可以采取渐进式的放松经营限制的方式。从中小企业融资角度来看，商业银行在开始时可介入风险较小的相关证券业务，如中小企业的商业票据、债券的发行等，时机成熟后再允许银行介入股票承销业务。如前所述，混业经营的机构更具信息优势，而这种信息优势的效应在很大程度上取决于社会中的信息不对称程度。从某种程度来讲，在一个获取信息相对不容易，或者说信息质量较差的环境里，金融业混业经营在促进中小企业融资方面的效应更为明显。

第二编

金融工具：发展直接融资

　　金融工具就是金融市场中可交易的金融资产，主要分为现金类和衍生类两大类，它是一国金融结构的重要组成部分。目前，中国的金融结构严重失衡，主要表现在：一是间接融资比重在社会融资总额中居于主导地位，目前约占75%，直接融资比重太低。更为可怕的是，在间接融资操控下出现的直接融资假象，使中国融资市场功能出现了异化。二是居民持有的金融工具结构不平衡，储蓄存款比重过大。储蓄过度集中于居民部门，投资过度集中于企业部门，储蓄和投资分离程度过高。正是金融结构的严重失衡，造成了中小企业的融资约束。缓解中小企业融资约束，就要大力发展直接融资，不断创新直接融资工具，加快多层次资本市场建设。当务之急，是要加快发展场外交易市场，为中小企业融资提供服务。

第4章　资本成本与公司融资偏好

中国上市公司普遍具有股权融资偏好，表现在融资时首选配股或增发，次选为发行可转换债券，通过设置宽松的转换条款，促使投资者转换，从而获得股权资本，不得已才是直接举债，而且首选短期贷款，长期贷款位居最后。这种股权融资偏好造成不少上市公司资产负债率低于25%，而且长期债务偏少甚至没有长期负债。中国上市公司产生融资偏好的关键因素在于公司管理者缺乏资本成本的约束。更进一步说，在于中国资本市场参与各方还没有真正理解资本成本的涵义和本质。这就需要我们正本清源，以资本成本这一对公司管理者的约束条件为中介，从国内外对于资本成本的理解入手，进而找出中国公司融资偏好存在的原因和解决的办法。

4.1　对资本成本的重新认识

一、资本成本的两种定义和股权资本成本的两种计算思路

1. 资本成本的两种定义。目前关于资本成本（Cost of Capital,COC）最权威的定义是著名的《新帕尔格雷夫货币金融大辞典》给出的："资本成本是商业资产的投资者要求获得的预期收益率。以价值最大化为目标的公司的经理把资本成本作为评价投资项目的贴现率或最低回报率。"很明显，资本成本应该从资本提供者即投资者的角度看，它表示与投资机会成本和投资风险相适应的回报率。从这一全球财务管理专家公认的定义中，我们可以看到现代管理理论中的资本成本强调的是公司投资者的权利。

而国内学术界在介绍资本成本时，基本上都脱胎于以往计划经济年代对资金成本的定义。"所谓资金成本，是指资金使用者为筹措和占用资金而支付的各种筹资费和各种形式的占用费等。""资金成本是指资金使用者的开支，如利息收入"，"资金成本是资金占用额的函数"。于是，我们看到，目前几乎所有的财务管理教科书在描述资本成本时都将其定义为"公司为筹集和使用资金而付出的代价"，强调的是资本成本作为公司管理者义务的一面。事实上，

资本成本与资金成本虽然仅一字之差，但两者的内涵却谬以千里。前者在成熟的市场经济中意味着股东投资者所要求的最低风险回报率的权利；后者的内涵中却只有公司管理者的义务，根本看不到投资者的权利。众所周知，缺乏权利约束的义务是不完全的义务。直到今天，中国教科书仍在沿用资金成本的定义解释资本成本，其结果就是误导了资本市场参与各方，把公司管理者的支付义务误当作投资者的回报权利，歪曲了资本成本的本质，抹杀了投资者与资本成本的关系，令人误以为公司管理者才是资本成本的最终决定者。

2. 股权资本成本的两种计算思路。按照现代财务管理理论，股权资本成本有如下几种计算公式：

（1）公式 A：资本资产定价模型法。资本资产定价模型是在一些严格的假定基础上得出的，在实际运用中被广泛运用于发达国家的投资评估和基金管理。它的内容可以简单表述为：普通股票的预期收益率等于无风险利率加上风险补偿（或称风险溢价），用公式表示为：

$$R_e = R_i = R_f + (R_m - R_f) \beta_i$$

其中：R_f 表示无风险利率，R_m 表示市场所有股票或市场所有资产组合的预期收益率，β_i 表示第 i 种股票或资产的预期收益率相对于市场平均预期收益率变动的适应程度，R_i 表示第 i 种股票或风险资产的预期收益率，也即等于普通股的资本成本 R_e。

（2）公式 B：债券收益率加风险溢价法。其公式为：

$$R_e = 长期负债利率 + 风险溢价$$

（3）公式 C：股息率加固定增长率法。其公式为：

$$R_e = D_1/P_0 + g$$

其中：g 表示股利预期增长速度，D_1 表示第一年预期股利，P_0 表示股票净价格或实收股金。由上述公式可以推出一个经常运用的公式：

$$P_0 = D_0 (1 + g) / (R_e - g) = D_1/ (R_e - g)$$

上述现代财务理论界所通用的三种股权资本成本的计算公式实际上可以归结为两种计算思路：公式 A 和公式 B 计算的是站在股东投资者的角度所要求的资本市场风险投资的报酬率。公式 C 计算的既是投资者的回报率，也是公司管理者所实际支付的股利等费用。

这两种股权资本成本的计算思路在现代财务理论界、教科书中是一致的，但也有侧重点，在理论和实践中一般都采用第一种计算思路。显然，按照现代财务管理理论，第一种计算思路才真正符合资本成本的定义和本质。为了与真正的资本成本相区别，以更好地揭示中国上市公司的融资偏好选择，本书在此把从公司管理者角度出发来计算的"公司为筹集和使用资金而付出的代价"称为融资成本。

二、资本成本概念的起源

事实上，资本成本的概念起源于公司流通量的目标价值取向。国际财务界关于对公司治理的价值取向存在两种观点。一种观点认为，公司治理的中心在于确保股东的利益，确保资本供给者可以得到其理应得到的投资回报，因而股东是具有绝对主导地位的，这种治理价值取向以英美公司为代表；另一种则认为，应把股东利益置于与利益相关者（如借款人、国家、董事会、经理、工人等）相同的位置上，因此，公司治理研究的是包括股东在内的利益相关者之间的关系，以及规定他们之间关系的制度安排，这种治理价值取向以德日公司为代表。

由于股东在股东大会对于表决权的争夺，在很大程度上会对公司管理者形成压力，同时股东用脚投票也给管理者带来了被并购的风险预期，故股东的压力才是公司治理结构的原动力。而企业价值、公司业绩和分红则是股东衡量所有问题的基础，也是公司运作的最终动力。因此，本书倾向于股东利益至上的第一种治理价值取向。在这个意义上讲，资本成本权利是股东利益最大化的英美式公司治理机制的必然产物。

三、资本成本的特征

1.从资本成本的决定者看。资本成本的大小应由资本市场上的投资者决定，这是定义资本成本的关键所在。由于公司的生产经营存在一定的风险，这种风险最终将落在投资者身上，因此投资者会要求公司对其所承担的风险给予相应补偿。这种补偿体现在公司管理者因使用资本而支付给投资者的报酬上即为资本成本。投资者所期望的报酬率，会随着所投资公司或项目风险水平的不同而有所不同。若投资者认为其所获得的投资补偿与其承担的风险不对等，那么就会选择把资金投入其他公司或项目，迫使得不到资金的公司不得不通过提高对投资者的报酬来吸引投资，因而资本成本的大小是投资者通过对资本投向的选择来决定的。由此可见，公司管理者无法左右投资者所要求的报酬率，亦即无法决定资本成本的大小。资本成本的定义必须从投资者的角度提出，并且其大小可以用投资者所要求的报酬率来衡量。更准确地说资本成本应由资本市场来评价，必须到资本市场上去发现。

2. 从资本成本产生的动因看。投资者向公司投资并不是一无所求地任由公司使用资金，而是要求相当的投资收益。正是由于投资者对于投资收益的追求，才有投资收益的产生，公司才可以利用投资收益吸引资金，所以说资本成本的定义应当揭示资本成本产生的原始动因——投资者的投资行为。

3. 资本成本的本质。资本成本在直观上表现为公司支付的一定代价，但是在公司支付出的有形的代价背后，还隐藏着无形的公司并非愿意主动支付的成本，因此我们将资本成本的本质概括为"公司向投资者所支付的一种机会成本"。投资者通过比较诸方案的未来预期价值，选择预期价值最大的项目，而次优方案的估计价值成为投资者主观上认定的一种损失，这种损失即投资者投资行为的机会成本。投资者要求所选的投资项目至少能提供等机会成本的收益，作为投资收益的提供者——公司而言，其所提供的收益即为公司利用资本的资本成本。通过上述分析，我们可以重新得出资本成本的定义：投资者因其特定的投资行为而丧失的机会成本，就是公司的资本成本。它是投资者所要求的必要报酬率。

四、资本成本（COC）与融资成本的关系

融资成本是从公司管理者的角度计算融资代价的，是公司管理者再融资时实际考虑并实际付出的成本；而资本成本则是从公司投资者的角度来衡量的必要收益率，两者根本不是一回事，但它们又存在着密切的关系：在某些情况下，公司管理者在再融资时必然直接考虑的融资成本就等于资本成本；而在另外一些情况下，融资成本与资本成本就完全不相等。如果我们分别从公司管理者和投资者的目标和行为的角度出发，探讨公司在进行再融资时他们目标和行为的相互冲突和一致的关系，就可以得出如下结论：

1. 如果投资者具有强烈的资本成本意识，能够坚持自己的投资权利，就可以对公司管理者形成硬约束。如果公司管理者大肆进行股权融资，而其实际支付的融资成本达不到具有同等经营风险公司的资本成本时，就会出现原股东回报率下降的情况，后者就可以利用公司治理中的约束机制制约管理者的行为：或者"用手投票"，在股东大会上否决该再融资提案或撤换管理层，或者"用脚投票"，因不满而撤资转向其他的投资项目造成该公司的股票市值下跌从而使公司容易遭到敌意收购，以此形成对公司管理者有效的约束。这时公司的实际股权融资成本将被迫等于股权资本成本。同时，公司的债权融资成本也等于债权资本成本。这就要求公司管理者在制定投资决策时必须支付一个最低的预期报酬率。在这种情况下，资本成本内涵的割裂就不复存在，资本成本与融资成本就会趋于一致。

2. 如果公司处于一个非价值投资型的资本市场上，即投资者对价格差价的追逐远大于获取价值回报的愿望，那么投资者的资本成本对于公司管理者而言就是虚的，或者说是软约束。即使这时债券融资的融资成本在债券的硬约束下等于其资本成本，公司股权融资的融资成本也会远远小于其股权资本成本，甚至可以为零。这时股权资本成本和融资成本就会严重割裂。例如，在中国这样一个新兴资本市场上，由于种种原因，许多公司长期亏损，根本无力向投资者支付回报，显然其股权融资的融资成本为零，但这时绝不能说该公司股权的资本成本为零，相反，由于其经营风险偏高，其股权资本成本也处于较高状态。

通过以上对资本成本的重新认识和对融资成本的定义，可以纠正中国长期以来对资本成本概念的误解，有利于澄清资本成本与融资成本的关系，特别是认识到股权资本成本对公司管理者的软硬约束是决定公司融资偏好的关键因素。

4.2 资本成本约束与公司股权融资偏好

一、公司管理层缺乏资本成本约束是股权融资的直接诱因

综上所述，从理论上讲，在价值投资型资本市场上，由于资本成本对管理者融资行为的硬约束，使得公司股权融资成本大于债券融资成本。然而，在中国这样一个新兴资本市场上却不存在股权资本成本的硬约束。资本成本虽然存在，也等于无风险利率加上风险溢价，但由于广大投资者放弃了自己的投资回报权利，过于追逐资本利得而忽视了现金回报，以致于股权资本的资本成本形同虚设，公司管理者可以以远低于无风险利率（也同时是债券融资的融资成本）的融资成本（有时甚至是恶意的零融资成本）进行股权融资，而投资者却仍趋之若鹜。在这种情况下，公司再融资时自然就偏好股权融资了。可以说，正是因为股权资本成本在不同市场的软硬约束不同，才出现了中外截然相反的公司

融资偏好。

二、中国投资者缺乏资本成本理念

首先，流通股股东整体缺乏投资意识，重投机轻投资，以致无法对公司管理者进行有效约束。更为严重的是，这一缺陷使得中国公司缺乏西方成熟资本市场上的股权资本成本硬约束，从而可以在股东权益不断稀释的情况下肆无忌惮地增资扩股。

其次，国有股股东对公司管理者的约束机制是缺位的。由于国有股的产权代表是政府机构或其授权的国有持股公司，这些机构的具体代理人并不承担国有资本的投资风险，他们有权力选择国有企业的董事会成员和经理，但他们不必为其选择承担任何后果，他们手中的股票权就是一种典型的"廉价投票权"。同时，这些国有股权的代理人在法律上并不能拥有剩余索取权。因此，他们也就失去了要求得到资本成本的权利以及难以对监督管理者进行有效的内在激励。

再次，资本市场上的战略投资者是缺位的。在中国目前的资本市场上，本来最有资格充当战略投资者的法人股股东和机构投资者如券商等由于其自身的法人产权特征原因而无法发挥"大股东"的作用。也就是说，这些法人股股东的背后仍然是国有股股东，由于国有股股东的控制机构是缺位的，由此决定了这些法人股股东的约束机制也将是缺位的。

三、造成中国上市公司偏好股权融资的深层次原因

目前中国的资本市场还仅仅局限于公开的资本市场即深沪证券交易所市场，这是一种高端信用的软约束资本市场。而发达国家的资本市场则是一个包括高端信用的软约束资本市场和低端信用的硬约束资本市场（如私募资本市场、企业债券市场）在内的完整的资本市场体系。中国是一个发展中国家，在资本市场建设之初就利用后发优势直接借鉴学习发达国家高端资本市场的经验本无可厚非，但是 20 多年来，我们对资本市场的认识却被误导，在没有培育出全民性的资本成本意识的情况下，就贸然停留在单纯的高端信用的软约束资本市场上，以致资本市场的功能无法得到正常发挥。

因此，中国资本市场融资功能失常的深层次原因，在于资本市场制度安排上的内在缺陷。在赶超式资本市场制度安排下，深沪股市迅速得以建立，实现了传统硬约束的低端信用条件下银行主导融资制度向现代市场经济条件下软约束

的高端信用公开资本市场融资制度的迅速切换。但是，正是这种强制性制度变迁，引致了中国资本市场制度性缺陷，产生了政府主导的外在制度安排与资本市场发展的内生规律之间的矛盾与摩擦，导致了中国资本市场融资功能的异化。

4.3　简要的对策

本书认为，为了培养中国投资者的资本成本意识，资本市场需要进行根本的改造。在中国还未成为真正的契约社会之前，资本市场的建设不宜仅仅局限于软约束的高端资本市场，当务之急应该发展硬约束的低端信用资本市场。

一、加紧建设私募资本市场并引入境外投资者

私募资本市场（包括私募基金）与一般公开的资本市场相比较，具有很高的不确定性、信息不对称性以及缺乏流动性，因此属于资本市场中的初级阶段或早期阶段。但正因为是私募，投资者一般与募股企业有着千丝万缕的联系，甚至就是企业周围的居民或者老板的亲友，对所投资的企业也有非常直观的认识，其监督作用和效果非常明显，对企业管理者的经营和分配自然就形成了硬约束机制。从西方国家资本市场的发展历史看，其最初的资本市场就是私募资本市场，其今天的市场参与者的资本成本意识和投资理念正是在私募市场上历经几百年的反复与磨砺才逐渐建立起来的。因此，私募资本市场有利于培育国内投资者的资本成本意识，进而规范上市公司的治理结构，最终恢复资本市场的融资功能。

二、发展壮大企业债券市场

在中国，债券比股票对公司管理者具有更强的约束力是一个不争的事实。那么，做大做强企业债券市场就是一个强化资本成本意识的重要选择。在发达的欧美资本市场，债券几乎与股票平分秋色，其企业的直接融资更多地依赖债券市场。如美国公司债券余额在2001年上半年已经超过了商业银行贷款余额，接近上市公司的股票市值总额。而在中国，这些年来企业债券年发行额仅在800亿元左右，总额也仅占A股流通市值的2%。因此，如果政策监管得力，企业债券市场会是一个强化资本成本理念的助推器。

三、有步骤地发展地方性的柜台交易市场和产权市场

私募证券的特点决定了它不可能在公开的交易所市场进行大规模的流通，机构投资者之间的交易和柜台交易才是私募证券流动的必由之路。从美国的经

验看，其资本市场体系中最充满活力和发展最快的并不是交易所场内市场而恰恰是柜台交易市场。NASDAQ 本质上也是以柜台交易为基础的，因此，柜台交易适合于小规模的、不太规范的证券。由于它对发行者的资产规模、经营历史和业绩要求很低甚至没有要求，所以非常适合私募证券的交易，也为私募资本提供了良好的流动性。

第5章　资本成本与资本市场功能

5.1　资本市场功能

理论界一般认为，资本市场应具有的功能包括融资功能、资源配置功能、风险定价功能等。从资本市场发展史可以看出，资本市场之所以在世界各地大规模地发展，正是得益于资本市场这些功能对各国经济发展所产生的巨大作用。中国自从 1990 年 12 月 19 日上海证券交易所成立以来，资本市场建设取得了举世瞩目的成就。然而，不可否认的是，与成熟的市场相比，中国资本市场功能却存在着不同程度上的缺陷，导致了中小企业的融资约束。

一、中国资本市场融资功能出现错位

1.中国资本市场融资功能得到了超常发挥。融资功能是资本市场最基本的特征和功能。中国沪深两地股市虽然只有 20 多年历史，但融资功能得到了超常发挥：2002 年底，A 股市场累计股权筹资额 4699.37 亿元，B 股市场累计股权筹资额 325.11 亿元，A、B 股配筹资 2125.10 亿元，A、B 股市场流通市值 12484.56 亿元，总市值 38329.12 亿元，占到了国内 GDP 的约 37.4%。[①]2014 年最后一个交易日结束，沪深两市全年成交金额合计高达 74.8 万亿元，远超大牛市的 2007 年。中国资本市场的融资功能在全球资本市场上堪称一枝独秀。

然而，中国上市公司融资往往不是为了扩大投资而融资，而是为了融资而融资。据统计 2002 年在 1224 家上市公司中，有 71 家上市公司的资金用于委托理财；217 个募股项目被上市公司变更资金用途；上市公司闲置资金合计超过 3000 亿元（募集资金及自有资金），其中资金存入银行超过 1 亿元的上市公司高达 811 家[②]，从 2014 年上市公司披露的年报看，上市公司为融资而融资的现象更为突出。显然，这种单纯为融资而融资的行为具有很大弊端：上市公司成为无心于主业的食利者，资金利用率低下。

---

① 《中国证券期货统计年鉴》（2003 年）。
② 秦洪：《募资使用状况令人担忧上市公司到底在做什么》，《北京晨报》，2003 年 3 月 2 日。

2. 中国上市公司存在着与西方公司完全不同的融资偏好。英美等国的公司在选择融资方式时一般都遵循所谓的"啄食顺序理论"（The Pecking order Theory），即公司在进行外部融资时，首先选择债务融资包括银行贷款和发行债券，资金不足时再进行股权融资。上述融资定律在西方发达国家已经得到普遍验证，特别是在股票市场最发达的美国，股票融资比例最低。到 1990 年，美国大部分公司已基本停止股票融资，并通过发行债券来回购自己的股份，股票融资对新投资来源的贡献成为负值 [①]。公司中只有约 5% 的公司发售新股，平均每 20 年才配售一次新股。

反观中国上市公司，则普遍具有股权融资偏好，融资首选配股或发行；如果不能如愿，则改为具有延迟股权融资特性的可转换债券，设置宽松的转换条款，促使投资者转换，从而获得股权资本；不得已才是债务，而且首选短期贷款，长期贷款位居最后。表 5-1 是中国证券市场融资结构构成。显然，中国公司的融资实践不支持现代融资理论，具有强烈的股权融资偏好。

表 5-1　　1991—2002 年中国上市公司债券发行规模与股票发行规模的比较

（单位：亿元）

年份	1991	1992	1993	1994	1995	1996	1997	1998	1999	2000	2001	2002
债券融资额	249.9	683.7	235.8	161.71	300.8	268.9	255.2	147.9	158.0	83.0	147.0	325,1
股票融资额	5	94.1	375.5	326.8	150.3	425.1	1293.8	841.5	944.6	2103.1	1252.3	961.8

［资料来源：《中国证券期货统计年鉴》（2003 年）］

二、中国资本市场的定价功能与资源配置功能失灵

1. 价格信号失灵导致深沪股市资源配置效率低下。浓厚的投机氛围扭曲了中国股市的价格信号：大量的资金涌向垃圾股让劣质企业支配稀缺的资金，形成了对资本市场配置功能最大的扭曲。与此成鲜明对照的是香港股市，香港绩劣股票的总市值最低的只有 500 万港币，最低单股股价只有 0.01 港元。2002年 6 月底，在香港主板及创业板中，股价低于 0.5 港元的公司共有 497 只，其

[①]　Board of Governors of the Federal Reserve System, *Flows of Funds Accounts*, various issues.

加权平均股价为 0.1006 元，平均每股净资产为 0.2931 元。反观国内股市，绩劣股票的最低流通市值也有 2 亿元左右，平均流通市值为 10 亿元左右，平均股价为 10.6 元，而亏损公司的均价更高达 4—5 元。[①] 可见，优质优价、劣质劣价的原则和资源配置功能在香港股市反映较为明显。而在深沪股市，由于绩优绩劣股票的股价无法拉开，资源配置功能自然无法得到体现。

2. 募集资金在上市公司内部使用效率低下。许多企业通过上市筹集的资金常常转眼就又被注入了股市，它们并没有在实业中发挥作用创造财富，而是以虚拟资本的形式在资本的时空里自我循环制造泡沫。中国国际金融有限公司在 2011 年末的一份报告中说："A 股市场出现越来越多的体内循环，A 股市场吸引的金融资本越来越多，但投入到实际经济运行中的却很少。"资本使用的低效率，直接制约了中国经济的持续发展能力。

3. 上市公司与非上市公司之间的资源配置功能也同样失灵。上市公司的融资便利优势程度和经营环境应是大大高于非上市公司的，但上市公司的业绩持续增长能力甚至还远远低于国有企业的平均水平。1993 年以来，中国上市公司的平均净资产收益率是逐年下降的。表 5-2 和表 5-3 清楚地显示了上市公司持续增长能力的落后。

表 5-2　　　　　　　　　　上市公司与其他类型企业的比较　　　　　　（单位：%）

	年份	1993	1994	1995	1996	1997	1998	1999	2000	平均增长率
上市公司	净资产收益率	14.6	14.20	10.80	9.50	10.99	7.96	7.99	7.66	–
	收益增长率		−2.74	−23.94	−12.04	3.37	−20.87	0.4	−4.1	−7.5
国有企业	资本利润率	2.5	2.2	1.4	0.78	0.92	1.34	3.26		1.74
	利润增长率	–	−12	−36.36	−44.29	17.95	45.65	143.3	126.4	42.1

［资料来源：《中国证券期货统计年鉴》（2001），《中国统计年鉴》（1994—2001）有关数据。］

[①]　《谁在掏空中国股市》，《新财经》，2002 年第 10 期。

表 5-3　1995—2001 年中国上市公司净资产收益率与 GDP 增长率的比较（单位：%）

	1995	1996	1997	1998	1999	2000	2001
净收益率	10.5	9.5	9.8	7.5	8.0	7.6	5.3
GDP 增长率	10.5	9.6	8.8	7.8	7.1	8.0	7.3

（资料来源：根据 1995—2001 年中国上市公司年报统计。）

本书认为，导致中国资本市场功能存在严重缺陷的关键原因在于中国在建立资本市场时忽略了配套的财务理念的更新——在中国传统的财务理论中只有资金成本的概念，几十年里我们都不知资本成本为何物。至今，中国虽然已经建立了资本市场的基本框架，但却没有真正引进现代资本市场的"灵魂"——资本成本概念，以致现代财务理念的资本成本意识无法取代市场参与各方根深蒂固的资金成本意识，最终导致资本市场功能的严重扭曲。

5.2　资本成本定义比较

一、中外资本成本定义分歧的由来

中国理论界对资本成本和资金成本的混淆是有脉络可寻的。新中国成立初期从原苏联引进的财务理论是将财务作为国民经济各部门中客观存在的货币关系包括在财政体系之中。1963 年后，中国财务理论界打破了原苏联财务理论框架，以"企业资金运动论"代替了"货币关系论"，之后又提出了"价值分配论""财富事务及生产关系论"。但财务一直是大财政格局下的一个附属学科。这样，在长期的大财政背景下，企业筹措资金时不考虑资金成本、没有现代市场成本意识和出资者必要报酬意识便不足为奇了。

1979 年中国才开始逐渐确立了企业财务的主体地位。但由于国有企业占有的资金是由国家无偿划拨的，利润分享后企业可以合法获得收益：谁拥有的无偿资金多，谁就获得更多的剩余占有权；而剩余占有权的多少却与企业经营业绩没有直接联系。结果对资源的争夺与占有造成了大量的不经济行为。面对这一矛盾，蒋一苇教授提出了"资金有偿使用"的建议并获得了管理部门的认同和实施，这就是 1984 年开始的"拨改贷"改革。

事实证明，"拨改贷"改革后，国有企业开始意识到资金是有成本的，其财务行为看上去与真正的市场经济下的企业经营行为有点相似。但仅仅是"有点相似"而已，因为"拨改贷"是试图让企业在不知何为资本、没有资本所有者的情况下靠贷款来运行和发展。显然，这种情景下出现的资金成本与现代企业制度下的资本成本毫无共同之处。其后的实践证明，由于提供贷款的银行没有商业化，使得债权人和债务人都是国家财政，企业就肆无忌惮地追逐银行资金，10%的资金成本也罢，20%的资金成本也罢，甚至30%、40%的资金成本都无法约束国有企业对资金的有效需求。于是资金成本就一直停留在对管理者的软约束状态，无法演变成具有硬约束性的资本成本。

到了1990年沪深证券市场成立，宣告中国开始引进现代资本市场的架构体系。但在"拨改贷"后，国家财政实际上向国有企业注资很少，现在让国有企业上市筹资，国有企业也就想当然地把从股市里筹措的资金当作国家无偿补充的资本金看待，使得筹资异化为圈钱。可见，上市公司管理者不向股东提供必要报酬的做法，实际上还是延续着转轨时期资金成本的传统思路。

西方财务管理中的资本成本则来自于西方微观经济学。西方的财务管理以资金管理为中心，以经济求利原则为基础，着重研究企业如何进行财务决策，怎样才能使企业的价值或股东财富最大化。在这一市场化背景下，股东的最低回报收益率即资本成本即是应有的题中之意了。更进一步说，资本成本权利是股东利益最大化的英美式公司治理机制的必然产物。

二、国际财务界使用资本成本的几个例子

1.莫迪利亚尼（Modigliani）和米勒（Miller）1958年在其著名的《资本成本、公司财务和投资理论》一文对M-M定理是这样描述的："任何公司的市场价值与其资本结构无关，而是取决于将其预期收益水平按照与其风险程度相适应的折现率进行资本化。"[①] 这其中的"与其风险程度相适应的折现率"指的就是投资者所要求的风险回报率即资本成本。

2.国际学术界对于股权资本成本的实际估算模型包括：风险因素加成法；资本资产定价模型（CAPM）；套利定价模型（APM）；法玛—弗兰士（Fama–French）三因素模型；各种形式的扩展CAPM；贴现现金流型等模等[②]。上述模型与我国的资本成本定义都没有任何联系。

---

① F.Modigliani and M. H. Miller, "The Cost Capital, Corporation Finance and The Theory of Investment of Investment." *American Economic Review*,1958,P.48.

② 朱武祥：《资本成本理念在公司财务决策中的作用》，《投资研究》，2000年第1期。

3. 目前发明风靡全球的 EVA 管理模式的美国 Stern Stewart&Co. 财务咨询公司认为："管理人员在运用资本时，必须为资本付费，就像付工资一样。""换句话说，EVA 是股东定义的利润。假设股东希望得到 10% 的投资回报率，他们认为只有当他们所分享的税后营运利润超出 10% 的资本金的时候，他们才是在'赚钱'。在此之前的任何事情，都是只为达到企业风险投资可接受报酬的最低量而努力。"[①] 很明显，EVA 管理的资本成本绝不是公司管理者的股利等资金成本，而是投资者的一种必要回报。

三、资本成本的本质特征

与资金成本相比，西方现代财务理论中的资本成本具有如下特征：（1）从资本成本的决定者看，资本成本的大小应由投资者决定。由于公司的生产经营存在一定的风险，投资者会要求公司对其所承担的风险给予相应补偿。若投资者获得的投资补偿与其承担的风险不对等，那么投资者将选择把资金投入其他公司或项目，迫使公司不得不通过提高对投资者的报酬来吸引投资，因而资本成本的大小是投资者通过对资本投向的选择来决定的。（2）从资本成本产生的动因看，资本成本缘于投资者的投资行为。正是由于投资者对于投资收益的追求，才有投资收益的产生，公司才可以利用投资收益吸引资金，所以说资本成本的定义应当揭示资本成本产生的原始动因——投资者的投资行为。（3）从资本成本的本质看，是公司向投资者所支付的一种机会成本。理性的投资者通过比较诸投资方案的未来预期价值，选择预期价值最大的项目，而次优方案的估计价值成为投资者主观上认定的一种损失，这种损失即投资者投资行为的机会成本。投资者要求所选的投资项目至少能提供等机会成本的收益，作为公司而言，其所提供的报酬即为公司利用资本的资本成本。

5.3　资本成本缺位与资本市场功能缺陷

一、资本成本缺位是中国上市公司偏好股权融资和热衷过度融资的根源

综上所述，虽然资本成本是公司股东所要求的必要报酬率，但公司管理者在选择股权融资还是债权融资时，起决定作用的却是中国理论界所强调的资金成本大小：当股权资金成本大于债权资金成本时，就倾向于债权融资；当债权

---

① Http://www.sternstewart.com.cn/ss21.btm.

资金成本大于股权资金成本时，就倾向于股权融资。在投资者具有强烈的资本成本报酬意识的条件下，其所要求的资本成本相对于公司管理者而言就是必须满足的条件，即具有硬约束性。如果公司管理者大肆进行股权融资，而其实际支付的资金成本达不到具有同等经营风险公司的资本成本时，就会出现原股东回报率下降的情况；后者就可以利用法人治理中的约束机制制约管理者的行为：或者"用手投票"，在股东大会上否决该融资提案或撤换管理层，或者"用脚投票"，因不满而撤资转向其他的投资项目造成该公司的股票市值下跌，从而使公司容易遭到敌意收购，以此形成对公司管理者有效的约束。这样公司的实际股权资金成本将被迫等于股权资本成本。同时由于债权的天然硬约束性，公司的债权资金成本也等于债权资本成本。根据 CAPM 模型，股权的资本成本要比债权的资本成本高出一个风险溢价，于是可以推论出股权的资金成本和债权的资金成本也符合资本资产定价模型，即：股权的资金成本也高于债权的资金成本，自然这种情景下公司融资自然会首选债权融资。

但是，在中国，资本成本名为资本成本却实为资金成本。资本市场参与各方普遍缺乏真正的资本成本意识，资本成本是缺位的。此时资本成本明明存在，也等于无风险利率加上公司经营风险溢价，由于广大投资者放弃了自己的"老板"回报权利，以致于上市公司管理者不必考虑股东的资本成本，结果造成资金成本偏低。在这种情况下，虽然按资本资产定价模型，股权资本成本仍然高于债权资本成本，但股权的资金成本就远远小于债权的资金成本，股权融资就成了公司融资的首选了。而且此时中国资本市场的股权融资功能就在股东权益反复被稀释的情况下不断得到强化了。

二、资本成本缺位是中国资本市场功能失灵的根源

股票定价功能扭曲是中国资本市场反映功能和资源配置功能失灵的直接原因。只有在市场竞争基础上形成的公正合理的股价，才能有效指导增量金融资源的分配和存量金融资源的调整，使金融资源流向业绩优良、发展前景好的公司。

按照 CAPM 模型，股权资本成本等于无风险利率加上风险溢价。投资者如果不去投资股票，他至少可以将钱存银行获得利息收入。这里我们设定投资者投资股票会比银行储蓄多 8% 的收益（即过去三年的风险溢价设定 8%，这一数值在美国通常为 7.6%，国内清华大学 2005 年计算为 9%），并假设上市

公司相对于整个股票市场的风险系数为 β，那么股东要求的回报率即股权资本成本则为：

Re ＝ 1.98% ＋ β ×8%。

这样，上市公司的业绩越好，其经营风险就越低，股权资本成本即投资者的预期回报率也就越低，相应的股价就越高；反之相反。因此，资本成本是股票价格合理定价机制的关键，投资者在交易时如果具有清醒的资本成本意识，股票的市场价格就会趋于合理；如果投资者缺乏资本成本意识，即使信息披露制度十分完善，股票的市场价格也会混乱，无法反映各自的风险程度，这时股票的价格信息就会被扭曲，资本市场的反映功能和资源配置功能就会失灵。

此外，在上市公司实施增发、配股等再融资时，股本会随之增加。如果新募集资金的预期收益率低于公司再融资前的收益率，就会稀释原有股东的权益。拥有强烈资本成本意识的原股东就会用手投票或用脚投票来制约公司管理者的再融资方案；只有当新募集资金的预期收益率高于公司再融资前的收益率时，再融资方案才会获得原股东的赞同。在这样的公司内部治理机制的约束下，募集资金在上市公司内部使用效率低下的现象自然就会得到有效遏制。

5.4 发展硬约束低端信用资本市场

低端信用资本市场就是世界所称的场外交易市场，又称柜台交易或店头市场，它主要由柜台交易市场、第三市场、第四市场等组成。

场外交易市场是一个分散的无形市场，在组织形式上，它通常采用做市商制度；在价格决定机制上，它通常采用议价方式进行证券市场交易。发展场外交易市场，建立多层次资本市场体系，是解决中小企业融资约束的重要措施和路径。有关论述将在第 8 章"场外交易与多层次资本市场"中介绍。

第6章　股票融资偏好的非经济性

企业融资是现代企业经营决策的一项重要内容。给定投资机会，企业可供选择的融资方式主要有两个：股权融资和债务融资。资本结构理论认为，由于债务融资具有节税收益，企业外部融资的优序选择是债务融资，其次才是股票融资。但在中国，大多数企业经理的融资偏好却是股权（股票）融资，甚至将股票融资当作几近唯一的融资渠道，出现上市公司和拟上市公司过分追求股票融资，忽视其他融资策略的倾向。为此，本书通过对资本结构理论中融资优序观点的梳理和研究，结合中国的实际情况，从股票融资资金成本的计量入手，进行股票融资的经济性分析，认为处于稳定成长期或成熟期的企业，采取股票融资策略并不经济。

6.1　股票融资偏好及其成因

从成熟的证券市场来看，企业的融资优序选择模式首先是内部融资，其次是借款、发行债券、可转换债券，最后是发行新股融资，外部融资的首选方式是举债。但是对于新兴证券市场来说却未必如此。20世纪80年代新兴证券市场上企业发行股票需求增长迅速，信息非对称的情形比之于成熟市场严重得多，但是企业对股票市场的融资十分热情，企业融资秩序的选择几乎与发达国家的企业融资优序模型背道而驰。

如在中国企业界，由于资本市场不发达、市场法律环境不完善、存在严重的信息非对称和股东的监控较薄弱，大多数企业经理融资偏好的顺序是：内部融资（多保留利润）优于发行股票，而内部融资和股票融资又都优于举债融资，如果可能（股票发行与上市条件宽松），肯定是将发行股票放在最优先的位置上。

企业股票融资偏好的主要原因有以下几点：

（1）在不健全的资本市场机制前提下，市场和股东对代理人（企业董事会和经理）的监督效率很低。经理们有较多的私人信息和可自由支配的现金流量。

（2）代理人认为企业股本金的成本是以股利来衡量的，而股利的发放似乎是按代理人的计划分配的，从而使他们认为股票融资的成本是廉价的。（3）经理利用股权融资可使他们承担较小的破产风险。由于股票融资不用还本付息，即使出现财务危机时，也是企业经理们可以自由支配的永久性资金。（4）在投资信息不对称的情况下，企业经理们会根据自己利益的大小来选择融资方式，代理人总会找到高估企业价值的时机，以较高的价格发行股票。（5）企业的投资扩张冲动。企业规模的扩大，可以为企业经理们带来诸多的货币性或非货币性收益。如中国众多的上市公司，即使无好的投资项目，将募集资金低效率运营，甚至存在银行，也拼命"圈钱"。

在中国现阶段的证券市场，企业的股利发放率很低，使代理人错误地认为股权融资的成本很低。另外，在中国企业的财务实务中，有相当多的代理人还没有把最优债务比理论和融资优序理论应用到企业融资中去，多半是以简单的直观判断和表面的资金成本来选择融资方式，这无疑走进了股权融资偏好的误区。实际上，在中国证券市场进行股票融资的成本是较高的，远远高于银行目前的贷款利率，对于处于稳定成长期或成熟期的企业来讲，股票融资并不经济。

6.2　股票融资的经济性分析

企业资金的来源主要是通过内部融资和外部融资获得。对于大部分企业而言，外部融资的具体方式有股权融资和债务融资两种。在实际运作中，由于两种融资方式在融资成本、税收和融资各方（债权人、股东）对企业的制约等方面存在着重要差别，便构成了企业资本结构问题。从早期的资本结构理论、M-M定理及其修正理论、权衡理论，到梅耶斯的等级（优序）融资理论对此都进行了多方面的探讨，形成了完整的企业优序融资理论，得出企业融资的优序选择模式：首先是内部融资，其次是借款、发行债券、可转换债券，最后是发行新股融资；外部融资的首选方式是举债，即认为股票融资的资金成本较高，企业应先债务融资后股权融资。

一、现代资本结构理论的观点

在早期的资本结构理论中，传统折衷理论看起来比较符合实际情况，但是，它是凭经验而非缜密的数学推导出来的，难以令人信服。为此，莫迪格利安尼和米勒（Modigliani & Miller，1958）提出了著名的 M-M 定理，创建了现代资本结构理论。它通过严格的数学推导，证明在一定条件下，企业的价值与他们所采用的融资方式无关，该理论又称为资本结构无关论。也就是说，在完善的资本市场中，企业资本结构与企业价值无关，或者说，企业选择怎样的融资方式均不会影响企业的市场价值。因为这一理论有严格的条件，即是在没有企业和个人所得税、没有企业破产风险、资本市场充分有效运作等假设条件下成立，与现实情况存在巨大的差距。后来，莫迪格利安尼和米勒（Modigliani & Miller, 1963）对该理论进行了修正，把公司所得税的影响引入了原来的分析之中。按照美国的税法，企业对债权持有人支付的利息计入成本而免缴所得税，而股息支付和税前净利润要缴纳企业所得税，从而在企业所得税的影响下，M-M修正理论得出的结论与原来的完全相反：负债会因利息减税作用而增加企业的价值，因此，企业负债率越高越好。该结论认为，负债对企业价值和融资成本确有影响，如果企业负债率达到100%时，企业的价值就会最大，而融资成本最小。也就是说，最佳资本结构是债务融资，而不是股权融资，该结论认为，股权融资的成本较高，应将债务融资放在企业融资的最优先位置上，即先债务融资，后股权融资。

二、权衡理论的观点

显然，上述推论与现实情况并不一致。为此，米勒（Miller, 1977）建立了一个包括公司所得税和个人所得税在内的模型，来探讨负债对企业价值的影响，并得出结论：个人所得税的存在，会在某种程度上抵消利息的节税收益，但是在正常税率的情况下，负债的利息节税收益并不会完全消失。实际上米勒模型与M-M公司所得税模型的结论是一致的，都认为企业的负债率越高越好，即都将债权融资放在企业融资的最优先位置上。然而，上述的结论与现实经济实践的实际情况仍然不一致。M-M定理及其修正理论虽然考虑了负债带来的节税收益，但却忽略了负债导致的风险和额外费用的增加。于是，20世纪70年代产生了一种新的资本结构理论，即权衡理论。该理论认为，制约企业无限追求税收优惠或负债最大值的关键因素是由债务上升而形成的企业风险和费用。随着企业负债比例的提高，企业陷入财务危机甚至破产的可能性增加。因企业债务融资增加而提高的风险和各种费用，会增加企业的额外成本，从而降低企业的市场价值。因此，企业最佳融资结构应该是在负债价值最大化和债务上升所带来的财务危机成本以及代理成本之间选择最适点。

三、融资优序理论的观点

由于上述传统的融资优序理论与现实的差异，梅耶斯等学者提出了一种新的优序融资理论。梅耶斯（Myers，1984）提出了一个投资项目信息不对称的简单模型，得出了企业融资行为的预测，即等级融资假设。首先，外部筹资的成本不仅像很多文献中所指出的，表现为管理和承销成本，甚至在某些情况下表现为新发行证券被低估的成本。而且，更为重要的是，不对称信息产生了"投资不足效应"引起的成本。在不对称信息条件下，企业可能会选择不发行证券，即使 NPV 为正的投资机会，也有可能放弃。为了消除这一成本，企业可以选择用内部积累的资金去保障净现值为正的投资机会。所以，比较外部筹资和内部筹资的成本，当企业面临投资决策时，理论上首先应考虑运用内部资金。其次，梅耶斯认为债务融资优于股权融资。总的原则是"先发行安全的证券，然后才是风险性证券"。他认为，这样就能很好地从理论上解释清楚优序融资理论的两个中心思想：偏好内部融资；如果需要外部融资，则偏好债务融资。

综合上述理论，结合国内外企业融资选择的实践，可以明确企业应该采取的实际优序融资选择。由于企业所得税的节税利益，负债融资可以增加企业的价值，负债越多企业价值增加越多，这是负债的第一种效应；但是财务危机成本期望值的现值和代理成本的现值导致企业值的下降，负债越多，减少额越大，这是负债的第二种效应。负债比率较小时，第一种效应大，负债比例大时，第二种效应大。上述两种效应相抵消，企业应适度负债，所以公司的资本结构中应有一定数量的负债。最后由于非对称信息的存在，企业要保留一定的负债容量以便有利可图的投资机会来临时可发行债券，避免以太高的成本发行新股。由此，可以得出企业融资优序的模式：首先是内部融资，其次是借款、发行债券、可转换债券，最后是发行新股融资。当然，这还应根据资本市场的成熟程度、行业的不同、企业规模大小和盈利能力的不同进行相机抉择并在实践中不断完善。上述观点的核心思想是相对于债务融资，股权融资的成本较高，企业在进行融资决策时，应首先考虑成本较低的债务融资方式。

6.3　股票融资的直接和间接成本

一、直接成本

从总体上来看，上述资本结构理论对于成熟的证券市场是有效的。在成熟的证券市场上，企业优序融资模式将股票融资作为最后选择的主要原因是其融资的资金成本难以准确计量及融资成本较高。股票的种类很多，分类方法各异，常见的股票种类主要有：普通股票、优先股票、记名股票、不记名股票、有面额股票和无面额股票等。其中最常见的股票是普通股股票，其次是优先股股票。为了分析上的方便，在此仅讨论普通股股票和优先股股票融资的资金成本。股票融资的资金成本包括两部分：直接融资成本和间接融资成本。

1. 优先股股票融资的资金成本

优先股股票是一种特殊股票，在它的股东权利义务中附加了某些特别的条件。优先股票的股息率是固定的，其持有者的股东权利受到一定的限制，但在公司盈利和剩余财产的分配上比普通股股票有优先权。由于其股息率是固定的，所以其融资资金成本的计算较为简单。优先股股票融资的资金成本：

$$i_p = \frac{D_p}{P_p} \tag{1}$$

式中：i_p 表示优先股股票；D_p 表示优先股每年每股红利；P_p 表示优先股股票的发行价格。

现假设某股份公司发行一定数量的优先股股票，发行价格为 30 元 / 股，其市场价格也暂定为 30 元，优先股股东要求的回报率为 3 元 / 股，则优先股股票融资的资金成本为：

$$i_p = \frac{D_p}{P_p} = \frac{3}{30} = 10\% \tag{2}$$

2. 普通股股票融资的资金成本

普通股股票是一种最常见的股票，其持有者享有股东的基本权利和义务，其在公司盈利和剩余财产的分配顺序上列在债权人和优先股股东之后，故其承担的风险也相应较大。该种股票的现金流出量主要以股利形式表示，其股利的变化完全随公司盈利水平高低的变化而变化，并且受公司股利分配政策的影响。因此，要准确确定各年的股利支付量，难度较大，为此，人们设计了一些不同的方法对其进行计量，例如股利增长法、资本资产定价法、债权收益率加风险溢价法、适应率法等。在此仅就以下三种方法进行计算。

（1）股利按一定比例持续增长法

如果假定股利永远按不变的增长率增长，那么就会建立不变增长模型。T

时点的股利为：

$$D_t = D_{t-1}(1 + g) = D_0(1 + g)^t \qquad (3)$$

式中：D_0 为 0 期普通股股利；D_t 为 t 期普通股股利；g 为普通股股利年增长率。

根据普通股股票市价折现公式，即：

$$P_0 = \sum_{t=1}^{\infty} \frac{D_t}{(1 + i)^t} \qquad (4)$$

式中：P_0 为 0 期普通股股票市场价格；i 为普通股股票融资的资金成本。

根据上式，只要能准确地估计出未来的股利序列，就可以求出那个使该股利序列等于有关股票当前行情的折现率。由于预期的未来股利很难正确估计，通常采用其简化公式，即：

$$P_0 = \sum_{t=1}^{\infty} \frac{D_0(1 + g)^t}{(1 + i)^t} \quad (i > g) \qquad (5)$$

通过该公式，只要能较准确地预测出公司普通股股票长期的每年股利增长率，就可以较准确地得出公司普通股股票融资的资金成本，年股利增长率 g 可根据公司预测的在相当长一个时期后的股利是现在的倍数求得。

由公式（4）得出：

$$P_0 = \frac{D_0(1 + g)}{(1 + i)} + \frac{D_0(1 + g)^2}{(1 + i)^2} + \cdots + \frac{D_0(1 + g)^n}{(1 + i)^n} \qquad (6)$$

用 $\dfrac{1 + i}{1 + g}$ 同时乘以公式（6），得到：

$$\frac{P_0(1 + i)}{(1 + g)} = D_0 + \frac{D_0(1 + g)}{(1 + i)} + \cdots + \frac{D_0(1 + g)^{n-1}}{(1 + i)^{n-1}} \qquad (7)$$

公式（7）－（6）得到：

$$\frac{P_0(1 + i)}{(1 + g)} - P_0 = D_0 - \frac{D_0(1 + g)^n}{(1 + i)^n} \qquad (8)$$

由于 $i > g$，所以当 $n \to \infty$ 时，有 $\dfrac{D_0(1 + g)^n}{(1 + i)^n} \to 0$。因此：

$$\frac{P_0(1 + i)}{(1 + g)} - P_0 = D_0 \qquad (9)$$

$$P_0\left[\frac{(1 + i) - (1 + g)}{1 + g} \right] = D_0 \qquad (10)$$

$$P_0(i-g) = D_0(1 + g) \tag{11}$$

$$P_0 = \frac{D_1}{i-g} \tag{12}$$

由此可得出普通股股票融资的资金成本 i 为：

$$i = \frac{P_1}{P_0} + g \tag{13}$$

现假定上述某股份公司按市价发行一定数量的普通股股票，发行价格为 30 元／股，预计第一年每股支付股利 1 元。公司预测在第 21 年，每股股利将支付 6 元，即为第一年所支付股利的 4 倍。那么该公司发行普通股股票进行融资的资金成本计算如下。

首先，计算出股利的年平均增长率 g。因为：$(1 + g)^{20} = 4$，所以 $(1 + g) = \sqrt[20]{4}$。对两边取反对数，得出：

$$\log(1 + g) = \log \sqrt[20]{4} = \log \frac{1}{20} = \times \frac{1}{20} 0.6062 = 0.0301 \tag{14}$$

再对两边取反对数，得出：$1 + g = 1.07177$，所以：$g = 0.07177$

其次，计算发行普通股股票融资的资金成本。根据（13）式得到：

$$i = \frac{1}{30} + 0.07177 = 0.03333 + 0.07177 = 0.10510 = 10.51\%$$

（2）资本资产定价法

资本资产定价模型给出了普通股期望的回报率 E（r）与它的市场风险 β 之间的关系：

$$E(\bar{r}) = r_f + \beta(E(\bar{r}_m) - r_f) \tag{15}$$

式中 E（$\bar{r}_m$）为市场投资组合的期望回报率；r_f 为无风险利率；β 为某公司股票收益相对于市场投资组合希望收益率的变动幅度。每当整个证券市场投资组合的回报率为 1% 时，某公司股票的回报率增加 2%，那么，该公司股票的 β 为 2。如果另外一家公司股票当整个证券市场投资组合的回报率为 1% 时，它的回报率仅上升 0.5%，则其 β 值为 0.5。

该方法是建立在两个基本假定基础之上的：①资产组合效应。投资者进行多样化投资组合可减少投资者资产收入的变动幅度，降低整个资产组合的风险。②普通股股票的预期收益等于预期的资本收益加股利，即等于无风险利率加适当的风险报酬率（也称作风险溢价）。为了应用资本资产定价模型，必须首先估计无风险利率 r_f，市场的期望回报率 E（$\bar{r}_m$），以及本公司普通股得 β。市

场投资组合 $\bar{r}_m$ 在理论上应包括均衡条件下的全体风险权重，但操作起来难度极大，通常用某种股票指数来代替，如标准普尔（500家）指数等。

假定某股份公司普通股股票的 β 值为1.2，无风险利率为5%，市场投资组合的期望回报率为10%，则按资本资产定价模型计算该公司的普通股股票的资金成本为：

i = 5% + 1.2×（10% - 5%）= 11%

（3）无风险利率加风险溢价法

该方法认为，由于普通股的索赔权不仅在债券之后，而且还次于优先股，因此持有普通股股票的风险要大于持有债券的风险。这样，股票持有人就必然要求获得一定的风险补偿。一般情况来看，通过一段时间的统计数据，可以测算出某公司普通股股票期望回报率超出无风险利率的大小，即风险溢价 Rp。无风险利率 rf 一般用同期国库券回报率表示，这是证券市场最基础的数据。因此，用无风险利率加风险溢价法计算普通股股票融资的资金成本公式为：

i = r_f + r_p　　　　　　　　　　　　　　　　　　（16）

假定某股份公司普通股的风险溢价估计为8%，而无风险利率为5%，则该公司普通股股票融资的资金成本为：

i = 0.08 + 0.05 = 0.13 或 13%

二、间接成本

以上讨论了股票融资的直接成本，由于中国目前的上市公司中尚无优先股，不予重点关注。我们还讨论了普通股股票融资的资金成本的三种方法。三种方法得到结果分别为：

①股利按一定比例持续增长法10.51%

②资本资产定价法11%

③无风险利率加风险溢价法13%

这仅仅是股票融资的直接成本。股票融资的总成本还应包括股票融资的间接成本。根据中国证券市场的现状，股票融资的间接成本由以下两部分构成：

1.取得证券市场再融资资格所需的潜在的资金成本

资金是企业发展的血液，一个企业的持续快速发展离不开持续的资金支持。根据2001年3月中国证监委发布的《关于做好上市公司新股发行工作的通知》《上市公司新股发行管理办法》有关规定，上市公司如果想通过增发或配股在证券市场上再融资，其净资产收益率应达到6%以上。这就使得已经上市的公司的资金收益率必须达到6%以上（扣除非经常性损益后的净资产收益率），才能获得证券市场再融资的资格，才能达到持续发展的条件。

2. 股票发行成本

根据史密斯的统计，承购包销方式总发行成本（包括佣金和其他费用）最高可达15.3%，最低为4.0%，平均为6.2%；代销总发行成本最高为10.5%，最低为4.0%，平均为6.1%。不管何种方式，平均发行成本大约在6%左右。我国由于证券市场不规范，具有主承销资格的证券公司规模较小，加之竞争无序，发行成本一般在4%左右。

6.4 股票融资偏好的非经济性

股票融资资金的直接成本和间接成本两部分相加可得出公司普通股股票融资的总资金成本。在此，虽然普通股股票发行成本是客观存在的，但由于这部分成本由投资者承担，不进入股份公司的净资产，故暂不计算。由此可得股票融资的资金总成本为：

（1）股利按一定比例持续增长法 16.51%

（2）资本资产定价法 17%

（3）无风险利率加风险溢价法 19%

因此，我们得到某股份公司股票融资资金的总成本在16.51%和19%之间。而同期的银行贷款利率（一年期）仅为5%—6%。根据1997年3月中国证监委（1997）16号文《可转换公司债券管理暂行办法》，2001年4月颁布的《上市公司发行可转换公司债券实施办法》等规定和已发行可转换债券的公司的利率来看，基本的年利率在0.8%—1.2%之间。日前发行的"阳光转债"的年利率仅为1%，因此，相比较而言，债务融资的成本要大大低于股票融资的成本，债务融资更经济。

阿尔特曼（Altman，1984）也证明了在成熟的证券市场上，投资风险的提高必然导致破产机会的增加。他发现，破产成本发生时，直接破产成本平均达到企业价值的5%，直接和间接破产成本之和达到企业价值的16.7%，且破产的可能性不是企业负债率的线性函数，即意味着股权融资也存在上述成本。这仅仅是对破产成本而言，如果加上上述成本，可见股票融资的非经济性。

　　由此可得如下结论：无论从资本结构理论，还是从资金成本的计量来看，股票融资都是不经济的，股票融资的成本并不低，也不是上市公司或拟上市公司融资的唯一途径。特别是对于已经进入稳定成长期或成熟期企业融资的最优融资策略选择应是发行债券、可转换债券或通过银行等金融机构进行商业借贷更为合理。无理性地进行大规模的股票融资，不仅带来资金成本的提高，而且其经营业绩压力也是不可忽视的。这也是西方国家在企业进入成熟期后举债融资回购股票的主要原因。

第 7 章 直接融资与资本市场建设

7.1 间接融资的功与过

投资模式从传统的财政投资向信贷投资转换，是中国经济体制改革的一项重大成就。1978 年以前，国家通过财政直接掌握着 60% 以上的国民储蓄，储蓄流向主要是通过财政拨款进行投资，形成了一种以财政主导型的投融资机制。随着国民收入分配格局的变化，居民储蓄随之迅速增长，1996 年达到 38520.8 亿元，2000 年达到 64332.4 亿元，2013 年 447602 亿元，2014 年突破了 49.9 万亿。居民储蓄的迅速增加，导致积累模式由以财政积累为主变为以信贷积累为主，从而使投资方式由财政主导型投资向信贷投资倾斜，银行充当了居民储蓄转化为投资的中介人，即充当了居民投资的代理者。"十五"以前，在财政非常拮据，非国有投资主体尚未真正形成的情况下，有相当部分国有经济的投资是国家通过银行融资动员国民储蓄来完成的。"十一五""十二五"以来的成绩更为突出，这是改革开放 30 多年来"吃饭靠财政，建设靠银行"和间接融资为主方针的一大功绩。

政府不再是储蓄主体和投资主体，以及储蓄主体同投资主体的分离，这是一个重大变化。它要求建立一个有效的社会融资体制，发挥资本市场的作用，以引导储蓄向投资的转化。改革开放以来，我们在金融方面之所以要实现间接金融为主的方针，是有其客观必然性的。

第一，80 年代初期的改革以放权让利为主要特征，企业扩大自主权，地方分灶吃饭，结果是财政收入的两个比重下降。由于财政收支拮据，在建设上只能依靠银行动员居民储蓄来完成。

第二，投资体制的改革向拨款改贷款倾斜。当时以为新中国成立以来存在投资饥渴症的主要原因是国家对投资的无偿拨款。所以，经过 1979 年开始的试点，从 1985 年起全面推行了基本建设拨款改贷款（简单称"拨改贷"）；而银行方面也想打破固定资产投资只能用拨款不能用贷款的禁锢，首先从轻纺技术改造方面尝试了银行贷款，以后每年都有几十亿元的基建和技改投资直接使用银行贷款。"拨改贷"的改革，从提倡投资的有偿占用来说，是有积极意义的。但作为国有企业，一分资本没有，就允许它向银行贷款，这又是一种荒谬。

第三，实行间接金融为主，不主张发展直接金融还有一个主要原因，是唯恐直接金融的自发性和消极影响难以控制，以为实行间接金融的体制，由银行把社会分散的资金聚集起来，再由国家计划按部门归口切块分投资分贷款，可以从计划和行政方面得到控制。在这一点上间接金融的体制又正好符合了计划体制改革上不想在传统的投资分配体制上大动手术的需要。

"十一五"期间在投融资政策上实行间接金融为主的方针，取得了三大历史性成就。

一是五年间完成 92 万亿元的全社会固定资产投资，并取得高速发展的经济成就。其中有相当部分国有经济的投资是靠银行动员社会资金来完成的，这是一个非凡的成就，假如仅仅靠财政分配为主的体制，固守"大财政、小银行"的格局，这是难以做到的。

二是在国家财力不足的情况下，依靠银行融资，创办了一批国有企业，其中有相当一批是大中型企业，成为我国国民经济的骨干。

三是发展和壮大了金融产业。五年间以银行融资为主适当发展直接金融的政策实践，发展了多种金融机构，开放了资金市场，发展了多种金融手段，培养锻炼了一支有相当人数的金融队伍，一反过去"大财政、小银行"的格局，使银行业第一次有机会开拓出金融服务于经济又反作用于经济的新天地。

但是，"十一五"期间实行间接融资为主的投融资政策，也给中国国民经济的正常运行带来了极为严重的后遗症，这就是企业的高负债和银行不良资产的增加。据统计，"十一五"期末企业的实际资产负债率高达 83%，银行的不良资产接近 3%，这种状况，就其本质来说，是一种新的体制性资金错位和缺位，它给社会经济的发展带来了极其严重的危害。

首先，从建立现代企业制度看，高负债是企业转制的一个沉重包袱。根据国际经验，企业负债率应以 50% 为宜，超过 50% 则为风险企业。企业负债过多，一方面资金运用捉襟见肘，难于按市场变化灵活调整经营战略；另一方面，无疑会加大企业的经营成本，削弱企业的竞争力。根据中国财政、银行当前的承受力，要把国有企业的负债率降到 50% 困难很大，因此，从这个意义上说，高负债将延缓国有企业的转制步伐。

其次，企业高负债是国有商业银行转轨的主要障碍。国有企业效益低下，负债沉重，使国有银行这个最大的债权人的资产安全受到严重威胁，银行资产面临被"掏空"的危险，金融危机的局面随时都有可能发生。

再次，企业高负债是经济金融秩序不稳定的一个主要根源。目前，企业之间的"债务链"已蔓延到银行，一些转制企业，利用转制之机逃债、赖债、废债。沉重的负债使这些企业的信用观念日益淡薄，正常的经济金融秩序受到严重扰乱。

最后，从改革与发展的角度看，企业的高负债只是表面现象，实质反映了中国经济活动质量不高。高投入、低产出，依靠粗放型经营扩大经济规模，长此以往，必然导致新一轮的通货膨胀。

由此可见，现在的过度负债说明单一的银行间接融资为主的政策，在创造了"十一五"完成92万亿元投资这个非凡的奇迹上，它的作用已走到了尽头。"十二五"乃至"十三五"时期只有大力发展直接融资，建立一个高效的社会融资体制，发展资本市场，重塑储蓄—投资转化机制，利用多种手段和融资渠道，才能把间接融资为主体制下错了位的资金关系调整和理顺过来。

7.2 直接融资的功能 ①

扩大直接融资比重，是中国金融改革的长期话题。但在中国经济迈入新常态之际，扩大直接融资总量和比重，又较过去有了新的意义和功能。

一、扩大直接融资是降低经济过度货币化的有效途径

纵观全球，在直接融资比较发达的国家，货币供应与GDP之比通常较低；相反，在以间接融资占主导的国家，货币供应与GDP之比通常比较高。那些更依赖于间接融资的国家，通常具有相对较高的货币供应增长率。这是因为，间接融资依赖于银行贷款，而银行贷款的过程恰恰是货币创造的过程。例如，美国企业主要依靠资本市场直接融资，对银行间接融资的依赖已大幅下降，美国货币余额M2与美国GDP之比也处于较低的水平。2014年末，美国的银行信贷余额为10.88万亿美元，M2余额为11.7万亿美元，两者与美国GDP之比分别为62.45%和67%；相反，以间接融资为主的日本，2014年末M2与GDP之比高达183%。中国与日本类似，2014年末中国的银行贷款与GDP之

---

① 彭兴韵：《扩大直接融资需要重新定位股市功能》，《中国证券报》，2015年4月9日。

比为 136.36%，M2 与 GDP 之比竟高达 193%，比日本还高。在此背景下，继续过度地依赖间接融资，显然会降低货币政策操作的空间。

二、扩大直接融资比重是化解高杠杆金融风险的有效途径之一

金融风险的爆发往往是高杠杆积累的结果。经济去杠杆化有两条基本途径：一是增加借款者的权益资本净值，二是缩减借款者的债务总量。虽然减少债务总量可以降低经济的总体杠杆水平，但它会造成债务紧缩的不利后果。债务紧缩则会打击投资和经济活动。因此，即便是因过高的债务而造成了金融不稳定，政府在应对它时依然会以低利率刺激债务扩张。相反，在债务总量保持相对稳定时，通过股票市场融资和股票市场持续稳定的繁荣来提高债务人的权益资本总量，既可以达到降杠杆的目的，又不会对经济造成紧缩之效。

三、扩大直接融资可以缓解融资难、融资贵

融资难、融资贵已然成了中国经济的一个顽疾。宏观上，中国有巨额的广义货币和银行信贷余额，似乎有充足的资金供给和流动性，但微观上，许多企业又求贷无门、利率高企。造成这一宏微观上的矛盾现象，根源之一就是中国融资结构扭曲，大量金融资源集中于国家控制的银行体系之中。通过发展股权融资和债券融资，扩大直接融资比重，则可以将原来集中于银行体系的垄断金融资源，通过投资银行化和互联网化的分散匹配机制，更好地实现金融资源供给与需求的对接。

四、扩大直接融资可以进一步倒逼中国金融体制的市场化改革

在 20 世纪 70 年代，美国的金融脱媒现象加速了美国从分业经营向混业经营的过渡，这也加速了美国的利率自由化进程。中国现在正处于全面深化改革的时期，金融体系的市场化改革是其中的重要一环。发达国家那种不受政府行政管制的直接融资市场，可以倒逼存量体制的市场化。例如，由于债券市场利率不受当局的管制，债券市场的发展壮大，就会增强传统银行金融机构利率市场化的愿望。

7.3　直接融资与资本市场建设

间接融资体制形成的国企过度负债实际上是企业的融资需求只能靠银行贷款造成的。现在需要通过直接融资把错位或缺位的资金关系理顺和调整过来，从总体上说，就必须大力发展直接融资，加快资本市场的发育成长。目前，直

接融资的工具主要是债券和股票。

一、关于债券市场

债券是由债务人按照法定程序发行的融资工具，证明债权人有按约定的条件取得利息和收回本金的权利凭证。债券可以流通，是现代经济中一种十分重要的融资工具，按发行主体的不同可分为政府债券、企业债券和金融债券。

1. 政府债券

政府债券的发行主体是政府，可分为中央政府债券和地方政府债券。中央政府发行的债券称为国债。一般将一年以内的中央政府债券称为国库券，是政府为解决财政收支季节性和临时性的资金需要，调节国库收支而发行的短期融资工具。国库券是流动性很强，安全性很高的信用工具，可以作为中央银行实施货币政策的有效工具。一年期以上的中央政府债券称为公债券，是国家为弥补财政赤字和筹集公共设施或建设项目资金而发行的。

地方政府债券是地方政府为地方性建设项目筹集资金而发行的债券，一般为中长期债券。

2. 企业债券

企业债券的发行主体是企业，是企业为筹集经营所需的资金而向社会发行的借款凭证。企业债券以中长期居多。由于企业债券的发行主要靠企业的信誉和实力，所以企业债券的风险相对较大，而且有不同的信用等级。

3. 金融债券

金融债券是银行和其他非银行金融机构为了筹集资金而发行的债券。银行和非银行金融机构可以通过发行金融债券来改变资产负债结构，增加资金来源，相对于存款来说是一种主动负债。金融债券以中长期为主，风险比一般企业债券的风险小，这是因为金融机构具有较高的信用。

从中国的实际情况看，国债是债券市场的主体，一些国家重点建设项目还需要依靠发行国债来扶持。据测算，"十二五"期间全社会需要固定资产投资 130 万亿元左右，国家关于投资项目资本金制度的规定是 20% 至 30%，如果按 20% 计算，它需要 26 万多亿元的资本金，再加上现有企业改制中短缺的资本金，需要投入的资金相当大，如果不大力发展直接融资，单靠国家预算内每年投资是解决不了问题的。因此，今后相当长的时间内国债发行规模还要扩大。现在的问题是需要深化改革，充分发挥国债的功能，使其向着市场化的方向发展。

第一，进一步端正国债发行思想。从筹资的角度来看，国债对于解决企业资金不足还是大有作用的，只不过这些年我们在发行国债的指导思想上失之偏颇，才没有真正发挥好国债的作用。为什么这么讲呢？ 1994 年发行国债是1000 亿元，1995 年是 1530 亿元，1996 年是 1855 亿元，1997 年发行 2500 亿元，2000 年 4657 亿，2005 年 6940 亿，2015 年预计发行 1.67 万亿。国债发行量这么大，但真正用于解决企业问题的国债资金却很小。据统计，20 世纪 90 年代以来国债发行量虽然每年都在增长，但预算内固定资产投资的数量却没有明显增加，这就提出了一个问题：国债发那么多都到哪里去了？ 如果发国债仅仅是为了解决财政收支平衡，并且大量资金用于经常性开支的话，那么国债发得越多，经常性开支就越大，不但财源没增加，企业问题没解决，而且随着国债发行量的增加，财政背的债务将越沉重，这对财政是个大问题。因此，从国债发行来说，应逐步把现在这样一种主要用于满足经常性开支需要，仅仅解决财政收支平衡的思想，调整转变为通过国债发行筹集财政投资所需要的支出，从而改善国有企业以及其他公用事业所需要的投资的思想上来。

第二，进一步改进发行方式。目前实行的发行方式虽然引入了市场竞争机制，但还存在着一些弊端。国债招标结果显示，国债发行收益率与上市后二手券收益率有时较为接近，有时则发生较大的偏离。最典型的是 96 十年券，之所以在计划发行额为 120 亿元，而实际发行额却翻了一番多的情况下，还出现了券商普遍惜售的现象，不能不说与其发行定价的不尽合理有关。因此，应进一步改善发行方式，适时推出无基数、多种价格的招标发行方式。

第三，进一步完善品种结构，增加国债新品种。虽然中国国债发行的期限品种有了一些积极的尝试，但品种结构还不能说是合理的，表现在短期国债发行规模和长期国债发行规模偏小。前者制约了公开市场业务的开展，后者满足不了社会投资者的投资需求，因而都不利于市场的健康发展。因此，今后在发行品种的设计上要不断创新，适量增加短期和长期国债的发行量，尤其是需要扩大短期国债的发行量。

第四，进一步完善全国性登记托管清算系统。建立一个统一、高效运作的全国性国债登记托管清算系统，有利于打破市场分割，增强流通性，降低交易成本，杜绝买空卖空现象，减少国债交易风险及保证中央银行顺利开展公开市场业务，对加强国债的金融基础设施建设和促进整个国债市场的发展都具有十分重大的意义。

二、关于股票市场

股票是股份公司发给股东的，证明其所拥有的股权，并取得股息收入的凭证。

股票的发行主体是股份有限公司，股票持有者是股份公司的股东。股票是股份公司通过资本市场筹集资金的信用工具。股票一经购买就不能退还本金，而且股息和红利也会随企业经营状况而变动，这一点是股票同其他融资工具的主要区别。由于股票可以在证券市场上转让流通，因此流动性很强。股票的收益包括两个方面：一是股息收入，取决于公司的利润；二是资本利得，即投资者通过股票市场的买卖获得差价的收入。由于公司的经营受多方面因素影响，股票的市场价格也受多方面因素影响，所以对投资者来说股票是一种高风险、高收益的金融工具。

按股东权益的不同，可将股票分为普通股和优先股两种。普通股是最普遍和最主要的股票类型，持有者享有对公司经营的参与权、盈余分配权和资产分配权、优先认股权等等，其收益在发行时不限定，而是按公司经营业绩来确定。优先股是指股东拥有优先于普通股股东进行分红和资产清偿的权利，其股息一般是事先固定的，但对公司没有经营参与权和投票权。

1. 中国股市发展情况概述 [①]

经过 25 年的时间，中国的股票市场取得了突飞猛进的发展。中国股票市场以上证指数为参考，经历了 2005 年 12 月上证指数高达 6124.04 点的所谓的政策性大牛市。但是中国 GDP7% 以上的高速增长，其中房地产拉动因素高达 4% 以上，余下的 3% 左右才是真实的实体经济对 GDP 的贡献，所以，从 2007 年到 2014 年上半年中国股市一直处于下跌的熊市中。股市是经济发展的晴雨表，虽不为国内某些经济学家认同，但股市具有反映经济发展的提前效应却是真实写照。

中国经济连续十几年的高 GDP 增长而中间没有出现有效的回调，这在世界经济发展史上属于罕见的个案，各地方土地财政政策造成了中国除沿海城市以外多城市出现严重供过于求的"鬼城"现象，中国经济正面临着类似美国

[①] 转引自中国投资咨询网 2015 年 6 月 1 日。

2008 年出现的房产严重供大于求而引发的次贷危机。

美国从 2002 年到 2008 年经济案例告诉我们：美国经济的潜在增速在 2002 年之后再次出现中长期的下降趋势。在美国"互联网＋"泡沫破灭冲击之后，美国经济技术与设备投资均有所放缓。为了调控经济下滑，以美联储为代表的美国决策机构挑了房地产市场作为新的经济增长点，配套政策包括降息、放松监管等，最终结果培育出一个很难控制的金融泡沫。由于美国前期各种经济、财政政策的过分使用，使得最后用简单但杀伤性大的货币宽松政策，希望通过一定的通货膨胀来带动经济的复苏，改变通缩让经济缓慢运行，主要的切入点就是刺激美国股市。优点在于：股市上涨，实体企业市值增加，股东可以套现股份获得资金来源；股东无需银行与非银行金融机构的贷款而获得流动资金；企业解决资金问题，为再投入发展生产提供良好基础。

美国道琼斯从 2009 年的 7500 点一路慢牛到 2015 年 3 月的 18116 点，经济已出现下降—复苏—增长的演变。美国接下去的财政政策当然是结束前期大量的货币投放对经济的刺激政策，通过未来美元加息回笼过多的货币以保持经济稳定增长。但是，美元的升值已经对中等发展及发达国家造成经济冲击，美元似乎又回到 20 世纪 90 年代美元对世界其他主要经济体的汇价，唯独少数几个国家除外，包括中国。

2. 对中国股市未来走向的研判

我们再来分析中国目前的股市与未来发展方向。中国股市在经历了 7 年多的熊市后终于在 2014 年底出现曙光，到 2015 年 6 月 1 日上证指数达到 4828.74 点。7 年前的股改造成原非流通股股东与部分流通股股东疯狂套现，但没有再次把套现的资金投入实体经济，但是为赚快钱而投入房地产及相关行业，实体经济的低速与缓慢增长造成实体经济在股市的表现差强人意，中国政府也清楚认识到目前中国经济存在的危机与机会。其实，人民币对美元有效贬值能够带动出口增加、外汇收入及实体企业的发展，但是，政府尽量让人民币缓慢贬值的努力是希望不因为货币贬值、资金外流而引发房地产次贷危机，毕竟房地产已从香饽饽变成了过剩的烫手山芋。从周小川行长的公开讲话，似乎已证实中国政府对通过股市虚拟经济的繁荣能够带动实体经济的认识转变，毕竟 2008 年 4 万亿的强刺激已经给经济带来伤害，如果再次通过发行货币来刺激经济必将造成更大的通货膨胀和经济失速。但由于实体经济企业的技术投入、规模扩展等关键领域没有实现很大的创新与发展，如果投入更多货币却不能给实体企业带来根本性的转变，那只能让多余的资金又再一次被投入已经过剩的房地产领域，那累加的危机后果更难以想象。

根据中国政府的规划与目前市场的实际，我们发现中国政府在模仿美国次贷危机后的经济发展模式与财政政策。主要通过刺激股票市场的发展，虚拟经济的繁荣来解决实际货币投放量问题。当企业市值增长后，股东抛售股份的套利可以解决资金流问题，普通投资者通过股市的投机行为获利从而可以有钱进入消费、房地产投资等领域，

具体政策扶植可以看到：降准、降息、股市制度的改革、实现沪港通、深港通，放松 QFII 资金额度与投资限制，让外资一起参与股市的投机或投资，吸引资金内流，防止资金外流对经济的冲击；放松新三板交易制度，促进新型创业企业的有效成长；扶植新的中小企业，同时解决劳动力就业问题，减轻政府负担；放松股票私募基金的管制，增加公私募的并轨发展以增加股市投资活力；放松对证券公司与期货公司的资管业务及投资理财限制；允许证券公司可以开展有限的代客理财业务等多项实际有效的措施。目的就是希望通过缓慢的牛市，模仿美国经济从下降、复苏走向可控合理增长。美国道琼斯从 2009 年的 7500 点一路慢牛到 2015 年 3 月的 18116 点。中国股市从 2005—2007 年 2 年的牛市，到 2007—2014 年底 7 年的熊市，似乎告诉投资者中国股市的牛熊转换已经开始。

先让我们看一下美国标普 500 指数与道琼斯指数 80 年 PE 历史和欧洲市场 35 年 PE 历史，发现 PE 中轴在 18 倍左右；那么我们再来看看中国股市的 PE 全部 A 股上证指数、深圳成指过去 13 年 PE/PB 历史：过去 13 年的市盈率均值约 25 倍，市净率约为 2.5 倍。2001 年是市盈率牛市，平均市盈率高达 60 倍以上，而 2007 年则是市净率牛市，市盈率 45 倍不如 2001 年，但市净率飙升到 6.5 倍，高于 2001 年的 3.5 倍。这同外贸顺差，人民币升值有重大关系。据浙商证券分析：2015 年 1 月，上证平均市盈率是 18 倍，指数是 3000 点在 A 股中区，所以股市慢牛的话，还有较长一段时间可以运行。中国股市是否能重新演绎美国股市 6 年的辉煌，除了国家政策的扶植，证监会的政策放松，还要看外部经济体对中国经济的冲击影响的大小。

总之，中国股市在脱离 7 年熊市后，单从技术上就有反弹到 4000—5000

点的机会和可能，如果国家职能部门能认识到通过虚拟经济的发展，能够推动实体经济的有效增长，加之配合相应财政、金融政策的扶植，那么，中国股市有可能慢牛上升到上证指数 8000 点左右。遗憾的是，当上证指数从 2000 点一路狂升到 5000 点时，民众的预期已经被完全点燃，入市甚至成了一个不需要用大脑思考的问答。但随着 2015 年 6 月份各大股指的下跌，尤其是在稳市政策频出但股市仍狂跌不休的现实下，人们的信心一下子消灭了，取而代之是恐慌性杀跌。就这样，信心成了中国股市当前最稀缺的资源。 我们期待着中国股市慢牛的出现。

第8章 场外交易与多层次资本市场

8.1 中国场外交易的历史回顾（1988—1999）

从 1988 年深圳、上海两地开始筹办柜台交易至 1999 年，中国先后设立了 26 家证券交易中心（包括自动报价系统）和几十家产权交易中心、产权交易所（市场）。除了沪深两地已转化为全国性集中交易市场外，其余都属地方性股权交易市场，分布在沈阳、鞍山、大连、天津、青岛、淄博、济南、武汉、无锡、杭州、义乌、郑州、乐山、南宁、宜昌、珠海等城市。在这些市场挂牌的企业近 400 家，基本上是国有中小企业和乡镇企业中的"大企业"。这些市场上的"会员"约有 3000 家，股民 1700 万。此外，各地还有一些在"产权交易"名义下进行的股权交易活动，总的范围和规模没有准确的估计。中国地方性股权交易市场之所以形成规模并大量存在是有必然原因的，主要包括：

第一，20 世纪 80 年代以来，一大批国有企业、乡镇企业和其他企业完成了股份制改造，其中一部分企业向社会定向募集了资金，企业外部的投资人持有一部分公司股份。随着经济形势的变化，这些股份制公司内外的投资人（包括法人和自然人）的持股愿望发生了变化，从中产生交易公司股权的现实需要，在各地相继出现了股票的黑市交易。

第二，当时经过股份制改造的企业多数是中小企业，由于种种原因，这些企业不可能都上市。同时，中国银行业的改革正在深入，贷款约束正在硬化，这使本来获得银行贷款就比较难的中小企业，更难通过间接融资渠道来获取生存与发展的急需资金，这在客观上就产生了对直接融资渠道的强烈要求。

第三，中国居民持有的金融资产，以远高于 GDP 增长的速度急剧增长，需要开发多种投资渠道。其中，向企业直接投资的巨大需求，不可能由沪深两市完全满足。一些地方性股权交易市场拥有良好的投资机会，满足了部分居民的投资需求。

第四，地方政府为了扶持本地企业，增加地方税收和更多地在本地吸收利用地方性资金，积极支持和保护地方性股权交易市场的发展。

地方性股权交易市场的存在有利也有弊。最大的"利"是：为中国中小企业开辟了直接融资的渠道,同时增加了中国居民和其他投资人的投资选择空间。这类场外交易最主要的"弊"在于：各地自行其是,缺乏全国统一的监管手段,市场极容易受到地方行政力量的控制,使中央金融当局难以实施有效的金融监管,一旦发生金融动荡,有可能危及一地或数地经济社会的稳定。为防范和化解金融风险,1999 年初中央和国务院采取了一项重大举措,清理并关闭未经人民银行和证监会批准的地方性股权交易市场。

8.2　理性认识中国场外交易市场

中国的资本市场若要保持健康发展,就必须发展场外交易体系,这一点在理论上已没有多大的争议。现在的问题是,中国经历了全面清理整顿地方性股权交易市场,而且是全部关闭的历史,那么,场外交易如何与现行政策接头?在关与开之间如何协调?我认为,既然场外交易是证券市场体系的题中应有之义,对于现有场外交易市场的发展就应持积极的态度。合理的战略应当是：对过去地方性股权交易市场进行全面清理整顿的基础上,设立并逐步开放全国性的、为中小企业融资服务的场外交易市场,这也是本章要提出的重要建议。我认为,全国性的场外交易市场是中国资本市场体系中极有前途的一块,如果进展顺利,它很可能成为中国下一阶段促进经济增长的着力点。这是因为,场外交易市场在主体上是和中小企业联系在一起的,在产业上是和高科技、民营产业联系在一起的,在机制上则完全是市场化的。有了这三个特征,它必然会成为拉动经济增长的着力点。

一、建立场外交易市场的必要性

1. 为中小企业融资开辟新的渠道

中小企业在促进经济增长、提供税收、增加就业、推动创新等方面发挥的作用越来越大。中小企业在转方式调结构、解决就业、推进小城镇建设、加快农民收入的增长等方面,都有大企业无法替代的作用。但是,随着国内客观经济环境的变化,特别是买方市场的出现,中小企业面临激烈的市场竞争和优胜劣汰的考验,经营的压力十分沉重,在筹资、市场准入、信息获取等方面都处于不利的地位,特别是融资难已成为制约中小企业发展的首要问题。为此国务院出台了一系列措施,人民银行也要求各商业银行都要成立专门为中小企业服务的信贷机构。我认为，在商业银行改革日趋深化、信贷约束不断硬化的情况下，依靠间接融资渠道解决中小企业的融资问题是不太现实的，根本的出路在于开拓新的直接融资渠道。由于深沪交易所主要是为国有大中型企业服务的，在此情况下，开辟专门为中小企业融资服务的场外交易市场就显得十分迫切和必要。

2. 为居民储蓄转化为投资提供规范的通道

目前中国居民的金融资产除少部分表现为债券、股票外，绝大多数都表现为居民储蓄。到2015年1月，中国居民储蓄的余额已突破50万亿元。尽管国家连续多次调低利率，但居民储蓄却是有增无减。在当前社会总需求不足的情况下，如何把居民储蓄转化为有效投资就成为一个重大课题。我认为，适时建立场外交易市场就能在很大程度上解决这一问题。有了统一的场外交易市场，不仅可以吸纳更多的居民储蓄进入投资领域，从而扩大社会总需求，刺激经济增长，而且还能减少沪深两市的投机行为，促进中国证券市场的健康发展。

3. 可以充当集中交易市场的"预备市场"和"退出服务市场"

建立和完善上市公司的辅导与淘汰机制十分必要。在场外交易市场较发达的国家和地区，柜台交易往往都是股份公司公开上市必不可少的一个阶段，这一点在日本和中国台湾体现得最为明显。一般来说，证券商作为上柜推荐人，在公司条件达到上市标准时可以将其股票推荐上市。当然已上市的公司若连续多年（比如3年以上）亏损，也可以转到柜台交易市场继续流通；在一段时间内，若企业经过自身努力又重新达到了上市标准，可再次恢复上市，从而形成上市公司的"淘汰机制"，废除上市公司的"终身制"。通过场外交易这一"预备市场"来辅导上市公司，比仅仅依靠行政审批手段更符合市场规律，也更能在深层次上规范证券市场的发展。

4. 可为盘活存量资产，化解金融风险提供帮助

目前中国的银行特别是农信社都存在巨额的不良资产，这是中国金融风险中的最大隐患。如何盘活不良资产，最大限度地化解金融风险，国内外经验都表明，必须借助高效的、多层次的资本市场体系。很显然，仅仅依靠深沪两市是很难完成这一任务的，这就需要建立场外交易市场，不断丰富和完善盘活存量的手段。遗憾的是，关闭地方性股权交易市场的一个主要理由是为了防范金融风险。我认为，这只是看到了问题的一面，即只看到了地方股权交易市场产

生金融风险的隐患，而忽视了这一市场对盘活存量、防范金融风险的正面作用。事实上，只要强化监管，就能克服产生风险的隐患，而最大限度地发挥场外市场对盘活存量资产的正面作用。

5. 可以调动社会力量监督股份制企业

股份公司的股票在场外市场交易后，股东不再是或不完全是企业内部职工，而是社会公众。这些股东通过买卖公司股票表明自己对该企业的认知态度，加之新闻舆论的宣传报道和市场监管的强化，都有利于规范企业的生产经营活动，促使企业优化法人治理结构，建立现代企业制度。这一点对广大的中小企业来讲尤为重要。

二、建立场外交易市场的可行性

1. 美国 NASDAQ 模式可为中国建立场外交易提供多方面的借鉴

NASDAQ 市场代表着世界场外交易市场的发展方向。不管是日本还是欧洲，也不管是南亚还是拉美，几乎所有的场外市场都是以 NASDAQ 为蓝本设计的，这说明 NASDAQ 具有普遍的借鉴价值；在中国建立场外交易市场虽不能完全照搬美国的模式，但 NASDAQ 至少可以提供包括系统建设、功能完善、管理方式、交易行为等多方面的借鉴。事实上，借鉴 NASDAQ 的成功经验，既可以少走弯路，又可以使中国的场外市场达到高起点、国际化的水准。

2. 国内发展场外交易的实践，为重新建立场外市场提供了成功的经验

中国场外交易的实践虽然只有短短的十年时间（1988—1998），但发展速度却很快，并出现了许多比较规范的场外市场。其中"淄博证券交易自动报价系统"（ZBSTAQ）最为成功，也十分引人注目。自 1993 年开通以来，淄博报价系统没有发生严重违规事件。对此，中央有关部门、专家学者、新闻舆论界、挂牌企业、国内外证券业同行和广大股民都给予了肯定。从 1993 年 9 月至 1997 年 10 月的 4 年间，共有省内外的 55 家企业在系统挂牌交易，股本总额 16.5 亿，流通市值 50 亿元。经过该市场的培育，已有声乐股份（现山大华特）、万杰股份等企业在交易所上市。

3. 中国具备建立场外交易的市场基础条件

从国外发展场外市场的经历可以看出，具备一定的市场规模是场外市场成功的重要条件。正因为如此，欧洲才努力将 EASSDAQ（欧洲场外市场，总部设在布鲁塞尔，有 12 个国家参加）建成一个全欧洲市场，但它们从一开始

就遇到了货币、法律、语言等一系列跨国界问题。中国具有比欧洲各国大得多的潜在市场，从上市公司的潜在资源看，目前中国已有高成长性的中小企业1000余万家，随着改革的深入，这个群体还会不断扩大。从交易设施看，中国已有近百家证券交易中心（包括自动报价系统），它们都拥有自己的计算机系统及其交易设施，固定资产总额达1000亿元，设立场外市场就可以充分利用这些资产为其服务。再从投资者人数看，2014年A股全年开户数达949.18万户，较上年同比增长93.21%，接近翻番。在增量资金的带动下，2014年A股全年成交量为73.77万亿元，相较2013年的22.9万亿元同比增长222%，所有这一切都说明中国完全具备建立场外市场的基础条件。

4.沪深两市在制度建设和监管等方面的成功经验

自1990年12月19日上海交易所开业以来，中国证券市场发展迅速，走过了一条从不成熟到逐步成熟，从不规范到逐步规范的成功之路。这期间中国制定并逐步完善了股票发行、上市、交易、结算、监管、信息披露等一系列规则和制度，并逐步规范了行情显示系统、交易系统、清算系统和股权登记过户系统。所有这些都为建立场外市场提供了重要的参考依据。与此同时，中国证监会自成立以来，在强化对股市的监管方面也积累了丰富的经验，这对建立"全国场外市场管理委员会"提供了有益的借鉴。

8.3 场外交易市场的重新定位与运作要点

一、场外交易市场的定位

中国原有的地方性股权交易市场主要定位于为当地的法人股、内部职工股、基金证券等的交易流通服务，在证券发行规则、上市规则、交易规则、结算规则、监管规则等方面不尽相同，其中一些机构的管理还相当混乱。一些挂牌企业的质量低下，极易引发金融风险和社会问题。因此，重新建立场外交易市场必须对该市场进行重新定位。定位的含义主要包括（但不限于）以下内容：

1.场外市场的服务对象

首先是为广大的中小企业服务，特别是为高成长性的民营高科技企业服务；其次，是为从主板（A股市场）市场退出的上市公司服务，这类退出的上市公司又分为两类：一类是连续3年亏损需要退出的企业；一类是股性很差、长期交易不活跃的企业。

2. 场外市场的地位与功能

场外市场是一个由各省、市、自治区分别建立的场外交易中心经全国联网后形成的无形市场，它具有独立的上市标准和交易体系，是与主板市场相分离的市场，是中国多层次资本市场中不可缺少的组成部分。它的功能是为中小企业的改革发展融通和筹措资金，并充当中小企业上主板的"预备和辅导角色"，此外，还要发挥股市"淘汰机制"的功能和作用，充当退市的场所。

3. 场外市场的特点

第一，场外市场是一个全国性的无形市场，其股票发行规则、上市规则、交易规则、结算规则、监管规则、信息披露规则等实行全国统一的规范，由证监会统一制定。行情显示系统、交易系统、资金清算和股权登记过户系统等由全国场外市场管理委员会统一管理。第二，场外市场是一个与国际惯例接轨的"全流通市场"。

二、场外市场的运作步骤

1. 按照中央关闭原有场外市场的精神要求，在清理整顿全部原有地方性股权交易市场的基础上，由中国证监会重新作出考核和分类标准。

2. 以清理整顿中鉴别出来的"A"类市场和优秀券商为基干，组建全国性的证券交易商协会，制定自律性的章程和会员资格，设计全国性的自动报价系统。全国性的证券交易商协会及其自动报价系统，由证监会设立专门的监管部门——全国场外市场管理委员会依法监管。

3. 中国证券交易商协会自动报价系统的立法和组织框架的设计都是全国性的，但系统可以逐步开放，逐步扩展，成熟一个，开放一个。可以考虑首先开放一个达到最低规模的交易网，作为试运行，以后经协会初审、证监会批准，按照企业和市场的需要与可能（而不是按行政区划或等级）分布扩展，逐渐完成全国性布局。

三、场外市场的运作要点

1. 从申请股票发行来看，特有的规定包括（但不限于）：申请发行股票的企业，是经地方主管部门确认或规范的股份公司（包括原有的定向募集公司和发起设立的新股份公司），公司已存续 2 年以上，且连续盈利并有良好的发展前景；公司发行新股的申请和审批手续，由当地主管部门负责；股票发行前的公司资产负债率不高于50%；公司只准向社会公众公开发行新股一次，且发股面值不超过1500万人民币；新股发行后，公司的总股本不低于2000万元（面值）人民币，其中发起人持有的股份数额占公司总股本的比例不得低于35%，最大股东持有的股份数不超过公司总股本的25%；公司自新股发行日至在场外市场挂牌交易期间，不得进行配股及其他增加股份的行为；等等。

2. 从股票申请上市看，特有的规定包括（但不限于）：在新股发行时，全国场外市场管理委员会不对新股上市作任何实质性承诺；新股发行满半年（以发行结束日起计算）后，公司才可提出在场外市场上市的申请；公司上市申请需经全国场外市场管理委员会审查通过后，方可在上市公司当地的自动报价系统挂牌交易；公司申请上市所提供的材料，必须有公司上市辅导机构的意见，上市后的持续辅导期不少于2年；除特殊情况且得到全国场外市场管理委员会许可外，公司的《上市公告书》与其《招股说明书》中所载的业务目标、投资项目及主要指标等不应有任何不利于投资者的实质性变化。

3. 从股票的交易看，特有的规定包括（但不限于）：公司的股票上市申请已经全国场外交易市场管理委员会审查通过；公司股份均为流通股，但发起人和其他实质性股东持有的股份在公司股票挂牌后一年内不得上市交易，一年后可入市流通，上市前必须提前一个月公告；公司中的外资股，可以入市转让，但在中国资本项目尚未对外开放以前，外资股东只可卖出股份，不可再买入股份；每笔股票的交易金额不低于5000元；公司应每季公告其财务报表（可不经审计），但中期报告和年终报告必须经审计，同时，中报和年报中应在"业务目标陈述"中披露公司的整体目标、市场潜力、主要的风险因素等，并与前期相比较。

4. 从系统的监管上看，特有的规定包括（但不限于）：场外市场全系统的监管分为两层，第一层由全国场外市场管委会（简称管委会）来完成，负责对市场日常运行状况的监控；在管委会之上的第二层监管是由中国证监会来执行，它的任务是监督管委会是否遵守既定的规章制度。

8.4 场外交易市场运作的制度保障

一、在法律上给场外市场合理定位

中国证券交易的主板市场已有25年的历史，其发展速度迅猛，但是，规范、管理这个市场的根本大法《证券法》直到 1999 年 7 月 1 日起才开始施行。由于市场长期得不到法律的保护，投资者自然会将它视为一个投机市场。可以说，中国股市之所以投机盛行，与这个市场没有法律保证是分不开的。因此，我们绝对不能再让场外市场在名不正、言不顺的情况下任其发展。我认为，为确保场外市场的正常运作，应抓紧修改《证券法》，在其中明确规定"场外市场是中国证券市场的重要补充"，"中国为中小企业发展与融资服务的资本市场的基本形式为全国证券交易自动报价系统"，让其取得合法的地位，这是场外市场正常运行的根本保证。

二、制定并出台统一的全国场外市场运行规则

为规范场外市场的证券发行和交易等行为，为确保场外市场的正常运行，需要制定并出台全国统一的场外市场运行规则。这些规则主要包括：证券发行规则、上市规则、交易规则、结算规则、监管规则、信息披露规则等。同时，还应对行情显示系统、交易系统、资金清算系统和股权登记过户系统等也作出统一的规定。

三、加强监管，维护场外市场秩序，保障其合法运行

地方性股权交易市场的最大弊端是各自为政，无法实施统一的监管。我们认为，场外市场的监管应采取集中监管和自律性监管相结合的原则，在监管体系上分两个层次进行，由证监会负责最终层次的集中监管，由全国场外市场管理委员会负责第一层次的监管。为此建议：

1. 成立全国场外市场管理委员会（简称管委会）。管委会属会员性机构，最高权力机构为会员代表大会，接受中国证监会的领导和监管。管委会的主要职责是：协助证监会教育和组织会员执行证券法律和行政法规；依法维护会员的合法权益，监督、检查会员的行为；对场外市场的行情显示系统、交易系统、资金清算系统和股权登记过户系统等实行统一管理；证监会授权的其他职能。

2. 证监会是场外市场的最终集中监管机构。它依法制定场外市场的各项规则，并对证券的发行、交易、登记、托管、结算、信息披露等实施最终监管。

四、制定优惠政策，促进场外交易市场的建立与良好运行

为了保持场外交易市场的快速发展和活跃交易，国家应采取低税收政策，吸引投资者进场交易，并考虑中小企业的承受能力，适当地降低发行费用，推动中小企业加入资本市场，快速发展，为国民经济持续、稳定、健康发展贡献

力量。

五、加大组建风险投资基金的力度，培养机构投资者

虽然从短期看，吸引居民储蓄进入股票市场是首要之选，而且不得不造成市场投资者大多是自然人的局面，但是随着市场的不断扩大，个人对市场信息分析困难日增，风险也随之扩大，因此专业化的投资机构必将应运而生。目前应尽快制定政策，加大建立风险投资基金的力度，并鼓励证券投资基金、保险基金、医疗保险基金进入场外交易市场。

第三编

专题研究：中小企业融资

在对金融中介、金融工具进行拓展研究的基础上，本编是对中小企业融资难的专题研究。专题研究的理论渊源和逻辑起点，多数来源于对金融结构理论的研究。从某种意义上讲，专题研究的多个独特视角，都是建立在金融结构研究的基础之上。这些独特的视角主要包括：基于普惠金融的视角。大力发展普惠金融是解决中小企业融资难的治本之策，本质上是通过金融中介的技术和营销创新，降低享受金融服务的门槛。基于金融制度边界的视角。扩大金融制度边界，可有效缓解中小企业的融资约束，有效增加对中小企业的金融供给。基于金融错配的视角。中小企业融资难的根本原因是制度性因素，即中小企业的自身特点和融资特点与现行的以商业银行为主导的融资体系严重不匹配。为此，需要对现有的商业金融体系进行反思和扬弃，从制度层面和技术手段上找到缓解中小企业融资约束的路径和方法。

第9章 中小企业融资：困境与出路

中小企业融资难是一个世界性问题。从中国的现实来看，目前经济发展已进入新常态，受各种复杂因素的影响，中国经济运行面临的下行压力很大，经济运行中的结构性矛盾十分突出，尤其是低效运行的金融体系受到了社会的普遍关注。这突出反映在实体经济中的中小微企业融资难、融资贵问题成为社会关注的焦点，中小企业融资难的问题始终难以解决。

9.1 中小企业的范围界定

中小企业是一个统称，它是中型、小型和微型企业的统称。对中小企业的划分，过去都是执行的原国家经贸委、原国家计委、财政部和统计局2003年颁布的《中小企业标准暂行规定》。从2011年6月18日开始，经国务院同意，国家工信部、统计局、发改委、财政部等部委局重新制订了《中小企业划型标准规定》。

根据新的规定，中小企业划分为中型、小型、微型三种类型，具体标准根据企业从业人员、营业收入、资产总额等指标，结合行业特点制定。

新标准规定的行业包括：农、林、牧、渔业，工业，建筑业，批发业，零售业，交通运输业，仓储业，邮政业，住宿业，餐饮业，信息传输业，软件和信息技术服务业，房地产开发经营，物业管理，租赁和商务服务业，其他未列明行业等16大行业。同时，对各行业的划型标准作了详细的规定，比如对工业的划型标准是：从业人员1000人以下或营业收入40000万元以下的为中小微型企业。其中，从业人员300人及以上，且营业收入2000万元及以上为中型企业；从业人员20人及以上，且营业收入300万元及以上的为小型企业；从业人员20人以下或营业收入300万元以下的为微型企业。

新标准还规定，企业类型的划分以统计部门的统计数据为依据。

新规定颁布以来，中小企业的统计标准就有完整的法规依据。最近见诸新闻媒体的一个词就是小微企业，小微企业就是从新标准而来，它是中小企业的主体，也是中小企业融资难的最大群体，所以引起了社会各界的普遍关注。

9.2　中小企业融资的现状

中小企业一般通过两种方式获取资金：一是内源融资；二是外源融资。内源融资是指企业不断将自己的积累（折旧和留存盈利）转化为投资的过程。内源融资具有原始性、自主性、低成本和抗风险性等特点，是中小企业生存和发展重要组成部分。

外源融资是指企业利用外部主体的资金转化为投资的过程。它对企业资本的形成具有高效性、灵活性、大量性和集中性的特点。外源融资又分为直接融资和间接融资，而直接融资又分为股权融资和债券融资两种方式。在经济日益市场化、信用化和证券化的过程中，外源融资将成为企业获取资金的主要方式。我们讲中小企业融资难主要指的是外源融资难，我们研究的重点甚至是全部内容都应放在外源融资上，这是问题的本质。

一、间接融资的现状

间接融资是指通过银行中介机构而实现融资的一种方式，它具有间接性、非流通性等特点，是中小企业融通资金的一种主要方式。据《中国民营企业发展报告》披露的资料显示，中小企业外源融资中银行贷款占了 73%，有价证券融资仅为 2%。可见，银行贷款是中小企业外部融资的主要形式。

那么，银行贷款又是如何支持中小企业的？据中央银行的统计资料显示，这几年小企业贷款的比重在逐年提高。目前小企业贷款比重约占全部贷款的三分之一，即 30% 左右。也就是说占企业总数 99% 的中小企业，分享了 30% 左右的信贷总量。我们姑且认为这个数字是真实的，可与现实的反差却非常大。一方面数字显示小微企业贷款比重不断上升，中小企业融资难应逐步好转；但现实情况却是小微企业融资难在一天天加剧。为什么呢？主要有两个原因：一个是贷款占比的真实性；另一个是银根收紧后小微企业受损程度远高于大型企业。2011 年以来，从货币总量到银行信贷都在收紧，但是我们却总感觉社会融资总量并没有明显收缩。由于表内紧了，银行通过理财产品和信托等方式，同样能把钱通过表外方式转移到一些企业项目上去。据不完全统计，目前银行理财产品的发行数量有十多万亿,这十多万亿中有一半直接投到企业项目里了。这些企业项目包括中小企业吗？中央财大郭田勇教授的调研结论是：理财产品选择的项目都是大中型企业和项目，包括地方政府的一些大型项目。因此，社会资金总量收紧以后，中小企业受损的程度远高于大型企业。

总之，中小企业外部融资主要靠银行，而银行特别是国有商业银行和股份制商业银行又不愿意给中小企业贷款，这是一个不争的事实。据《中华工商时报》报道，通过对数千家企业的调研发现，95%以上的中小企业认为其发展的第一难题是资金问题，目前的银行信贷只能满足中小企业5%左右的融资需求。

二、直接融资的现状

直接融资是指资金的供需双方通过一定的金融工具（股权或债权）直接形成股权债权关系的金融行为。直接融资包括股权融资和债券融资。其中股权融资又分首次公开募股（即IPO）和私募股权融资（即PE）。

1.股权融资

在公募股权融资方面，由于中国资本市场还处于发展阶段，企业发行股票上市融资有十分严格的限制条件，中小企业大多处于创业期和成长期，很难达到上市门槛。而且，当初设计主板市场时的定位就是为大中型国有企业服务的，从根本上就先天排斥了中小企业。到2014年底，主板市场共有上市企业2564家，基本上都是大中型企业。

2004年5月27日深圳证券交易所设立的小企业板正式运作，这为中小企业的股权融资开辟了专门的市场，对解决中小企业融资难具有重大意义。但中小板的定位是高成长型企业，中小板所遵循的法律、法规和部门规章，与主板市场相同。另外，对中小板还有更为严格的公司监管制度：一是实行更为严格的信息披露制度；二是实行更为严格的退市制度。由此可见，即使有了中小板，严格的监管和较高的上市条件还是不能满足多数中小企业的融资要求，不可能成为中小企业的主要融资渠道。截止到2014年末，中小板上市企业共有746家。

中国的创业板于2009年10月30日正式运作，这对建立多层次资本市场体系，进一步缓解中小企业融资难的矛盾具有重要意义。但创业板的监管和上市条件也非常苛刻，也不可能成为中小企业融资的主要渠道。截止到2014年末，在创业板上市的企业共有446家。

再看私募股权（PE）融资。私募股权融资是指通过私募形式对非上市企业进行的权益投资，在交易过程中附带了将来的退出机制，即通过上市、并购或管理层回购等方式出售股权获利。其特点是：在资金募集上通过非公开方式向机构和个人募集；在投资方式上采取权益型投资，很少涉及债权投资；在投资对象上主要为非上市企业；在组织形式上多采取"有限合伙制"。

PE 作为金融创新和产业创新的结果，近年来在全球金融市场中发挥着十分重要的作用。其特有的资金实力和专家管理特点，不仅为企业融资提供了新渠道，还推动了被投资企业的价值发现和价值增值，对企业发展特别是对解决中小企业融资难题发挥了举足轻重的影响。据资料显示，2011 年前三季度，美国公司的私募筹资额已超过了公开上市（IPO），成为仅次于银行贷款的重要融资手段。英国金融机构测算，2015 年全球私募股权筹资将超过 5000 亿美元，私募股权融资的未来仍将快速发展，这是金融深化和金融创新发展的大势所趋。

从国内情况看，中国的私募股权投资正处在快速发展阶段。目前在北京，上海、深圳、天津等地，PE 已成为重要的融资方式，涌现出了鼎辉、深圳创新投、红衫资本等知名管理公司。天津市政府在国内率先为 PE 打造了一系列优惠政策，从企业的设立、人才吸引、业务开展等多方面给予优惠政策，并提供各种增值服务。广东、江苏、浙江、福建、重庆、新疆等地 PE 的发展也十分迅速，对解决中小企业融资难发挥了重要作用。

2. 债券融资

债券融资是直接融资另一种形式。债券的种类很多，对中小企业而言，可以获准发行企业债券的少之又少。因为《公司法》和《证券法》都对公司发债作出了十分明确甚至是苛刻的规定，债券市场基本上未向中小企业开放。

为有效缓解中小企业融资难的问题，在人民银行的推动下，2009 年 11 月，交易商协会发布《银行间债券市场中小非金融企业集合票据业务指引》，正式推出中小企业集合票据。2011 年又推出了区域集优债务融资模式，以制度创新促产品发展，为更多中小企业进行直接债务融资提供了便利。现在集合发债很受欢迎，它是在现有融资背景下的一种创新，也就是在政策允许、监管部门认可的情况下，采取召集多家中小企业打包集体发债的方式，实现中小企业直接融资。下一步可能还要推出中小企业私募债。业内专家表示，积极发展债券市场，显著提高直接融资比重，不仅是加快多层次金融市场体系建设的必然要求，也是今后有效缓解中小企业融资难的重要途径。

从以上分析看出，不管是间接融资还是直接融资渠道，都对中小企业不利，需要大量资金的中小企业不得不从非正规渠道即地下或民间融资寻找渠道，"融资难"将是长期制约中小企业发展的"老大难"问题。特别是在后金融危机时代，很多中小企业出现了资金链断裂的情况，从浙江、江苏、福建等地出现的"企业家跑路"到不断出现的"民间融资诈骗案"就可以看出，融资难已成为影响社会稳定的重大因素，它再次成为全社会最受关注的话题。正因为如此，国务院才决定在温州设立综合金融实验区。

9.3 简要的对策建议

解决中小企业融资难的问题，关键是要从制度上建立两个体系，一是建立完善的、多层次的中小企业融资体系；二是建立完善的中小企业融资保障体系。本书仅讨论多层次中小企业融资体系的建立。

建立完善的、多层次的中小企业融资体系，最根本的是要建立起企业外部融资体制，即市场化的融资体制。可分三个层面推进。

一、商业银行融资体系

从当前和今后相当长的时期来看，商业银行融资仍是中小企业外部融资的主要渠道，所以必须从制度上对商业银行的贷款理念和对象作出转变。多年来不仅是国有商业银行、全国性股份制商业银行主要为大中型企业服务，就连地方商业银行的业务也是趋同的，也在争大企业、大客户，中小企业很难得到银行的贷款。必须要下决心改变这种贷款的指导思想和理念。而思想和理念的改变，靠发个文件发个通知是解决不了的，必须要从立法理念、监管体制上进行制度变迁。为此，需要对现有的《商业银行法》《贷款通则》、利率政策、财税政策、监管制度等作出制度上的创新和修改，至少是要作出"微调"。我们归纳为四句话：放宽政策、定向宽松、区别对待、创新品种。

1. 放宽政策：包括但不限于对现有的财税政策、利率政策和信贷政策作出调整：免除中小企业信贷业务营业税、降低所得税；减免的税收用于核销中小企业的贷款坏账；对中小企业贷款实行浮动利率，让利率市场化，直接降低中小企业贷款的成本和风险，提高收益；优化信贷政策，从制度上确保银行贷款向中小企业倾斜。

2. 定向宽松：主要指对中小企业的信贷规模应定向宽松，即监管部门在对银行金融机构信贷规模监管时，应鼓励其加大对中小企业的信贷投入，其规模不计算在监控总规模或存贷比之内。

3. 区别对待：就是差异化监管，从制度上提高对中小企业贷款的风险容忍度，中小企业的不良贷款率可提高到 3% 以上。同时实行定向问责、区别对待的制度，对中小企业不良贷款的责任人单独问责，减少压力，调动基层人员的积极性。

4. 创新品种：从制度上允许商业银行进行信贷技术创新，开发更多的适合于中小企业特点的贷款品种，针对不同行业、不同规模、不同生命周期的中小企业的具体需求，设计信贷产品，如仓单质押贷款、知识产权质押、商铺经营权质押、应收货款质押贷款等等。

二、直接融资体系

直接融资体系包括股权融资和债券融资。股权融资又包括首次公开募股（IPO）和私募股权融资（PE）。

1. 首次公开募股

首先，要建立多层次的资本市场体系。股票市场除主板、中小板、创业板之外，更重要的是建立场外交易市场。笔者在 2000 年前后发表过多篇文章，呼吁建立中国的场外交易市场，随着时间的推移，这种构想逐渐变成了现实。国务院在 2012 年 4 月 19 日下发了《国务院关于进一步支持小型微型企业健康发展的意见》（国发〔2012〕14 号文），其中第九条提出：加快统一监管的场外交易市场建设步伐，为尚不符合上市条件的小型微型企业提供资本市场配置资源的服务。这段话非常重要，它对中国建立多层次资本市场体系，特别是建立场外交易市场终于有了官方的明确意见。场外交易市场的建立，关键是在法律上给场外交易市场合理定位。我建议抓紧修改《证券法》，在其中明确规定"场外交易市场是中国证券市场的重要组成部分"，"中国为中小企业发展与融资服务的资本市场的基本形式为全国证券交易自动报价系统"，让其取得合法地位，这是场外交易市场建立的根本保证。

有了场外交易市场，中小企业融资就有了保障，中小企业融资难的问题就会大大缓解，此市场的建立刻不容缓。

其次，要改变现有的证券发行审核制。目前证券发行的审核制度主要有两种：一种是注册制，一种是核准制。注册制也称申报制或登记制度，美国、日本是最典型的代表。中国实行的是核准制，即发行股票必须由中国证监会核准审批。在核准程度上又分为三个阶段：第一阶段是"额度分配"，即首先确定全年的发行总规模（如1994年55亿，1996年150亿，1997年300亿），然后将总规模分配给各省市及各部委，再分给企业；第二阶段是"家数控制"，从1998年起改"额度分配"为"发行家数"，即证监会确定各部门、各省市的发行家数，再由各省市、各部门上报预选企业，由证监会进行审核；第三个阶段是取消额度、家数限制，成熟一家发行一家，并实现先改制后发行。这是目前为止实行的审核体制。

这种审核体制具有强烈的行政色彩，上不上市由证监会说了算，没有人对它进行监督，这就很容易产生"寻租"和腐败。原证监会主席郭树清上任后，就明确表示要改革现行的发行体制，逐步实行注册制，核心是弱化行政审批，将以信息披露为中心，强化资本约束、市场约束和诚信约束，进一步加大保荐各方的责任（券商、保荐代表人、律师、会计师事务所等）。这一改革方向无疑是正确的，它对直接融资体系的建立，对股票市场的发行、退出、问责等都有划时代的意义。

2.私募股权融资（PE）

前已论及，私募股权融资在美国已成为仅次于银行贷款的融资手段，在我国北京、上海、天津、深圳、江苏、浙江等地，PE已成为中小企业融资的重要手段。现在的问题是，从全国范围看还没有统一的"准生"和"监管"体制，为此，急需做好两方面的工作：

首先，出台统一的工商登记办法，解决"准生证"的问题。2007年6月1日我国重新修订的《合伙企业法》的颁布，为中国私募股权基金的发展扫清了法律障碍。该法生效后，没有统一的配套措施。天津市率先出台了《关于私募股权基金进行工商登记的意见》。随后，北京、上海、重庆、深圳、江苏、浙江等省市也都出台相关的规定。建议在全国出台统一的登记办法，就私募股权基金采用的形式（公司制、合伙制、契约制、委托制等）、投资者资格及人数、最低出资资本、出资方式、经营范围、名称核定、行业自律等作出统一规定。

其次，要出台全国统一的监管办法。目前私募股权基金的管理比较混乱，还没有全国性的、统一的管理办法，影响了私募股权基金的发展。所以，暴利和神秘成了私募的代名词，出现了很多负面影响。国家发改委正在制定《私募股权基金管理办法》，希望尽快出台，这对缓解中小企业融资难题至关重要。

3. 债券融资

积极发展债券市场、显著提高直接融资比重，不仅是加快多层次金融市场体系建设的必然要求，也是今后有效缓解中小企业融资难的重要途径，更是稳增长、惠民生、促和谐的重要内容。因此，要加大中小企业集合票据、集合债券的发行规模，加快推出中小企业私募债券。

三、小金融机构融资体系

世界各国的经验都表明，小金融机构在解决中小企业融资方面起着十分重要的作用。无论是孟加拉国的乡村银行，还是西方国家的社区银行等都说明了这一点。中国小金融机构的发展非常滞后，这是造成中小企业融资难的根本原因。

如果说商业银行融资体系和直接融资体系的建立，需要从制度上进行完善和创新，那么小金融机构融资体系的建立就需要寻找新的路径，需要进行制度变迁。核心的问题是在上述两个体系之外设立新的小金融机构。国发〔2012〕14 号文第八条明确提出，加快发展小金融机构。我们认为要发展的小金融机构包括但不限于以下几类：

1. 社区银行

社区银行的概念来自于美国等西方国家，其中的社区并不是一个严格的地理概念，它可以指一个市、一个县，也可以指城市或乡村居民聚集区域。凡是资产规模较小、主要为区域中小企业和居民家庭服务的小型银行都称为社区银行。

美国的商业银行分为 5 个层次：一是跨国银行；二是全国性银行；三是超级区域银行；四是区域性银行；五是社区银行。其中，社区银行占商业银行总数的 90% 以上。

中国还没有社区银行的概念，因此，在中国设立社区银行十分必要。这是缓解中小企业融资难的治本之策，又是完善银行体系的必要措施，更是构建和谐社会的保障。中小企业是弱势群体，并承担着巨大的社会就业量。显然，发展社区银行、促进小微企业的发展，将十分有助于扩大社会就业，有利于促进和谐社会的建设。从这个意义上讲，社区银行的设立也具有深远的政治意义。

社区银行的设立，要吸取以往农村合作基金会和城市信用社的教训，做到"先立法，后做事""先定规则，后做游戏"。建议先行出台《社区银行管理条例》，通过法规的执行使社区银行实现市场化、法制化的"准入"和"退出"。条例的核心内容包括但不限于以下内容：①进入的门槛：资本金不能太高，可定位为5000万元左右；②组织形式：可按两合公司运作，即一般股东承担有限责任，董事长和董事股东承担无限责任，这对防范经营风险、道德风险和免除银行金融机构政府"买单"是绝对必要的；③适当提高资本充足率，并严格管理，资本充足率不低于10%，核心资本充足率应不低于8%；④建立优胜劣汰机制：同一区域内，允许设立若干"社区银行"，鼓励竞争（世界上很多大银行都是从社区银行发展起来的，如花旗银行、美洲银行等）；⑤严格信息披露制度：按月披露银行的经营和财务信息，使公众及时了解信息；⑥建立存款保险制度：这是社区银行发展的基础保障，目的是提高社区银行的社会信誉和防范风险；⑦对存贷比、单笔贷款、关联贷款等作出规定；⑧实施新的监管模式：把现行银行监管的"管教、扶持"模式变为"惩戒、清除"模式，即严格惩处违法违规行为，清除不良个体。同时，要将"出生"和"退出"分开管理（出生由人民银行审核，监管及退出由银监会承担），提高监管的严肃性。

2. 村镇银行

为了调整放宽农村地区银行业金融机构准入政策的试点工作，中国银监会于2007年1月22日下发了《村镇银行管理暂行规定》，从此，村镇银行在我国诞生。经过多年的发展，村镇银行已成为缓解农村地区中小企业融资难的重要渠道，现在的问题是要大力发展，加快村镇银行的发展速度，允许一个县域可以设立多家村镇银行。同时，抓紧开展小额贷款公司转制村镇银行的试点工作。小额贷款公司的试点已多年，许多小额贷款公司已具备转制村镇银行的条件，应着手开展这项工作。

3. 加快发展其他小金融机构：如小额贷款公司、金融互助社、中小企业投融资公司、典当行等。

第 10 章　中小企业融资：一个文献综述

中小企业的发展对于提升一国市场竞争水平，提高市场效率，促进技术创新，增加就业岗位，保持经济活力具有举足轻重的作用。因此，长期以来各国一直没有放松促进中小企业发展的努力。在这一过程中，一个始终存在且难以解决的障碍是中小企业的融资难问题，为此国内外学界进行了诸多研究、探讨，取得了许多有价值成果。

10.1　自身缺陷与信息不对称

一、自身缺陷

研究者认为中小企业融资难的原因主要在于中小企业自身。在中小企业贷款研究领域很活跃的 Berger and Udell（1998）[1] 认为，中小企业贷款难的主要原因在于信息不透明。与大企业相比，他们与工人、供应商、客户等签订的合约多数是私人信息，而前者是公开的；他们不能发行可交易债券，其信息无法从证券登记机构查询，其债务也失去了在公开市场上连续定价机会；中小企业没有经过审计的财务报表以提供给外部投资者，没有可信的向外界证明企业素质的资料。李志赟（2002）[2] 则将贷款难原因归结为成本高、抵押难和风险大。成本高指贷款的单位成本高，银行每笔贷款的交易成本实际上差别并不大，而中小企业的贷款规模比大型企业要小得多，单位贷款的交易成本就显得非常高；抵押难是指，一方面是中小企业缺乏足够的固定资产，另一方面也是因为抵押的程序繁琐、评估费用高，加大了企业的融资成本；风险大主要体现在银行对中小企业实际的经营状况和将来的盈利前景难以做出准确的判断。

---

[1]　Berger A. N. and G. F. Udell, "The economics of small business finance: The roles of private equity and debt markets in the financial growth cycle", *Journal of Banking & Finance*, 1998, 22: 613–673.

[2]　李志赟：《银行结构与中小企业融资》，《经济研究》，2002 年第 6 期。

二、信息不对称理论

中小企业的信息不透明造成银行与企业之间的信息不对称，导致逆向选择和道德风险，损害银行利益。Stigilitz and Weiss（1981）[①] 比较完整地论述了逆向选择问题。市场上借款人的项目是风险与收益的组合，低风险项目收益往往较低，高收益往往伴随着高风险。在信息不对称的情况下，银行无法知道企业的风险，此时如果用利率来实现信贷供求均衡，即利息支付高者获得贷款，那么会发生两种情况：一是低风险低收益率的借款人因支付不起高利率而退出，高风险高收益的借款人将得到贷款；二是借款人行为的变化，他们会放弃低风险低收益项目而选择高风险高收益项目。上述两种情况都会造成银行收益随利率上升而下降，称为逆向选择。道德风险也分两种情形，Jaffee and Russell（1976）[②] 论述了道德风险中策略性违约情形，即在无法观察借款人偿还能力的情况下，借款人选择偿还还是违约的条件，取决于偿还额、违约惩罚程度和借款人收入。Bester and Hellwig（1987）[③] 讨论了道德风险中借款人违反当初承诺将贷款应用于高风险高收益项目的情形，原因在于项目失败成本由债权人承担，而成功的收益则主要由借款人获得。逆向选择和道德风险使利率无法作为筛选客户的工具，一些借款人即使愿意支付高利率也得不到贷款。

对于上述问题，一些研究者认为银行此时可以采用信贷配给的方法解决这一困境。按照 Keeton（1979）[④] 观点，信贷配给的方法有两种，一是所有的借款人得到一定比例的贷款，称为第 I 类配给，二是从贷款申请人中随机抽取，给抽中者提供贷款，称为第 II 类配给。银行致力于信息收集是解决信息不对称的另一途径。Diamond（1984）[⑤] 认为通过有成本的监督可以获得借款人信息以降低道德风险，银行（中介机构）在信息收集中存在优势，假如监督借款

①　Stiglitz J. E. and A. Weiss, "Credit rationing in markets with imperfect information", *American Economic Review*, 1981, 71, 3: 393–410.

②　Jaffee D. and T. Russell, "Imperfect information, uncertainty, and credit rationing", *Quarterly Journal of Economics,* 1976, 90, 4: 651–666.

③　参见弗雷克斯等：《微观银行学》，刘锡良译，成都：西南财经大学出版社 2000 年版，135–137。

④　Keeton W., *Equilibrium credit rationing*, New York: Garland Pree, 1979.

⑤　Diamond Douglas W., "Financial intermediation and delegated monitoring", *Review of Economic Study*, 1984, 51, 3: 393–414.

人成本为 K，如果借款人直接从 m 个贷款人那里获得贷款，那么监督的总成本为 mK，而如果贷款人把款项交给中介机构并获取固定收益，由中介机构贷出并负责监督借款人则成本只为 K，从而降低了监督成本，同时代理监督也解决了 m 人监督可能产生的搭便车问题。Gale and Hellwig（1985）[1] 提出基于有成本的信息检验激励相容模型，这一模型下贷款人要求借款人汇报现金流量，激励相容的借贷合同中借款人归还的贷款额应当是一个常量，否则借款人会通过汇报难以检验的信息蒙骗贷款人以减少还款额；贷款人不会时时对借款人进行检查，只有在借款人无法足额偿还时才会进行检查。利用抵押是降低银行风险的第三条途径。当抵押率大于等于 100% 时信息不对称的影响变得无足轻重，因此对抵押的研究主要着眼于抵押不足或者变现抵押物有成本的情况。Bester（1985）[2] 建立了有成本的抵押解决逆向选择的模型。模型中利率与抵押对借款人来说都属于成本，两者之间具有替代关系，高风险借款人替代率高于低风险借款人，因此低风险借款人将选择低利率与高抵押率的贷款合同，高风险借款人将选择高利率与低抵押率的贷款合同。不同风险的借款人进行了分离，逆向选择得到了解决。Boot et al（1991）[3] 提供了一个抵押防止道德风险的模型。他们采用了与 Bester（1985）相似假设，即抵押物变现是有成本的，模型中借款人为了降低抵押物变现的成本会付出更高努力水平以降低项目失败概率。Bolton and Scharfstein（1990）[4] 提供了另一种促进借款的偿还机制，即如果借贷关系多次重复，贷款人可以用终止以后的借贷关系要挟借款人促使其还款。此时研究者开始关注到银行与借款人建立稳定的长期关系这一特点，借贷关系研究的重点也就转向关系贷款。上述解决逆向选择与道德风险的措施对于中小企业来说并没有针对性，由于信息不对称过于严重以及缺少抵押，这些措施无助于中小企业贷款难题的解决。

① Gale D. and M. Hellwig，"Incentive–compatible debt contracts: the one–period problem"，*Review of Economic Study*, 1985, LII: 647–663.

② Bester Helmut，"Screening vs. rationing in credit markets with imperfect information"，*American Economic Review*, 1985, 75, 4: 850–855.

③ Boot Arnoud, A. V. Thakor and G. F. Udell，"Secured lending and default risk: equilibrium analysis, policy implications and empirical results"，*The Economic Journal*, 1991, 101, 458–472.

④ Bolton Patrick and D. S. Scharfstein，"A theory of predation based on agency problems in financial contracting"，*American Economic Review*, 1990, 80, 93–106.

10.2 关系贷款与群贷技术

一、关系贷款

这一贷款技术有助于解决银企之间信息不对称，从 20 世纪 90 年代开始引起注意，其核心内容是银行通过与企业建立起稳定长期的关系，可以获得第三方无法获得的企业信息，能够更准确地评估企业风险。早期的研究者发现银企间稳定的关系下存在银行收取高利率的行为，他们将这种现象归因于企业的忠诚。Fama（1985）[①] 则将这种关系归因于借款人为获得声誉而采取的行为，即借款人从银行借款可以证明银行在不断监督他，不断的短期借贷向外界发出借款人信誉高的信号，借款人就可以从市场上低成本借入款项，因此借款人会同时以低利率从市场借款和以高利率从银行借款。也有学者们把银行凭借信息优势收取高利率的行为称为信息租，20 世纪 90 年代初他们重新对这一问题进行了研究。Sharpe（1990）[②] 认为银行收取信息租的行为不可能持久，如果银行这样做就会在贷款市场上落下坏的名誉，后续的借款人就不会从它那里借款，为此银行需要向市场承诺自己会控制利用信息优势获取信息租的冲动，以便建立良好的信誉，这个承诺是可信的。Diamond（1991）[③] 从银行监督与借款人声誉角度，认为银行向借款人收取较高利率是因为监督成本，借款人持续多期良好的借贷记录可以建立起好的声誉，从而可以从市场上低成本借入资金，低信誉借款人要想建立良好的声誉都要经过这个过程，而良好声誉带来的利益会促使借款人保持良好声誉。Rajan （1992）[④] 认为关系贷款和与交易贷款间存在替代关系，关系贷款下银行获得了与企业分享剩余价值的权力，这会降低企业的收益和努力水平，降低了关系贷款吸引力从而让交易贷款有了存在的空间。关系贷款有助于银行提供持续融资，此时企业为了降低信息租可以通过公开自己信息以从多个来源获得资金，这样做银企之间很难维持稳定的关系。

[①] Fama E., "What's different about the bank?", *Journal of Monetary Economics,* 1985, 15: 29–40.

[②] Sharpe S.A., "Asymmetric information, bank lending, and implicit contracts: a stylized model of customer relationships", *Journal of Finance,* 1990, 45: 1069–1087.

[③] Diamond D. W., "Monitoring and reputation: the choice between bank loans and directly placed debt", *Journal of Political Economy,* 1991, 99: 689–721.

[④] Rajan R., "Insiders and outsiders: the choice between relationshipand arm's length debt", *Journal of Finance,* 1992, 47: 1367–1400.

也许发现企业特别是中小企业与银行关系并没有像 Sharpe、Diamond 和 Rajan 预计的那样不稳定，双方往往保持比较久的关系，研究开始转向肯定这种关系的优势，并把关系融资开始作为一种推荐的融资技术加以研究。Berlin and Mester（1992）[①]认为关系贷款有利于借贷合约的重新谈判，这有利于借贷双方利益，由于借款人与贷款人之间信息不对称且信息会在双方不断接触的过程中加深交流，这意味着借贷双方初始不可能制定一个完备合约，需要根据境状发展修改合约。企业与银行之间的借贷合同要比企业从社会公众那里的借贷合同更具灵活性，更易于修改，因为前者只需要与一方谈判即可，而后者与多人谈判，成功概率更低。Boot，Greenbaum and Thaker（1993）[②]强调了非约束性融资承诺这类赋予银行自由量裁权条款对借贷双方的重要意义，模型给予银行与借款人一个前期相互了解的过程，在这一期银行承诺未来向企业提供贷款，企业选择项目。在此后银行可以根据自己收集到的借款人信息以及自身财务状况确定是否履行贷款承诺，而借款人为了获得贷款而选择低风险项目，避免出现道德风险。虽然非约束性条款给了银行自由量裁是否履约的权力，但是银行有激励去履约，从长远看能够履约的银行可以与企业建立起长远关系从而长期获益，而且会建立起良好信誉并吸引更多的新借款人。重谈判有助于改进合约使各方处境变得更好，但也会带来不利影响，Dewatripont and Maskin（1995）[③]指出了其中一个问题就是预算软约束，即如果项目到期无法偿还，只有再继续投入才有可能收回部分或者全部资金，而不投入则全部损失，在这种情况下银行会选择继续投入，这就是预算软约束。由于预计到银行的这种行为，借款人会选择高风险项目，导致逆向选择。

Petersen and Rajan （1994）[④]以美国小企业融资数据发现，小企业借款非常明显地集中在几个贷款人那里，表明关系贷款的普遍性和稳定性；小企业从

①　Berlin M. and L. Mester，"Debt covenants and renegotiation"，*Journal of Financial Intermediation,* 1992, 2: 95–133.

②　Boot A. W., S. I. Greenbaum and A. V. Thakor，"Reputation and discretion in financial contracting"，*American Economic Review,* 1993, 83: 116–1183.

③　Dewatripont M. and E. Maskin，"Credit and efficiency in centralized and decentralized economies"，*Review of Economy Study,* 1995, 62: 541–555.

④　Petersen M. A. and R. G. Rajan，"The benefits of lending relationships: Evidence from small business data"，*Journal of Finance,* 1994, 49: 3–37.

少数贷款人那里融资利率要低于从多个贷款人那里融资的利率，说明多样化融资并不如理论预计的那样有助于降低融资成本；企业与银行关系强度与贷款的可得性有很强的相关性，表明关系贷款确实有利于小企业融资。Petersen and Rajan（1995）[1]理论模型证明，关系贷款有助于平滑借款人利率，在借贷关系初步建立阶段银行可以以低利率提供贷款，以使更多的借款人获得贷款，而在后期银行则收取较高利息以弥补前期的损失。他们利用美国小企业融资数据实证发现，与竞争性市场相比，银行独占性市场上新建企业的借款利率要低于前者，而老企业的借款利率要高于前者，证明了关系贷款利率平滑的存在性。Bhattacharya and Chiesa（1995）[2]以专利技术为例证明，企业总有一些因可能为竞争对手利用而不愿意向外界发布的信息，但如果企业从社会融资，这些信息就要公开，这会让企业宁愿放弃开发技术也不会融资，或者坐等他人开发技术。当银行与企业建立起紧密关系时，银行会为企业的信息保密以免为竞争对手利用损害自己利益，企业也愿意向银行透露信息以便获得进一步融资，因此关系贷款有利于银行与企业之间的信息交流，有利于企业获得融资并能保持与银行之间的长期关系。Boot, Greenbaum and Thaker（1993）认为，银行对一家企业收集的信息可以针对同一企业多次使用，而且可以用于其他同类企业，上述两方面的扩展应用都可以降低信息收集的成本。Boot（2000）[3]认为关系银行收集的这些信息只供自己使用而不会向外界散布，这种独占性防止了搭便车行为，解决了信息生产不足的问题，为银行收集信息提供了激励。

二、群贷技术（goup lending）

这一技术同样致力于缓解借贷双方信息不对称。Berger and Udell（2006）[4]把银行对中小企业贷款技术分为六种，这六种划分法为研究者普遍接受，但他们没有把群贷列入进去，却是一件令人费解的事情。事实上群贷作为向中小企

① Petersen M. A. and R. G. Rajan. "The effect of credit market competition on lending relationships", *Quarterly Journal of Economy*, 1995, 110: 407–443.

② Bhattacharaya, S. and G. Chiesa, "Proprietary information, financial intermediation, and research incentives", *Journal of Financial Intermediation*, 1995, 4: 328–357.

③ Boot A.W., "Relationship banking: what do we know?", *Journal of Financial Intermediation*. 2000, 9: 7–25.

④ Berger, A.N. and G.. F. Udell, "A more complete conceptual framework for SME finance", *Journal of Banking and Finance*, 2006, 30: 2945–2966.

业、甚至是低收入贫困人群提供贷款的技术，已经广泛地为世人所知并得到了联合国的推广，而它又不同于所列的六种技术的任何一种。群贷技术是由孟加拉国的尤努斯先生率先创立，典型的群贷运作如下：贷款机构把贷款申请人每五人组成一个小组，先由其中两人获得贷款，在这两人按期归还后，后两人才能得到贷款，一旦有人违约，则组内其他成员就得不到贷款，这就使群贷暗含了连带责任。群贷一定程度上解决了借贷中的信息不对称，防止出现逆向选择与道德风险。Stiglitz（1990）[1] 从群体监督角度对这种贷款进行了理论解释，他用模型证明这种贷款可以化解道德风险。小组的成员往往处于同一个区域彼此熟悉，彼此之间的信息不对称很低；小组成员要想获得贷款就要求成员不能违约，因此群贷虽然没有明确表明成员相互担保，但是上述规定实际上执行着隐形担保功能，这种担保虽然增加了成员的负担，但是相互的监督解决了信息不对称问题，从而会降低利率成本，因此成员愿意承担起相互监督的责任，这就防止贷款误用和违约情况的发生。在同一文章中，Stiglitz 认为群贷可以通过小组成员自我分层以解决逆向选择难题。贷款申请人相互熟悉，低风险的申请人会组成一组，迫使高风险申请人组成一组，贷款人可以根据小组的风险状况确定相应的利率，解决了逆向选择问题。同时群贷还有其他一些优势，小组规模较小可以防止搭便车行为，即成员总是希望其他成员进行监督，以节约自己的监督成本以及因为告发违约者而引起的怨恨；同时小组成员分摊某一成员的违约成本，使得每个小组成员的负担可以降低。群贷的连带责任导致了成员相互监督，解决了信息不对称问题，但是同样会面临着机会主义行为：既然连带责任下会有人替你还款，为什么自己还要还款呢？为此 Bersley and Coate（1995）[2] 在模型中引入了社会抵押（social collateral）来解释这一现象。文章认为小组成员来自于同一个村庄或社区，彼此之间以及与社区之间有紧密的联系，社区人员相互帮助、共同拥有财产以及其他社会福利，这就构成了社会抵押品。小组成员可以通过谴责让违约借款人不舒服或者财务损失；可以把其违约行为在社区内宣扬，使其在社区内声誉受损；也可以通过在未来不再与违约

---

①　Stiglitz J., "Peer monitoring and credit markets", *World Bank Economic Review,* 1990,4 (3): 351–366.

②　Besley T. and S. Coate, "Group lending, repayment incentives, and social collateral", *Journal of Development Economics,* 1995,46 (1): 1–18.

成员合作进行惩罚，特别是当成员彼此之间在生产上有联系时，这种惩罚会更严厉。

Ghatak（1999[①]，2000[②]）对群贷引起借款人按风险自我分组功能提供了一个理论模型。模型中当低风险借款人与高风险借款人组成小组时，因连带责任导致低风险借款人会向高风险借款人形成一个正的净转移支付，为此他会排除掉这个高风险借款人转而找一个低风险借款人，当被找到的低风险借款人风险更低时，则前者会得到后者一个正转移支付，引起后者拒绝，最终均衡情况下只有风险相同的借款人才可能组成一个小组，此时彼此之间转移支付相等，净转移支付为0。模型证明这样一个群贷合同等同于完全信息下的借贷款合同。因此群贷有助于降低贷款利率，吸引低风险借款人进入，提高整体社会福利。Van Tassel（1999）[③] 用与 Ghatak 类似的模型也对连带责任预防逆向选择给出了一个理论解释，在其模型中借款规模不是固定而是内生决定的，他的模型有一个引人注意的结论是，只有低风险的借款人才会组成小组，而高风险借款人组成小组并不会增加利益，因此，高风险借款人宁愿采用单人借款合同。Aghion and Golliar（2000）[④] 研究了组成群贷的另一种方式，即群贷成员彼此不熟悉但具有连带责任，成员随机组成小组，在不考虑违约停贷的情况下，由于有低风险成员的加入，银行盈亏平衡点的利率比个人贷款要低。Laffont（2003）[⑤] 研究了类似的另一种群贷组成方式，即小组成员之间不了解情况，但是成员的项目之间存在相关性，成员可以根据自己项目情况推断其他成员的项目信息，这种情况下只有在成员项目相关性很高时，组成小组才是最优的，也能防止小组成员之间合谋欺骗贷款人。Laffont 设定的条件虽然在其他文献中很少见，但是通过借款人之间的相关性了解其他借款人信息，现实中却可能

---

① Ghatak M.，"Group lending, local information, and peer selection"，*Journal of Development Economic*，1999, 60: 27–50.

② Ghatak M.，"Screening by the company you keep: joint liability credit contracts and the peer selection effect"，*The Economic Journal,* 2000, 110: 601–631.

③ Van Tassel E.，"Group lending under asymmetric information"，*Journal of Development Economics,* 1999, 60, 3–25.

④ Aghion A. and C. Gollier，"Peer group formation in an adverse selection model"，*The Economic Journal,* 2000, 110 (465): 632–643.

⑤ Laffont J.，"Collusion and group lending with adverse selection"，*Journal of Development Economics,* 2003, 70: 329–348.

比较常见。在 Ghatak 和 Tassel 两位学者基础上，Guttman（2008）[1] 建立了一个非合作动态激励模型，检验停贷威胁是否还能预防逆向选择。他发现在某些严格限定条件下可能会出现逆向选择，这些条件包括发生逆向选择的借款人本身风险低，项目成功后收益很高，项目损失需要承担的责任很少，这样高风险的借款人可以向低风险借款人提供较大转移支付作为补偿，从而与低风险借款人组成一个组，而这种情况 Ghatak（2000）认为在单期情况下是不可能发生的。显然这个件条很严格，并没有在多大程度上否定群贷在消除逆向选择中的作用。群贷技术也在变化中，被称为格莱珉银行 II 的群贷技术中，连带责任放松了，对成员的奖惩不再仅仅根据整个小组表现，而是同时根据整个小组表现和成员个人情况相结合，为此 Bhole and Ogden（2010）[2] 对此进行了解释。他们设想了一个新的群贷合同，贷款人向小组成员提供一组合同用以鉴别小组中各个成员类型，让优秀的成员获得继续贷款，而对高风险成员则停止贷款，不再强制要求小组中所有成员对违约成员承担完全连带责任，理论分析的结果显示这样的一组合同要优于完全连带责任的群贷合同。

10.3　机构匹配与融资次序理论

一、机构匹配理论

机构匹配指的是大银行更愿意为大企业服务，而中小银行更愿意为中小企业服务。Peek and Rosengren（1996）[3] 实证发现，随着银行规模的扩大对小企业贷款占总贷款比重不断降低，小银行被兼并后新银行会降低对小企业的贷款。Berger（1998）[4] 用大量的并购数据检验银行并购对小企业贷款的影响，他们发现并购确实会降低对小企业贷款，原因在于大银行科层多更擅长于发放

---

[1]　Guttman J. M.，"Assortative matching, adverse selection, and group lending"，*Journal of Development Economics,* 2008, 87: 51–56.

[2]　Bhole B. amd S. Ogden，"Group lending and individual lending with strategic default"，*Journal of Development Economics,* 2010, 91, 348–363.

[3]　Peek J. amd E.S. Rosengren，"Small business credit availability: How important is size of lender?"，In: Saunders A. and I. Walter(Ed.)，*Financial System Design: The Case for Universal Banking*，Irwin Publishing, Burr Ridge, IL: 628–655.

[4]　Berger A.N., A. Saunders and J.M.. Scalise，"Udell, G.F.. The effects of bank mergers and acquisitions on small business lending"，*Journal of Financial Economics,* 1998, 50: 187–229.

贷款给透明度高的客户，即交易性贷款，而小银行科层少更擅长于关系贷款，向那些透明度差的中小企业发放贷款。不过他们也发现，并购后空出来的市场会被当地的其他银行和新设银行补上。对于机构规模匹配说，依据理论主要从信息在科层组织传递角度进行阐述。关于科层组织的一个理论解释是 Bolton and Dewatripont（1994）[①]，他们把企业看成一个信息处理和传递的组织，从信息处理时间和传递成本角度分析了企业的最佳组织结构，他们发现金字塔形的科层组织是处理信息最佳组织形式，减少科层可以减少信息传递成本。Stein（2002）[②] 从信息的可传递性以及对一线经理人（直接接触借款人）的激励影响角度对机构匹配说给出了一个解释。他认为大多数中小企业具有的信息是软信息，这些信息只有在与企业长期在一起时才会得到，而且软信息难以为第三方验证，因此无法在组织内向上级传递，只有在贷款决策者与信息收集者一致时才能实现信息收集与使用的激励相容，最彻底的方法是让信息收集者、贷款决策者与 CEO 合二为一，即小型贷款机构提供贷款。而硬信息则是可以由第三方验证的信息，可以在组织内传递而不会扭曲，也可以实现信息收集的激励相容，硬信息下可以建立多科层组织，即大金融机构的贷款决策应当使用硬信息。Berger and Udell（2002）[③] 也从信息可传递性角度进行分析，不过他们把关注的焦点从笼统的银行与企业关系转到信息在银行内的传递过程：借款人→银行贷款员→上级管理层→银行股东→银行债权人和监管当局。这一过程涉及多层次的委托代理关系。由于中小企业贷款信息多数为软信息，很难为第三方验证，难以向第三方传递，造成严重的信息不对称，因此存在多层次委托代理问题的机构不适合处理软信息，也就不适合向以软信息为主的中小企业提供贷款。要想克服多层代理问题，金融机构需要重组为小型的、股东人数有限的且几乎不存在科层的金融机构，这样才能解决代理问题。李志赟（2002）建立了一个包含交易成本、贷款规模、抵押及信息不对称等因素的一个模型，分析表明大银行更愿意为大企业贷款，而只有在处理不对称信息方面更有优势的小

① Bolton P.and M. Dewatripont, "The firm as a communication network", *Quarterly Journal of Economics*, 1994, 109: 809–839.

② Stein J.C., "Information production and capital allocation: Decentralized versus hierarchical firms", *Journal of Finance*, 2002, 57: 1891–1921.

③ Berger A.N. and G.F. Udell, "Small business credit availability and relationship lending: The importance of bank organisational structure", *The Economic Journal*, 2002, 112: 32–53.

银行才更适合为小企业提供贷款。Berger and Udell（2006）认为机构匹配说在企业规模与银行规模之间的联系过于简单，原因在于过去的研究对于贷款技术的区分过于简单，只分为依据硬信息的交易贷款和依据软信息的关系贷款，并认为大银行只适合于交易贷款，事实上大银行可以通过新贷款技术来对中小企业贷款。他将贷款技术分成八种，分别是财务报表信贷（financial statement lending）、小企业信用评分（small business credit scoring）、资产支持信贷（asset–based lending）、保理业务（factoring）、固定资产支持贷款（fixed–asset lending）、租赁（leasing）、关系贷款（relationship lending）和贸易融资（trade credit）。除了财务报表信贷外，其他融资技术都是针对信息不透明的中小企业，其中信用评分、资产支持贷款、保理业务、固定资产抵押贷款以及租赁都可以由大银行用来对中小企业贷款。Torre et al（2010）[1] 主要利用调查问卷的形式对多个国家的大银行和跨国银行进行了研究，发现中小企业已经或者正在成为这些机构的重要客户，而且其使用的技术确如 Berger and Udell（2006）所列，大银行可以发挥规模经济与范围经济优势充分利用各种技术，通过收集硬信息从大量中小企业中提取优质客户。Liberti and Mian（2009）[2] 就科层和距离对贷款信息的影响进行了实证检验，他发现科层越长，科层之间地理距离越远，越不利于主观信息的传递；信贷人员信息收集的激励是与其所依据收集信息进行贷款决策权力成正比，如果他无权依据信息进行决策，他就没有动力收集信息；信贷员有策略性操纵信息的行为，而且对主观信息的操纵程度大于客观信息，但在升职激励下这一操纵行为受到抑制；不同科层的人员在处理主客观信息方面能力不相同，不过对此尚没有合理的理论进行解释。

二、融资次序理论

融资次序理论可以追溯到 Modigliani and Miller（1958）[3] 的 M–M 理论，即研究一家公司的债权和股权融资如何配置才能实现企业价值最大化，他们从企业价值取决于未来收益出发，在做出诸多假设情况下证明融资方式即资本结

---

①　Torre A., M.S.M. Peria and S.L. Schmukler, "Bank involvement with SMEs: beyond relationship lending", *Journal of Banking & Finance,* 34(2010): 2280–2293.

②　Liberti J.M. and A.R. Mian, "Estimating the effect of hierarchies on information use", *The Review of Financial Studies*, 2009, 22(10): 4057–4090.

③　Modigliani F. and M.H. Miller, "The cost of capital, corporation finance and the theory of investment", *American Economic Review,* 1958, 48: 261–297.

构与企业价值无关，债权融资增加带来的收益会被股权期望收益相应的提高抵消掉。M-M 理论下的融资选择是基于利润最大化的企业主动选择，对于认识中小企业融资仍有诸多裨益。Modigliani and Miller（1963）[1] 肯定了债务税盾的作用（即利息可在所得税前扣除），认为这可以增加企业一个确定性收益从而提升企业价值，因此增加债务对企业是有利的。考虑税盾的 M-M 定理暗含了一个完全负债的最优资本结构（Scott, 1976[2]），这一结果与现实并不相符，研究者认为债务融资不仅带来税盾的好处，也会带来成本，企业需要在债务融资成本与收益间权衡以确定最优债务融资额，从而确定一个最优资本结构，即资本结构的权衡理论。这些成本大体分为两部分，一部分为破产成本（Scott 1976，etal），一部分为代理成本（Jensen and Mickling, 1976[3]）。不过 Myers and Majluf（1984）[4] 不同意存在一个最优的资本结构供企业去追求，企业的资本结构是信息不对称下融资行为的自然结果。他们认为企业的管理者（内部人）与投资者（外部人）之间存在信息不对称，当管理者需要为项目融资时，代表旧股东利益的管理者会选择内部融资以便把利益留给原股东，只有在对投资项目缺乏信心时才会对外发行股票融资。投资者知道这种情况就会降低新发股票的出价，结果损害了老股东利益，迫使管理者尽量避免股权融资。当确实需要对外融资时发行债券要优于发行股票，由期权定价公式可知债券风险低因而折价也小。这样企业的融资顺序就是先内部融资，再债务融资最后是股权融资，这就是新优序融资理论。基于 M-M 定理的资本结构理论认为，企业融资次序的选择是企业所有人最大化企业价值的主动行为，而中小企业融资方式的选择更多是基于自身局限性导致的被迫选择，对此 Begrer & Udell（1998）开创的企业融资成长周期理论做了比较好的解释。他们把企业的生命周期理论与企业的融资相结合，认为随着企业成长、经验的丰富以及信息越来越透明，其在融

[1] Modigliani F. and M.H. Miller, "Corporate income taxes and the cost of capital: A correction", *American Economic Review*, 1963, 53: 433–443.

[2] Scott J.H., "A theory of optimal capital structure", *The Bell Journal of Economics*, 1976, Vol. 7, No. 1 (Spring): 33–54.

[3] Jensen M.C.and W. Meckling, "Theory of the firm: Managerial behavior, agency costs and capital structure", *Journal of Financial Economics*, 1976, 3: 305–360.

[4] Myers S.C. and N.S. Majluf, "Corporate financing and investment decisions when firms have information that investors do not have". *Journal of Financial Economics*, 1984, 13: 187–221.

资需求方面也会产生变化，从而形成一个融资成长周期。规模小、历史时间短以及信息不透明时，其资金来源主要是创始人的资金、贸易信贷和天使融资，随着企业成长资金将主要来自于金融中介如风险资本、银行贷款等；最后如果企业仍然存在并能够持续成长，他们就有可能走向资本市场融资。

10.4　制度因素

政府的一些不合理的制度也会造成中小企业贷款难。首先，政府扶贫贷款未能解决小微企业贷款难。刘易斯（1997）[①]以及其他一些发展经济学家认为，落后国家要想赶超发达国家就需要进行投资。在金融领域，从 20 世纪 50 年代到 80 年代，政府和慈善机构多次发起向中小企业提供援助性贷款项目，发起者认为中小企业太穷没有储蓄，如果没有正规贷款就无法得到发展的资源，企业需要贷款但商业银行基于经济原因不愿提供。据此采取的措施主要有：为中小企业贷款提供担保或者优惠措施，为最终借款人提供贴息。这些贷款一般金额比较大，时间比较长，有较长的宽限期。政策不注重储蓄动员，因此其资金主要来源于政府拨款和慈善捐助。注意到这类贷款的非经济可行性，很多的私营机构不愿参与这类项目，多数贷款项目由政府机构实施（Adams and Pischke，1992[②]）。这些贷款项目结果并不尽如人意，还款率通常不到 50%，最好的还款率也就是 70%—80%（中国 1986—1989 贴息贷款中风险贷款的比率为 35%；朱玲，1992[③]）。项目由于损失率、运作和管理成本过高而贷款利率过低导致亏损严重，很快耗尽了政府预算和慈善机构的资金，项目负责人没有动力去扩大项目，绝大多数项目不久即因资金不足而取消；而且借款人抱有政府赦免的想法，或开始认为贷款项目不会维持多久，这导致违约率不断上升。世界各地不断上演的此类事件使人们确定，中小企业既不值得贷款也没有能力还款。而且补贴的贷款利息过低，提供了牟利空间，货款通常被用到了政治强势的群体当中，并未真正到达目标群体（Adams and Pischke, 1992；朱玲 1994[④]）。可以

---

① ［英］刘易斯·W. 阿瑟：《经济增长理论》，梁小民译，上海：三联书店，上海人民出版社，1997: 340–344。

② Adams D. and J.D. Pischke, "Microenterprise Credit Programs: 'Déja Vu'", *World Development*, 1992, 20: 1463–1470.

③ 朱玲：《中国扶贫理论和政策研究评述》，《管理世界》，1992 年第 4 期。

④ 朱玲：《中国乡村信贷扶贫制度研究》（上）（下），《金融研究》，1994 年第 6 期、7 期。

说扶贫贷款体系结果并不令人满意，官僚主义盛行，腐败严重，很多人相信政府资助的结果是使中小企业增加了依赖性，消磨了其斗志，使事情变得更糟；而且导致长期以来人们接受了这样的观点，向穷人提供贷款注定要失败的：成本高、风险大、储蓄倾向低、几乎没有财产可供抵押（Morduch, 1999[①]）。

其二，金融压抑制度限制了中小企业获得正规金融机构的贷款。肖和麦金农提出了金融压抑理论。爱德华·S·肖（1988）[②]发现发展中国家普遍存在金融压抑现象，主要体现在给利率设定上限，他认为的原因主要是反对高利贷以保护弱小者，防止因货币发行扩张导致通货膨胀而推高名义利率。低利率迫使人们减少资本的持有更多投入到生产中去，以及有利于政府扶持的行业积累资本。由于通货膨胀率高导致实际利率低，一方面银行和中介机构增强了风险规避偏好，倾向于向有长期稳定经营史的高信誉客户提供贷款，而少有动力开发新的、不稳定的放款机会；另一方面社会对资金的需求高不得不实行信贷配给，政府会敦促金融机构向优先发展的企业提供贷款，政府也可以强迫金融机构向中小企业发放贷款，但会遇到各种消极对待。麦金农（1997）[③]认为金融压抑主要源于二战以后政治上摆脱殖民统治的发展中国家，这些国家为了摆脱经济上对宗主国的依赖，积极开展了工业生产替代进口，为此政府会对金融业进行干预，设定利率高限以向这些行业提供低利率资金，同时向存款人支付低利率；而对于中小企业和居民这类需要小规模贷款的客户，受到高限约束的利率无法弥补贷款成本，因此银行拒绝向他们提供贷款，他们只能求诸于放款人（非正规金融）。肖和麦金农提出的解决方案是金融深化，即提高利率，减少政府干预，让市场配置金融资源。

其三，金融政治歧视也会造成中小企业贷款困难。金融中的政治歧视可以分为三种类型。一是政府发展战略，即上面所述政府基于赶超战略优先发展重工业、资本密集型的大企业，忽略中小企业的发展。二是利益集团控制银行排斥中小企业，政府与大银行大企业构筑政治联盟，让金融扶持大企业发展。

---

① Morduch J.，"The microfinance promise". *Journal of Economic Literature*, 1999, Vol. XXXVII: 1569–1614.

② ［美］肖·爱德华·S：《经济发展中的金融深化》，邵伏军等译，上海：三联书店，1988年版。

③ ［美］麦金农·罗纳·T：《经济发展中的货币与资本》，陈昕、卢骢译，上海：上海人民出版社，1997年版。

Calomiris and Haber（2011）[1] 发现银行业发展水平低的国家中小企业贷款难，他们将原因归于寡头政体以及在这一政体下形成的政治联盟。他们认为在寡头政体下，统治集团与银行大股东（内部人）和小股东很容易结成稳定的联盟，统治集团从银行获得资金融通及征税利益，大股东则获得高额回报以及向自己控制的企业发放低利率贷款，而小股东提供银行资本金并得到较高的补偿。作为回报，统治集团则通过法律法规以及监管措施控制银行业的进入以减少竞争，并利用提高利率等措施保护银行业利益。存款人不但存款利息低，还要经常承担银行失败带来的损失，导致存款不足。既有的存款由于贷给了寡头政治集团和内部人企业，几乎没有余额再向社会提供贷款，大量的中小企业排除在银行系统之外。同时为保护银行利益，寡头政体会打击非银行融资体系，以免对既有银行体系形成竞争。文章认为解决方案应当是放开民主化改革，让各利益主体形成联盟参与金融制度的设置，降低银行的市场准入，增加银行业竞争。三是所有制歧视造成中小企业贷款难。这种情况在中国比较明显。黄亚生（2005）[2]认为在中国的转型经济中，金融资源通常是按照"政治优序"（political pecking order）来配给的，先给政治地位最高但最无效率的国有企业，然后再给政治地位次高的集体企业，最后才是最有效率的私人企业。卢峰、姚洋（2004）[3]认为信贷所有制歧视可以通过三个途径实现：贷款给国有企业即使偿还不上也不会受到追究，而贷款给非国有企业还不上会被怀疑存在贿赂；国有企业多为大型企业风险低，而非国有企业多为小型企业风险高；监管部门的政策和纪律加重了所有制歧视。在这种情况下非国有企业获得发展的资金只能通过国有企业的漏损实现。袁志刚、邵挺（2010）[4] 认为 2000 年后中国包括金融领域在内的国有企业形成了垄断利益集团，形成原因是行业监管者被俘获成利益集团的维护者而非社会利益的维护者。刘瑞明（2011）[5] 认为国有企业效率低下拖

---

[1]　Calomiris C. and S. Haber, *Fragile banks, durable bargains: why banking is all about politics and always had been.* Mimeo, Stanford University, 2011.

[2]　黄亚生：《改革时期的外国直接投资》，北京：新星出版社，2005 年版。

[3]　卢峰、姚洋：《金融压抑下的法制、金融发展和经济增长》，《中国社会科学》，2004 年第 1 期。

[4]　袁志刚、邵挺：《重新审视国有企业的历史地位、功能及其进一步改革》，《学术月刊》，2010 年第 1 期。

[5]　刘瑞明:《金融压抑、所有制歧视与增长拖累——国有企业效率损失再考察》,《经济学季刊》，2011 年第 1 期。

累了中国经济发展,而且通过金融歧视和错配,也损害了民营经济的增长。戴静、张建华(2013)[①] 发现国有企业的创新低于非国有企业,但他们的实证结果表明,国有企业创新低下的可能是金融所有制歧视诱导的结果,即国有企业不努力也可以获得金融支持。

中小企业融资难问题虽经多年的理论探讨和社会实践,但仍没有得到根本解决,这迫使我们思考既有的理论研究和实践探索是否存在着共同的缺陷?回顾文献我们可以发现,既有研究成果的一个共同特点是站在金融角度(卖方),研究现有金融制度下金融能提供什么以及中小企业如何满足金融的标准和要求,较少根据中小企业特点设计相应的产品,即站在买方而非卖方立场上考虑问题。显然中小企业的缺陷是与生俱来的,即使再努力也不会改变多少。因此,那些基于中小企业特点的金融创新却取得了良好的效果,如构建多层次的金融体系、开发关系贷款和群贷技术等,然而此类尝试却没有得到足够重视。可以说以卖方市场为基础构建的金融体系是中小企业融资难问题难以解决的主要原因,现存金融制度的这一缺陷在金融研究领域较少为人注意,但在其他经济研究领域得到了重视,比较突出的是关于金融错配和金融排斥的研究。

---

① 戴静、张建华:《金融所有制歧视、所有制结构与创新产出》,《金融研究》,2013 年第 5 期。

第 11 章　中小企业融资：基于投融资公司视角

11.1　引言

中小企业是我国经济增长和社会发展的重要支撑力量，但中小企业融资难却是一个老生常谈而又没有解决的全局性问题。梁冰（2005）[1]的调查报告证实了我国中小企业融资难的问题确实存在，并且认为融资困难既有政策适用不公平等宏观层面的、外部环境的原因，也与中小企业自身的因素比如财务管理不健全、资产结构不良、技术落后、信息缺乏等有关。本章的研究思路是，将中小企业的融资困难的原因归结为中小企业自身特点与目前我国以商业银行为主导的金融体系不相匹配，更进一步，将这一原因分为两个层面进行研究，一是基于中小企业小规模、高频率的融资需求特点，现行金融体系中的融资主体，特别是商业银行，出于交易成本的考虑直接把中小企业排斥在目标客户之外；二是基于中小企业资产规模小和资产质量低下等自身的特点，在商业银行现有的信贷机制下，即使中小企业被纳入到目标客户内，往往也很难通过授信评级取得融资支持。第一个原因是愿不愿的问题，第二个原因是能不能的问题。邢乐成、韦倩和王凯（2006）对第一个层面原因已经进行了分析，通过构建数理模型，证明了在合同变量第三方不可证实的情况下关系型信贷成为金融机构的最佳选择，因此，要想解决第一层面原因的中小企业融资难问题，必须采取关系型信贷的方式。本章主要是集中在第二个层面的原因，目的是想通过实证分析发现中小企业的各种融资方式与其自身的哪些因素有关，从而找出一条适合中小企业自身特征的融资方式。

11.2　实证模型及其结果分析

本部分将从实证的角度进行深入分析，并将注意力集中在第二个层面的原因，目的是想通过实证分析发现中小企业的各种融资方式与其自身的哪些因素

---

[1]　梁冰：《我国中小企业发展及融资状况调查报告》，《金融研究》，2005 年第 5 期。

有关，使得它们可以根据自身的特点选择更容易融资的方式。

一、变量及其描述

本书的被解释变量为流动性负债（LLib）、负债（Lib）、短期借贷（Loan）、应付账款（PayA）、其他应付款（EPayA）以及企业的银行借款比例（DebT）六类。本书将短期借贷视为银行借贷，应付账款视为商业贷款，其他应付款视为企业私人借贷和民间借贷的衡量指标。这样企业的银行借款比例指标可表示为：

银行借款比例（DebT）＝短期借贷/（短期借贷＋应付账款＋其他应付款）。

根据研究需要，本书主要设定了 5 个解释变量，由于数据的难获得性以及中小企业的自身特性，我们引入了一些新的代理变量进行实证分析，如表11-1所示。为了消除异方差性，某些变量作了对数处理。由于本书只选择制造业进行实证分析，所以已经控制了行业因素，行业已经不是一个本书研究要考虑的影响企业银行借款比例的因素。本书的虚拟变量 EC 表示企业的性质，如果企业含有外资成分（合资或独资）则取 1，其他取 0，从而检验不同性质的企业是否存在银行借贷与商业借贷的歧视。

表 11-1 解释变量的描述

解释变量	变量代号	代理变量	代理变量特点描述
规模	SIZE	企业总资产	表明企业的总体实力
负债清偿能力	CG	固定资产净额	表明企业的抵押担保能力与负债能力
银企关系	BER	企业成立时间	国外研究文献的通常方法
盈利能力	ROE	主营业务利润	反映企业的发展状况与未来投资机会把握能力
企业性质	EC	虚拟变量	检验所有制歧视的存在性

二、样本数据与特征分析

由于中小企业数据的不完整性和不可获得性，我们目前只能使用深圳证券市场上中小企业板上市公司的财务数据进行分析，本章所采用的样本数据全部来源于国泰安数据库和齐鲁中小企业投融资公司数据库。到 2014 年共有中小企业上市公司 746 家，为了控制行业因素对结果的影响，我们剔出了其他行业，只保留了制造业的企业，这样共得到有效样本 140 个。对样本企业的财务数据进行采集，得到其 2014 年年报财务数据的横截面数据。

样本数据的描述性统计分析结果如表 11-2 所示。结果表明，140 家样本企业中的流动负债、短期借款、应付账款、其他应付款、总负债和银行借款比例的均值分别为 258907500.75、97376003.90、76133851.92、13185722.03、273305667.27、41.25%。其中，代表银行存款的短期借款和银行借款比例两个指标的最小值为 0。在 140 家样本企业中 35 家企业（占总样本的 25%）的短期借款为 0；短期借款在 0—1000 万之间（包含 0）的有 25 家，在 1000 万—5000 万之间（包含 1000 万）的有 30 家，在 5000 万以上的有 50 家。应付账款在 0—1000 万之间（包含 0）的有 14 家，1000 万—5000 万之间（包含 1000 万）的有 70 家，5000 万以上的有 56 家。其他应付款在 0—1000 万之间（包含 0）的有 73 家，1000 万—5000 万之间（包含 1000 万）的有 63 家，5000 万以上的有 4 家。银行借款比例在 0—30%（包含 0）的有 49 家，在 30%—70% 之间（包含 30%）的有 59 家，大于 70%（包含 70%）的有 32 家。

表 11-2　　　　　　　　　　　　　样本的描述性统计

	均值	中值	最大值	最小值	标准差	样本量
短期借款	97376003.90	58833343.90	429097934.60	0.00	115426634.67	140
应付账款	76133851.92	37475184.41	531552488.83	5523168.82	98987491.98	140
其他应付款	13185722.03	9818112.88	50176228.30	762651.99	11411893.30	140
流动负债	258907500.75	204286125.93	1138617566.06	13565051.14	248180483.17	140
负债合计	273305667.27	211508739.44	1192446649.52	23421291.69	254285582.73	140
银行借款比例	41.25%	51.56%	85.08%	0.00	31.00%	140
资产总计	679710536.98	570940622.85	1988098819.15	287641126.51	362149435.97	140
固定资产净额	166968355.20	123691788.35	491515794.09	32727274.01	109386887.55	140
主营业务利润	127804568.24	102271709.69	361883158.82	31126724.24	77728112.87	140
银企关系	7.24	5.83	18.08	4.25	3.26	140
企业性质	–	–	1	0	–	140

样本数据的相关系数矩阵分析结果如表 11-3 所示。分析结果表明，与企业短期借款相关性由强到弱的依次是企业规模、负债清偿能力、企业性质、企业盈利能力、银企关系；与应付账款相关性最强的是企业规模，往下依次是负债清偿能力、盈利能力、企业性质、银企关系；其他应付款相关性排列依次是盈利能力、企业规模、银企关系、负债清偿能力和企业性质；流动性负债相关性排列依次为负债偿还能力、企业性质、盈利能力、企业规模、银企关系；银行借款比例相关性排列依次为企业规模、负债清偿能力、盈利能力、银企关系和企业性质。

表 11-3　　　　　　　　　　　相关系数矩阵表

	短期借贷	应付账款	其他应付款	流动性负债	负债	银行借款比例	企业规模	负债清偿能力	银企关系	盈利能力	企业性质
短期借贷	1.00	–	–	–	–	–	–	–	–	–	–
应付账款	0.58	1.00	–	–	–	–	–	–	–	–	–
其他应付款	0.18	0.37	1.00	–	–	–	–	–	–	–	–
流动性负债	0.62	0.08	−0.06	1.00	–	–	–	–	–	–	–
负债	0.77	0.85	0.35	0.50	1.00	–	–	–	–	–	–
银行借款比例	0.79	0.84	0.31	0.52	0.99	1.00	–	–	–	——	–
企业规模	0.75	0.83	0.51	0.24	0.86	0.86	1.00	–	–	–	–
负债清偿能力	0.67	0.65	0.24	0.34	0.72	0.74	0.70	1.00	–	–	–
银企关系	0.12	0.03	−0.30	0.04	0.09	0.09	0.11	0.28	1.00	–	–
盈利能力	0.21	0.50	0.60	−0.28	0.38	0.36	0.64	0.24	−0.05	1.00	–
企业性质	−0.24	0.25	0.13	−0.32	0.03	0.00	0.04	0.18	0.03	0.13	1.00

三、模型设定及回归结果

分别将被解释变量引入回归方程，使用逐步回归的方法来构建适度模型。表 11-4 给出了节省性原则（parsimony）下拟合度的最优模型，有效地避免了多重共线性问题。回归结果如表 11-4 所示。

表 11-4 回归结果

	Ln 流动性负债	Ln 负债	短期借贷（万）	Ln 应付账款	Ln 其他应付款	银行借款比例
截距	−18.608***	−15.926***	−365311***	−21.962***	–	–
Ln 规模	2.283**	2.195***	21008***	1.949***	–	0.350***
Ln 负债清偿能力	–	–	3884*	–	–	–
银企关系	–	–	–	–	−0.692**	–
Ln 盈利能力	−0.466***	−0.510***	−6559***	–	0.938***	−0.359***
企业性质	–	–	−7934***	0.619**	–	−0.197*
样本数	40	40	40	40	40	40
模型的 F 值	68.33***	77.042***	28.000***	51.258***	29.058***	12.51***
调整的 R2	0.787	0.806	0.762	0.735	0.433	0.404

注：10%、5% 和 1% 的显著水平分别用 *、**、*** 表示。有些企业的短期借款项出现了 0 值，所以无法对其取对数，通过将其单位化为万元，缩小了它与其他变量的差距，从而可以降低异方差性。空白处表示该变量在方程中不显著，从而将其忽略。

四、实证结果的分析与解释

1. 负债与流动性负债

样本企业的负债和流动性负债主要由规模和盈利能力两个因素决定，其他代理变量皆不显著，从而不能提供有效解释。

主营业务利润代理变量与负债和流动性负债均呈现显著负相关，说明盈利能力越强的中小企业越是更多地依靠自身利润积累和留存收益等内源融资，而不是依靠外部负债。对我国企业融资次序的研究表明，公司的融资首选股权融资，其次是短期贷款，然后是长期贷款，最后是内源融资（邢乐成、宋琳，2005）。基于这一判断，目前我国的中小企业普遍面临较为严重的融资约束，在迫不得已的情况下才大量依靠自身资本积累的内源融资。总资产代理变量与负债和流动性负债呈现显著的正相关,说明规模越大的企业其负债能力越强,也就是越容易借债。

2. 短期借贷

模型短期借贷回归结果表明,企业总资产、固定资产净额、主营业务利润和企业性质是其主要影响因素。

企业总资产与银行借贷正相关,反映了银行倾向于向规模比较大的企业贷款,从而为中小企业融资困难提供了证据。固定资产净额与银行借贷正相关准确反映了我国银行机构对中小企业放贷的主要依据是可抵押担保不动资产的数量,而中小企业的固定资产净额一般来说相对不足,这制约着其从银行等正规金融渠道获取资金的能力。短期借款和企业主营业务利润负相关反映了盈利能力越强的中小企业越是更多地依靠自身利润积累和留存收益等内源融资而不愿意向银行借款,这在一定程度上反映了中小企业在向银行借款中存在着"道德风险",从而为银行不愿意向中小企业融资提供了依据和理由。企业所有制的性质也影响着它们的银行借款数量,可以看出银行更愿意向内资企业放贷,这有可能是行政干预的原因。

从国内外大量研究文献来看,"企业成立时间"变量可作为银行机构"关系型借贷"的检验依据。然而,在本章模型回归结果中此变量未能通过显著性检验,与张杰和尚长风(2006)的检验结果一致。张杰和尚长风(2006)已经对此做出解释:①中国银行并不重视通过与小企业的长期交易关系来获取小企业经营状况的"软信息",以此来缓解小企业信贷配给产生的根源——信息严重不对称问题,反映了中国银行机构内部组织结构、信息处理机制与激励机制等方面可能存在重大缺陷,这表明了中国多层次、多样化、具有擅长处理不同信息能力和成本差异的多层次金融体系构建的现实紧迫需要;②目前,在中国以法律形式确定的抵押担保品要求、利率管制与金融机构进入管制等金融抑制政策下,小企业并未通过关系型借贷方式获取融资收益优势,因此失去与银行建立长期合作关系的动力。可见,要想克服中小企业融资的困难,需要在银行体系外另外设立一种新的机构。

3. 应付账款和其他应付款

应付账款只由企业规模与企业性质两个变量显著决定。企业规模和应付账款正相关表明，企业资产实力越强，在与供应商交易过程中越容易获得商业信贷。这是因为企业资产的多寡体现了中小企业所有者的负债清偿实力，负债清偿实力越高越容易获取商业信贷。值得注意的是，企业性质虚拟变量对应付款有显著影响。外资中小企业的商业信贷比内资显著偏高。这种差异清晰地表示出商业信贷在中国内资中小企业的并未得到充分使用。这一方面表明中国外资小企业的信用度可能比内资企业高，另一方面也再次揭示中国内资中小企业融资困境的产生可能不仅仅体现在金融机构供给不足，更大程度体现在商业信贷融资渠道受到严重阻滞的结果。由此表明，中国小企业融资困境的解决思路不仅限于金融机构的改革，更为紧迫的应该是社会征信体系的建构[1]。

此外，本章还以其他应付款作为因变量来建构回归模型来考察中小企业私人借贷等非正式融资渠道的影响因素。我们通过多次模型筛选发现，在现有的解释变量中，其他应付款主要由企业盈利能力和银企关系两个变量显著决定。其中，企业盈利能力和其他应付款显著正相关，表明私人借贷更注重企业的盈利能力，而不是担保抵押能力和规模，与银行借贷正好相反。这也许是构建未来中小企业投融资公司需要借鉴的地方。银企关系和其他应付款显著负相关，表明银企关系差的企业只好通过成本更高的私人渠道来筹集资本。这也表明了建立新型中小企业融资渠道的迫切性。

4. 银行借款比例

从表 11-2 中看出，140 家样本企业银行借款平均比例仅为 0.4125，表明中小企业的确存在着较严重的信贷约束。本章以银行借款比例作为因变量来建构回归模型考察中小企业借款结构的影响因素。通过多次模型筛选发现，银行借款比例主要由企业规模、盈利能力和企业性质三个变量显著决定。其中，企业规模与银行借款比例正相关，而盈利能力和企业性质与银行借款比例负相关。这表明大企业的借款结构中银行贷款比例较高，而企业的规模越小，其面临的信贷约束就越严重。

5. 启示

诚如我们上面实证结果的分析所示，商业银行在发放贷款时更加关注企业规模和负债清偿能力，这使得广大中小企业很难通过商业银行的授信审批，证

---

[1]　邢乐成、宋琳：《资本成本与上市公司融资偏好》，《理论学刊》，2005 年第 6 期。

明了本书第二部分中提出的中小企业融资困难的第二个层次原因确实存在。再加上商业银行先天就排斥中小企业，这就使得通过对商业银行进行改造来解决中小企业融资困难的想法无法实现。本书认为必须在现行金融体系外引入一种新的金融机构来解决这个问题，并且这种新的金融机构在对中小企业进行贷款时不能以规模和负债清偿能力作为衡量能否发放贷款的主要标准，否则又会陷入商业银行的困境。这种新的金融机构应该借鉴私人借贷和民间借贷时对企业盈利能力要求的经验，将企业盈利能力作为一个重要的融资审核标准。

另外，分析结果表明，商业银行并没有将银企关系充分利用来减少信息不对称问题对中小企业融资的影响。要设立的新型金融机构一定要接受这个教训，充分利用银企关系来降低对中小企业融资的交易成本，从而从根本上解决中小企业融资需求先天就被排斥的问题。

11.3　解决中小企业融资难的新突破

基于上述理论，本书对中小企业融资难的根本原因定位于中小企业自身特点与中国金融体制不相匹配，并将其两分为金融体系先天排斥中小企业和中小企业资本和经营特征难以获得融资支持。更进一步地，通过实证分析，为中小企业融资难的理论分析提供了实证支持，并且得出结论认为，现行以商业银行为主导的金融体系对提供企业融资支持关注的基本要素为企业的资产规模和债务偿还能力，而相对较为弱化盈利能力和成长性。中小企业的自身特点决定其在盈利能力和成长性方面具有优势，而在资产规模和债务偿还能力方面存在不足。因此，本书认为在现行金融体系内的改革无法满足在资产规模和债务偿还能力存在劣势的中小企业融资需求，而对于这一问题的解决，必须通过组建专门面向中小企业融资的中小企业投融资公司来解决这一问题。

一、中小企业投融资公司的界定

中小企业投融资公司专门针对那些具有成长潜力，又有一定风险而无法从商业银行得到贷款的成长型中小企业，根据其发展过程中产生的融资需求和风险特点，对其提供资金支持的新型非银行金融机构。作为专门服务于具有成长潜力的中小企业的非银行金融机构，中小企业投融资公司针对特定的对象、特定区域、特定资金来源，按照中小企业发展现状、资金结构和发展战略的需要，开展贷款、股权投资等多种投融资业务，依靠多种金融工具防范经营风险，实现收益水平和风险承受能力之间的平衡。

二、中小企业投融资公司的资金来源

在中小企业投融资公司的资金来源中，除自有资金外，近期的主要资金来源为：不断增资扩股，扩大自有资金；接受企业或企业法人的委托存款，各种委托基金；政府配套资金、政策银行的专项贷款；金融债券、有担保的银行贷款以及其他资金等。必须注意，中小企业投融资公司不吸收居民储蓄存款。远期还可以将资金来源进一步扩大：接受法人金融机构的投资；接受企业或企业法人代表的大额定期存款；设立优先股权，允许中小企业将持有的中小企业投融资公司债券转化为优先股，享有优先清偿权和一定的股息分配权；其他可以接受的资金来源。

三、中小企业投融资公司的经营范围

中小企业投融资公司可以从事的经营范围有：专门针对中小企业的投资、融资代理、融资咨询、创业投资与代理、企业财务顾问及企业资产重组与资本运营等业务。具体来说，其对中小企业的融资支持可以从三个方面展开：短期头寸拆借、中长期债权投资和长期股权投资。

1. 短期头寸拆借

中小企业投融资公司的短期头寸拆借业务主要是指针对出现头寸缺口的中小企业进行短期资金拆借，期限一般为5—20天（一个月以内）。一种情况是为中小企业银行承兑汇票贴现提供保证金拆借。银行承兑汇票贴现是中小企业获得银行资金的最主要方式之一，但在申请银行承兑汇票时，银行要求中小企业必须缴纳一定比例的保证金，这一硬性规定将许多中小企业排斥在外。而中小企业投融资公司的短期头寸拆借业务则可以解决这个问题，通过对中小企业的保证金拆借，帮助中小企业突破上述限制，顺利实现银行承兑汇票及其贴现。另一种情况是为缓解中小企业暂时的财务困境，特别是面临还本付息压力，提供短期头寸拆借。某些高成长性、高盈利性的中小企业在银行贷款到期日因缺乏流动资金，无法按时用现金还本付息。这些中小企业经营状况良好，有较强的还款能力，但由于资金链的暂时紧张，无法按时还本付息，一旦银行强制处置其抵押品将会给中小企业造成巨大的财务困境成本，甚至导致中小企业资金链的彻底崩溃，使其正常经营活动无法延续。并且，中小企业无法按时还本付息产生的不良信用记录又进一步导致中小企业无法从银行申请到后续资金来弥补资金缺口，企业从此进入一个恶性循环，从而一个具有良好市场前景和盈利能力的中小企业很可能由此一蹶不振，甚至彻底破产倒闭。中小企业投融资公司的短期头寸拆借则可以缓解中小企业的短期还款压力，有效降低财务困境成本。一方面，这种短期资金拆借可以解决中小企业的燃眉之急，企业不仅能做到按时还款付息，还能凭借良好的信用记录从银行再贷款，保持企业资金链相对宽松。另一方面，这种短期资金拆借可以保证银行贷款的正常回笼，增强了银行资产的流动性和安全性，降低了银行不良贷款的损失率。因此，这种中小企业投融资公司的短期资金拆借业务可以使整个中小企业融资市场迅速活跃起来。

2. 中长期债权投资

中小企业投融资公司的中长期债权投资是指为满足中小企业的中长期融资需求，投融资公司基于严格的企业盈利性、贷款偿还能力等因素审核的基础上，对中小企业发放中长期贷款。中小企业投融资公司的中长期债权投资主要体现在两个方面：

第一，以中小企业统借统还为基础的融资平台功能。

中小企业投融资公司的融资平台功能是指中小企业投融资公司作为银行和中小企业之间的融资纽带，以借款人名义向银行申请中小企业统借统还贷款，银行按照有关信贷政策和程序对贷款进行调查、评估和审批，贷款批准后向中小企业投融资公司统一发放贷款，中小企业投融资公司再进一步将贷款通过委托贷款或转贷的方式发给中小企业，并对银行贷款承担还本付息的责任。

中小企业融资平台功能的特征可以概括为"政府增信、市场运作、特定用途、统借统还"十六字原则。政府增信指中小企业的贷款担保公司必须具备政府背景；市场运作指利率市场化和资金需求市场化；特定用途指最终用款单位的行业要求和对象限定；统借统还指利用融资平台作为直接借款人，然后再由融资平台转借给借款中小企业。

一方面，中小企业投融资公司是中小企业的融资经纪人，代理中小企业的融资业务，对有发展潜力但因为贷款担保等原因难以达到银行贷款要求的中小企业提供融资支持，通过统借统还贷款的方式使以前无法实现的融资支持通过中小企业投融资公司的融资平台完成。另一方面，中小企业投融资公司是银行的代理人，作为信贷管理方协助银行对贷款资金进行贷后管理。中小企业投融资公司通过其灵活的经营方式、便捷的组织结构和高效的信息来源等优势低成本地解决中小企业的授信审批和贷款风险管理，从而成为解决商业银行体系规模不经济的重要方式。

第二，基于"行业"的关系型借贷。

解决中小企业融资难的一个关键问题是要解决中小企业融资过程中的信息不对称，而关系型信贷是经过国内外理论和实践证明的一个解决信息不对称、降低信贷违约风险的良好途径（Berger and Udell，1995）[1]。中小企业投融资公司自身机制灵活，并且立足于区域金融市场，熟悉当地中小企业情况，因此，无论从人员和体制上都对实施关系型信贷有明显优势。另一方面，中小企业投融资公司在具体的业务开展中，将采取立足"行业"的经营策略，充分加强与各种行业协会的联系和沟通，在注重国家行业发展政策的基础上，甄别具备发展潜力的中小型企业，极大地降低经营风险。

3. 长期股权投资

中小企业投融资公司除对中小企业进行长、短期债权融资服务外，还根据中小企业融资需求进行长期股权投资。这种长期股权投资基于中小企业的高成长性基础上，通过类似风险投资的操作模式运行。它对中小企业的股权投资考察主要以成长性和盈利性为根据，长期股权投资也不仅仅是为解决企业暂时的融资困难而进行的一次性的资本注入，而是对中小企业实施的一系列融资咨询服务，通过这项业务，中小企业投融资公司将成为中小企业的长期战略性融资伙伴。这种长期股权融资与风险投资既有相似的地方，又有不同之处，主要表现在：第一，中小企业投融资公司所考察的目标企业主要是处于成长期和扩张期的中小企业，而不是风险投资所注重的种子企业。这就决定了中小企业投融资公司的股权投资模式不是简单的"高风险、高收益"模式，而是基于稳健性的长期融资伙伴。第二，不以上市作为唯一退出机制。风险投资为了获取与高风险相匹配的高收益，必定选择上市为其最优的退出方式，而中小企业投融资公司则不以上市为唯一的退出机制，从而决定了其退出机制相对更加灵活，更容易实现。第三，中小企业投融资公司不以追逐高额利润为唯一目标，因此，

---

① 　Berger ,A.N. and G. F. Udell. "Relationship Lending and Lines of Credit in Small Firm Finance", *Journal of Business* ,1995 ,68 : 351–381.

其经营将会更为稳健、更具有持续性,其经营风险将比风险投资要低得多。

四、中小企业投融资公司的风险控制机制

风险控制机制是中小企业投融资公司成功的关键,中小企业投融资公司必须在做好为中小企业融资服务的同时严格控制风险。具体来说,中小企业投融资公司的风险控制机制主要包括道德风险防范和业务风险防范两个层面。

首先,对于道德风险主要通过内控制度和风险共担机制控制风险。从内控制度上看,公司章程和业务经营守则中明确规定:禁止向股东企业贷款和投资;禁止向内部管理人员贷款;禁止向股东关联企业贷款和投资;控制投资和贷款比例。风险共担机制是指中小企业投融资公司的经营管理人员以个人的信誉以及个人财产作为风险抵押,或缴纳一定比例的风险抵押金。一旦经营管理人员发生违规操作事件,中小企业投融资公司有权处置经营管理人员的风险抵押资产并且在报刊媒体进行信息披露,以经营管理人员的个人信誉来对自己的违规操作负责。

其次,对于经营风险主要通过信息披露、"多人担保、连带担保"等措施控制风险。

信息披露制度是指定期在报刊媒体上对出现违约风险的企业进行公开披露,将其违约风险和企业的商业信用和银行信用挂钩,通过违约信息的披露来增加贷款企业的违约成本,减少借贷双方的信息不对称和贷款企业发生道德风险的可能,迫使企业按时还款付息,达到降低中小企业投融资公司经营风险的目的。

"多人担保、连带担保"模式是中小企业投融资公司降低经营风险的另外一项重要措施。中小企业信用等级低、信誉不足一直是困扰中小企业融资的重要问题,部分中小企业信用意识差,为谋得暂时利益,抽逃资金、拖欠账款,逃避债务。中小企业投融资公司主要通过基于行业的关系型借贷方式来开展投融资业务,因此在关系型借贷的基础上可以低成本高效率地建立"多人担保、连带担保"的担保模式,这不仅可以解决中小企业因为信用等级低融资难的问题,还能通过多人连带责任来有效降低企业逃避债务的概率。

此外,作为一种新型非银行金融机构的中小企业投融资公司可以综合利用多种金融工具和金融市场来防范经营风险,在充分解决中小企业融资难问题的同时最大限度地降低自身风险。

五、中小企业投融资公司的现实适应性

与银行、农信社或者其他非银行金融机构相比（含小额贷款公司等），中小企业投融资公司在解决中小企业融资问题上具有先天优势，主要表现在：

1. 信息优势

在解决中小企业融资过程中的信息不对称问题时，中小企业投融资公司拥有先天的信息优势。中小企业投融资公司的业务领域主要集中在特定区域，通过长期的合作关系，中小企业投融资公司对本地区的中小企业经营和财务状况逐渐熟悉，可以拥有其他金融机构所不具有或只能通过高成本才拥有的信息。此外，中小企业投融资公司还可以利用关系型贷款的方式对中小企业进行资金支持。这样，中小企业投融资公司可以有效解决中小企业融资中的信息不对称问题，避免逆向选择和道德风险的发生。

2. 成本优势

相对于银行和其他金融机构而言，中小企业投融资公司科层结构少，机构精干，管理成本低，加上独立自主经营、激励机制强、办事效率高等制度优势，为客户提供金融服务质优、价低，能够有效克服"官僚机构"弊端，减少诸如客户"公关"和"寻租"费用，无疑也是市场竞争中的比较优势。中小企业投融资公司的这种成本优势正是适合中小企业小额度、多频率的融资需求特点，能够有效解决中小企业融资效率低下的问题。

3. 客户定位优势

中小企业投融资公司的定义中就明确规定是针对解决于成长型中小企业融资问题的新型非银行金融机构。首先，中小企业投融资公司的核心任务就是解决中小企业融资；其次，它的核心目标是成长型的，有发展潜力的中小企业；第三，它是针对于特定区域、特定对象、特定资金来源的非银行金融机构。所以，中小企业投融资公司从成立之初就是为中小企业融资服务的，与其他银行和非银行金融机构相比，它具有针对性、区域性、专业性优势。

4. 抗风险优势

中小企业投融资公司是既不同于银行、农信社，也不同于信托、投资银行、创业基金等一般非银行金融机构的新型非银行金融机构，与其他金融机构相比，可以通过风险共担、多人连保、关系型信贷等业务和体制创新来防范道德风险和经营风险。同时，中小企业投融资公司还可以利用各种金融工具和金融市场有效降低经营风险。

总之，在通过改革商业银行、组建中小金融机构、建设中小企业信用评级体系和抵押担保体系解决中小企业融资问题均告失败之后，中小企业投融资公司作为解决这个问题的突破口摆在我们的面前。作为一个以中小企业投融资为核心业务的新型非银行金融机构，它既不同于传统的商业银行，也不同于政策性银行，更不同于单一的风险投资公司和创业基金，它能够运用信息、成本、体制、抗风险能力等方面所具有的得天独厚的优势，高效、低风险、低成本地解决中小企业融资难的问题。

第 12 章　中小企业融资：基于金融体制视角

12.1　问题的提出

纵观世界经济发展的情况，各国中小企业在促进技术进步、扩大就业和出口等方面，都发挥着非常重要的作用。特别是在"大众创业、万众创新"的今天，中小企业的地位日显重要，它已成为调整和优化产业结构、提高国民经济增长质量和国际竞争力的重要基础。从中国来看，中小企业占企业总数的99%以上，吸纳了75%左右的城镇就业岗位，对 GDP 的贡献超过 60%，对税收的贡献率超过 50%。尽管如此，中小企业仍受到诸多方面的制约，在其发展过程中存在着许多亟待解决的难题，融资难就是制约中小企业发展的最大难题之一。如何解决中小企业融资难的问题，已成为世界各国政府和学术界关注的焦点。孟加拉国经济学家尤努斯，由于开创和发展"小额贷款"的服务，2006 年获得了诺贝尔和平奖；2010 年在韩国首尔的 G20 峰会上，解决中小企业融资难成为各国首脑的核心议题；在 2014 年、2015 年召开的全国"两会"上，代表委员热议的中心话题之一就是中小企业融资难的问题。中央高层更是关注中小企业融资难的问题，2012 年 3 月 28 日召开的国务院常务会议决定，设立温州市金融综合改革试验区，为全国金融改革，特别是为解决中小企业融资难提供经验。2014 年、2015 年李克强总理多次召开会议，专题研究中小企业融资难问题。可见，中小企业融资难是一个世界性的问题，只不过在中国表现得更加突出也更引起了全社会的关注。

12.2　融资难的原因梳理

Macmillan（1931）首次提出了中小企业在筹措资金时，尽管有担保，但仍存在融资困难，这种金融制度中存在的对中小企业融资的壁垒现象后来被称为"麦克米伦缺口"（Macmillan Gap）。之后，中小企业的融资缺口问题一直是学术界普遍关注的重要课题。归纳国内外关于中小企业融资难的研究文献，主要体现在以下几个方面：

一、信息不对称说

Stiglitz & Weiss（1981）认为，由于银企之间的信息不对称引起了逆向选择和道德风险问题，所以银行贷款供给不一定是贷款利率的单调函数，这样在竞争均衡下就可能出现信贷配给。这导致很多企业即使愿意支付较高的利息，也会因为信息不对称而不能取得贷款。Williamson（1986）作了进一步研究，也将银行期望收益与利率之间关系的非单调性变化归因于信息不对称。所不同的是，在 Williamson 的研究中，道德风险主要来自于项目收益的事后信息不对称，而非事前的信息不对称。李志赟（2002）认为，现阶段银行业的垄断结构和经济中的摩擦因素过多、信息不对称严重，这是导致中小企业融资难的根本原因，而缓和信息不对称程度、降低交易成本，都将使中小企业得到的信贷增加。韦倩和王凯（2011）认为，中小企业融资难，其本质是由于信息不对称、信用担保机制缺失等导致的信贷市场上局部的"市场失效"。

二、规模匹配说

Peek & Rosengren（1996）、Strahan & Weston（1998）都提出了规模匹配理论，认为银行对中小企业贷款与银行的规模之间存在很强的负相关性，即大金融机构通常更愿意为大企业提供融资服务，而不愿意为中小企业提供融资服务。林毅夫和李永军（2001）认为，在推行"赶超"战略的计划经济时期，中国建立了以大银行为主的高度集中的金融体制，由于不同的金融机构给不同规模的企业提供金融服务的成本和效率是不一样的，所以大型金融机构天生不适合为中小企业服务，这就不可避免地造成了中国中小企业的融资困难。张捷（2002）得出的一个典型结论是大金融机构先天排斥中小企业，如果一个经济系统中金融业（尤其是银行）比较集中，中小企业的融资就会特别困难。他从关系型贷款角度得出了发展中小银行有助于解决中小企业融资难问题的结论。谭之博和赵岳（2012）认为，以垄断大银行为主导的市场结构导致了贷款难。

三、体制缺陷说

经济转轨时期的制度缺陷、金融体系的不完善、信用中介和担保体系的不健全都导致了中国中小企业的融资困难。金融体制的缺陷还导致了资金的错配，造成行业间资产资本收益率的差异和宏观经济的效率损失。Hsieh & Klenow（2009）创建了一个度量资源错配的模型。基于这个模型，可以测算资源错配导致的效率损失。他利用该模型对中国、印度和美国的资源错配进行了测算，研究发现如果消除资源错配，中、美、印三国的产出将分别增加 115%、43%和 127%。邵挺（2010）利用 1997—2007 年中国工业企业数据从金融错配角度研究不同所有制企业的资本回报率，研究发现国有企业资本回报率远低于其他所有制，私营企业资本回报率最高；如果消除错配，把更多金融资源配给私营企业，中国 GDP 增长率可以提高 2%—8%。简泽（2011）的研究也表明，资本错配造成的效率损失在资源错配中处于显著的位置。

四、成长周期说

Begrer & Udell（1998，2002）作了开创性研究，在企业成长的不同阶段，企业融资结构将随之发生变化，基本规律是越是处于早期成长阶段的企业，外源融资的约束越强，融资渠道也越窄，反之则相反。这弥补了融资顺序理论的严重缺陷——对于解释在特定的制度约束下企业对增量资金的融资行为具有短期性，无法解释企业成长过程中资本结构的动态变化规律。马笑泉（2007）、韦倩和王凯（2011）等也对企业不同成长周期的融资需求及特点作了系统研究，认为垄断和单一的金融体制不能为处于成长期的中小企业提供融资服务。

五、自身素质说

此类研究多认为造成融资难的原因是企业自身素质欠缺，比如信用等级低、财务管理混乱、抵押品缺失、资信相对较差等。罗正英（2003）基于企业内部的视角，提出中小企业财务信息不健全是制约中小企业融资能力的直接原因。章群（2006）、周峰（2007）的研究也得出了同样的结论。许传华（2007）更是以湖北省为例，对中小企业融资难问题进行调查分析，得出的结论是中小企业自身财务指标欠缺是银行拒贷的首要原因。

以上文献依据不同的假设条件和研究视角，对中小企业融资困难的原因进行了探讨，在很多方面已达成共识。但现有的研究在某种程度上都存在局限性，对中小企业融资难的原因还没有给出一个有说服力的理论解释或分析框架，也没有证明企业规模能否在资金配给中起到信号传递和信息甄别作用，因而也就无法解释金融机构（尤其是银行）在资金配给时为何中小企业比大企业更容易被淘汰出局的普遍现象。然而，在世界各地中小企业均遇到融资难的今天，讨论该问题却又显得极为重要。

12.3　问题的实质

本书认为，中小企业融资难的根本原因是制度性原因，即中小企业的自身特点和融资特点与现行的以商业银行为主导的融资体系严重不匹配（邢乐成、韦倩、王凯，2011）。

目前，中国金融体制的最主要特点是以银行间接融资为主导的、严格监管下的高度集中的金融体系。在这一体系中，金融监管当局对市场准入有严格的要求，银行具有制度优势下的市场垄断地位，间接融资成为金融体系的主导，而与之对应的直接融资市场发展缓慢，还没有形成多层次的资本市场体系。这样的金融体系从一开始设立的时候，就没有给中小企业融资留下空间。因此，从金融制度上严重地限制了中国中小企业的金融供给，导致资金问题成为困扰中小企业发展的瓶颈。

一、中小企业的融资特点导致金融体系先天排斥中小企业

中小企业的组织和经营特征决定了其融资需求具有灵活性、小规模、高频率和信息传递成本高等不同于大企业的一些特殊性，而在目前的体制内，以商业银行为主导的金融体系，出于交易成本的考虑，先天性的把中小企业排斥在主流客户之外，因为按现行的制度规定，对中小企业贷款交易成本太高，原因就是前面讲到的几点，比如信息不对称、规模不经济等。银行从节约经营成本和监管费用的"经济性"出发，不愿给中小企业贷款是可以理解的。我们的观点是：在现有的体制内，不管谁当银行的行长，都不愿意向中小企业放贷；在现有的体制内，不管成立多少家商业银行也解决不了中小企业融资问题。除非监管当局硬压，到了基层银行也是"上有政策，下有对策"。

二、中小企业资产和经营特征与金融体系不匹配造成其融资难以现实

中小企业融资难不仅来源于金融体系先天排斥中小企业，而且还来源于中小企业自身特点与金融体系不匹配，从而导致即使商业银行等金融机构愿意贷款，但中小企业自身的资质情况也无法通过贷款审查，这就是能不能贷的问题。

在现有的法律和体制内，商业银行的信贷门槛很高，特别是从1998年以后，银行都实行抵押担保贷款，与大企业相比，中小企业无论是从资产规模、资产质量、还是管理水平上，都达不到银行贷款的要求，于是就出现了这种局面：银行处于强势垄断地位，中小企业处于弱势被动地位；企业要想贷款，就必须

满足银行的条件，否则就只能被拒之门外。从资金配送标准来看，在现有的制度框架内，以商业银行为主导的金融体系，对资金配送关注的基本要素是企业的资产规模和债务偿还能力，而相对弱化盈利能力和成长性。中小企业的自身特点，决定其在盈利能力和成长性方面具有优势，而在资产规模和偿债能力方面存在不足。

这就是第二个层次的原因：即使银行愿意给中小企业贷款，中小企业也很难获得通过。这种局面是体制造成的，当初设计信贷政策时就不是为中小企业服务的，现有金融体系的本质是"嫌贫爱富"，只能"锦上添花"，不做"雪中送炭"。

如果说在间接融资渠道不通的情况下，直接融资渠道能够满足中小企业的融资需求，问题也不会出现，现在的问题是，直接融资更不是面向中小企业的。

中国的主板市场是为大中型国有企业服务的，中小板、创业板是面向高成长型企业的，债券市场几乎未向中小企业开放；私募股权融资虽然发展很快，但还没有全国性的法律规范，影响了其作用的发挥。所有这些都表明，是体制性的原因导致了中小企业的融资困境。

社会发展的规律和政治经济学的原理都告诉我们：当生产力与生产关系、上层建筑与经济基础不适应时，就要进行变革；当法律、体制制约了经济的发展，就得进行变法。解决中小企业融资难的问题，必须在体制创新上找出路。

第13章　中小企业融资：基于金融错配视角

13.1　问题的提出

世界经济发展的现实表明，各国中小企业在促进技术进步、扩大就业和出口等方面，都发挥着非常重要的作用。中国 70% 的发明专利、80% 以上的新产品开发都是由中小企业完成，中小企业更是提供了 75% 的城镇就业岗位，对 GDP 的贡献率超过 60%[①]。尽管如此，中国多数中小企业难以获得足够的外部融资支持，融资约束成为横亘在中小企业面前的难题 。截至 2014 年底，中国各金融机构对中小企业贷款余额为 13.21 万亿元，中小企业贷款余额仅占企业贷款余额的 29.4%。[②] 中小企业获得的融资支持与其在经济发展中的作用极不相称，融资难成为制约中小企业发展的瓶颈。

众多学者已经展开了中小企业融资难问题的探讨，主流的观点认为中小企业融资困难的主要原因体现在三个方面：（1）从中小企业的角度来看，中小企业自身素质的欠缺和信息不透明导致融资难，例如信用等级低、财务管理混乱、抵押品缺失等。如邢乐成（2011）认为，中小企业融资难其本质是由于信息不对称、信用担保机制缺失等导致的信贷市场局部"市场失效"。（2）从银行等金融机构角度来看，银行在为中小企业进行资金配送时，较高的信息成本、交易成本以及规模不匹配等因素导致融资难，学者们提出银行特别是大型商业银行等金融机构不适合为中小企业服务。例如，林毅夫（2001）认为，中国建立的以银行为主的高度垄断集中的金融体系，由于不同的金融机构给不同规模的企业提供金融服务的成本和效率不一样，因而大型金融机构不适合为中小企业服务。（3）从金融制度来看，金融体系不完善导致融资难，中国的金融抑制、所有制歧视、金融错配等均导致中小企业融资困难。如 Hsieh and Klenow（2009）建立了一个度量资源错配的模型并利用该模型测算了中国和印度的资源错配导

---

① 资料来源：中国人民银行《2014 年金融机构贷款投向统计报告》。

② 资料来源：中国人民银行《2014 年金融机构贷款投向统计报告》。

致的效率损失。中国学者邵挺（2010）也采用类似的模型利用 1997—2007 中国工业企业数据研究了金融错配对不同所有制企业资本回报率的影响，结果发现国有企业资本回报率最低，私营企业资本回报率最高，而如果消除错配，中国 GDP 增长率可提高 2%—8%。尽管学者们分别从不同的角度对中小企业融资困难的原因进行了探讨，但现有的研究还存在一定的局限性，对中小企业融资难问题还没有给出一个有说服力的理论解释或分析框架，缺乏中小企业融资难问题的根源性分析与探讨，也就无法解释中小企业为何容易被银行等金融机构排斥在外的现象。

本书认为要解决中小企业融资难问题，首先要找到融资难的根本性原因。中国金融体系的特点是以商业银行间接融资为主导的、严格监管下的高度集中的金融体系，其建立是以自身利益为立足点，以风险控制为核心。在现有的金融体系制度框架范围内，商业银行等金融机构资金配送的核心是企业的资产规模和债务偿还能力，而对企业的成长性和未来的获利能力并不十分关注。中小企业的特点是其具有成长性，体现为未来获利能力更强，而在资产规模和债务偿还能力方面存在不足。这样，金融机构的特点和中小企业的特点之间产生了严重的资源错配，一方面是金融体系先天排斥中小企业，另一方面是中小企业根本就无法进入金融机构服务的门槛。在中国目前的金融体系中，银行在这种制度优势下具有垄断地位，具有较高的话语权，同时中国也缺乏多层次的资本市场体系，这样的金融体系一开始就将中小企业排斥在外，从金融制度边界上严重限制了中小企业的金融供给，从而导致资金问题成为困扰中小企业发展的瓶颈。因此，本书认为中小企业融资难问题的根本性原因是制度性原因，即中小企业的自身特点和融资特点与现行的以商业银行为主导的融资体系严重不匹配。

鉴于此，本书首先基于金融制度边界分析中小企业融资难的根源，着重探讨金融制度边界的狭窄和扭曲造成的金融资源错配影响了中小企业融资，然后根据中小企业融资难的制度性原因，提出改善中小企业融资困境的模式并实证证明其有效性，以便于为政府制定中国中小企业发展政策提供理论依据和实证支持。

13.2　根源分析

目前，中国拥有庞大的金融资产存量，但错配使得金融资源配置扭曲，产生了大量的闲置资产和沉淀资产。一方面，中国的信贷规模世界第一，中国的广义货币约为美国 1.5 倍，居民与企业储蓄存款数量超过 70 万亿元；另一方面实体经济各部门仍然普遍感到流动性紧张，特别是中小企业身处市场第一线，它们经常因为资金不足而不得不放弃一些好的机会和项目，减缓成长速度。因此，金融资源错配成为中国市场化改革过程中需要解决的重大现实问题。对于中国金融资源错配产生的原因，众多学者已经展开了分析，多数学者将其归结为外部的各种因素，如政府干预、国家预算软约束、利率非市场化等。本书认为中国金融资源错配现象出现的根本原因是金融体系的制度性原因，即由于中小企业自身特点和融资特点与现行的金融体系不匹配，金融体系的制度边界将其排除在外，因而现行的金融体系只能将大量贷款配给到效率更低的国有企业，从而产生金融错配。也就是说，在内部核心因素存在的条件下，外部影响因素加重了金融错配，从而使得中小企业融资问题难以缓解。

一、金融制度边界

金融制度是为提供融资在内的一系列金融服务而设立的规则，因而在规则的范围内得到资金配给的融资需求人被现有的金融制度接纳，而得不到融资需求满足的融资需求人被金融制度排斥在外。这样，所有的融资需求人之间就形成一条界线，界线以内融资需求得到有效满足而界线以外则无法得到满足，本书称其为金融制度边界，如图 13-1 所示。

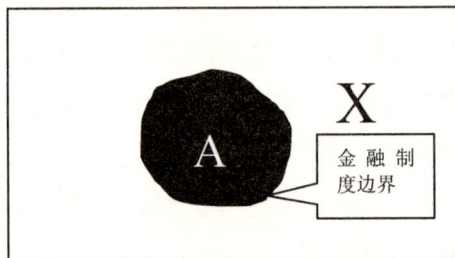

图 13-1　金融制度边界

假设在一个经济体中，存在诸多的金融机构为融资需求人提供资金，同时也存在规模、融资需求等不同的融资需求人。本书将所有的融资需求人看作一个集合 X，在这个集合中，金融机构根据融资需求人的自身条件决定向哪些融资需求人提供资金。现实中，仅有部分融资需求人获得了满足，从而构成了一个新的集合 A 且 A⊂X，该集合的边界就构成了金融制度边界，即图 13-1 中的不规则圆形。集合 A 以外的融资需求人，即集合 X–A 则为目前的金融制度无法提供资金的融资需求人。

二、金融错配与中小企业融资难

金融错配就是中国的金融机构将更多的信贷配给到金融制度边界内的国有企业，而大多数中小企业或低收入群体均被金融体系的制度边界排斥在外，无法得到融资满足。因此，基于金融制度边界，从金融错配的视角分析中小企业融资问题才能从根本上解释中小企业融资难的根源。接下来，从以下两种不同的情况详细分析中小企业融资难与金融错配之间的关系。

1. 金融制度边界狭窄导致的金融错配与中小企业融资难

目前，中国金融体系是以银行为主导的、严格监管下的高度集中的融资体系，该体系是以自身利益为立足点、以控制风险为核心而建立的，因而其金融制度边界排斥风险相对较高的中小企业或者低收入群体。特别是在中国现行的金融体制下，金融机构本身存在的风险偏好阻挡了中小企业获得贷款的可能性，而政府的利率管制，又意味着金融机构会把那些成本高导致利率无法弥补成本的融资需求人排除在外，而中小企业显然是被排除的主体。因此，金融机构必然主动收缩其金融制度边界，迫使金融机构将大量资金集中于大中型企业。如图 13-2 中，如果把外面的不规则圆形认为是合理的金融体系制度边界，那么在银行等金融机构风控的要求下或者政府利率管制下，其金融制度边界必然会收缩。此时，仅有在金融制度边界内的企业能得到融资满足，而大量的中小企业均被金融制度边界隔开。需要特别强调的是，银行等金融机构从规避风险和管理成本"经济性"等角度出发，其收缩金融制度边界是合理的选择。因此，中小企业被银行等金融机构的制度边界排除在主流客户之外就不难理解了。

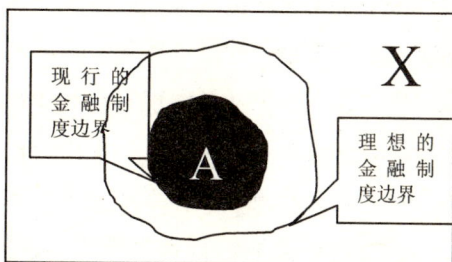

图 13-2　金融制度边界狭窄

2. 金融制度边界扭曲导致的金融错配与中小企业融资难

在中国金融体系发展过程中，特别是在经济体制处于转型时期的经济来说，政府不断干预也导致了金融制度边界的扭曲现象。前已阐述，银行等金融

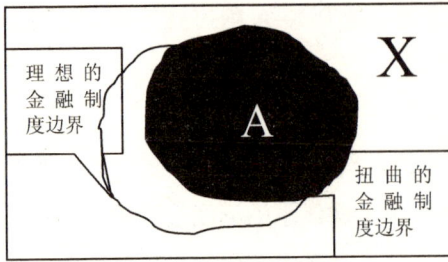

图 13-3　金融制度边界扭曲

机构为规避风险，主动排斥为中小企业或者低收入群体服务，若再加上政府的干预资金投向则使得制度边界产生扭曲。如银行业或资本市场都将支持国有企业发展作为首要任务，此时中小企业必然成为牺牲者，扭曲正常的金融资源配置渠道，形成了新的金融资源错配。如图 13-3 所示，实线表示合理的金融制度边界，而阴影部分则在干预后偏离了最佳的金融制度边界集合。实际上，不仅是政府干预、预算软约束等会扭曲金融制度边界，银行等金融机构自身的国有经济成分也会扭曲金融制度边界，如中国银行信贷方面的关系型融资十分明显。

13.3　一个理论分析框架

目前，政府部门试图在现行的金融体系内进行市场化改革来缓解中小企业融资难问题，包括采用加强金融机构的包容性、利率市场化等方法和策略。由于银行等正规金融机构仍然是中小企业获取融资的主要渠道，因此，通过这些方法或者策略来扩大金融体系的制度边界是缓解中小企业融资约束的有效方式。然而，由于银行等金融机构的风控特性，其金融制度边界基本固化，因而很难将其扩大到理想的范围。因此，这些方法和策略尽管在某种程度上可以缓解部分中小企业融资约束，但还无法从根本上解决中小企业的融资困境。要从根本上解决中小企业融资难题，必须基于普惠金融理念建立全新的中小企业外源融资体系。本书从扩大现有金融体系的制度边界和建立全新的中小企业外源融资体系这两个不同的角度，提出两种解决中小企业融资问题的模式。

一、扩大现有金融体系的制度边界

现行的以商业银行为主导的金融体系将中小企业排斥在外的主要原因是中小企业的信息不透明、自身素质的欠缺带来的风险大和交易成本高。因此，扩大现行的商业银行等金融机构的制度边界必须有效降低风险或者降低交易成本。张杰（2012）曾分析了金融制度边界的影响因素，重点强调交易成本的变化影响着金融制度边界的扩张与收缩。本书采用一个简单的模型进行阐述和说明，为简化过程，仅考虑单一的一种融资方式，如贷款（该项简化的方式并不影响研究结论）。假设 r_s 为金融组织愿意接受的利率，r_d 为融资需求者愿意付出的利率，l_s 为金融组织提供的资金供应量，l_d 为融资需求者资金需求量，n 为市场上金融组织的数量，m 为市场上融资需求者的数量。那么，资金供求方程为：

$$\begin{cases} r_d = \alpha - \beta n l_d \\ r_s = \gamma + \lambda n l_s \end{cases} \tag{1}$$

其中，α，β，γ，λ，k 均为参数，金融组织提供给融资需求者资金，因而 $n = km$，融资需求者愿意支付的利率至少包括金融组织愿意获得的最低利率和产生的交易成本，所以 $r_d = r_s + t$，其中 t 为交易成本。均衡时，可得：

$$m = \frac{\alpha - \gamma - t}{\lambda l_s + \beta k l_d} \tag{2}$$

根据公式（2）可知，交易成本影响着融资需求得到满足的人数。当交易成本降低时，融资需求得到满足的人数将会增多，参与交易的资金量也会增大，金融包容性增强，金融制度边界将扩大。因此，降低交易成本，拓展金融制度边界，原先无法得到融资需求的人也纳入到交易集合当中，如图 13-4 所示。

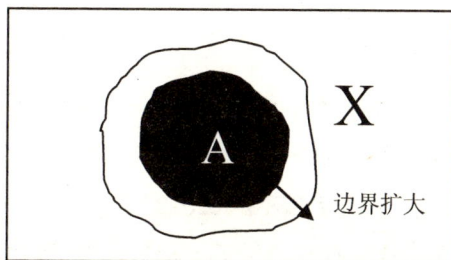

图 13-4　交易成本与金融制度边界变动图

根据以上分析可知，降低交易成本、扩大金融制度边界是缓解中小企业融资难题的一种基本思路。实际上，目前中国政府已经采取或者将要展开实施的某些策略或者方法即是通过扩大金融制度边界缓解融资难题，如进一步推进利率市场化改革、降低甚至免除信贷业务营业税、降低所得税、取消银行存贷比等。若要再进一步扩大金融制度边界，提高金融包容性，政府可以针对中小企业发展制定中小企业监管政策，例如中小企业信贷规模宽松对待、提高对中小企业不良贷款容忍度、针对中小企业成长性特点推出知识产权抵押等新型贷款产品等。

二、基于普惠金融理念建立全新的中小企业外源融资体系

多年来，国有商业银行、全国性股份制商业银行甚至是各地方商业银行的

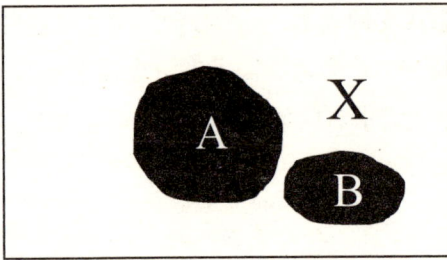

图 13-5 中小企业外源融资体系制度边界图

信贷理念和业务操作趋同，这些金融机构均为大中型企业服务，其指导思想就是有效控制风险、以自身利益为出发点，因而中小企业也就很难获得银行贷款。中国的商业银行同时也按照巴塞尔协议的经营规则，基于风险资本对商业银行进行管理，规定风险资产对资本金不得超过一定比例，因此银行努力降低资产的风险，对财务状况不良、信息不透明的中小企业自然就舍弃掉。通过不同资产组合来降低风险，银行业发展模式也越来越趋同化，其金融制度边界也越来越固化。尽管政府出台各种政策试图缓解中小企业融资难题，但效果并不十分理想。因此，基于普惠金融理念建立一种全新的中小企业外源融资体系势在必行，如图 13-5 所示。在图 13-5 中，集合 A 表示由现行的以商业银行为主导的金融体系满足的范围，集合 B 表示全新的中小企业外源融资体系满足融资需求的制度边界集合。

本章借鉴谢平（2012）提出的交易可能性集合的概念来分析中小企业外源融资体系存在的价值。交易可能性集合是指一对或者多对融资需求者和投资者的集合，融资需求者能承受的最高融资成本高于投资者能接受的最低投资收益率。在集合 B 中，分布着众多的融资需求人和投资人，其风险偏好均为中性。假设融资需求人 i 拥有自有资金为 b，需要贷款 l_i 来满足项目发展需求，该项目预期收益率为 μ_i，成功概率为 θ_i，那么该项目期望值为 $(1 + \mu_i)(b + l_i)\theta_i$，融资需求人进行贷款的条件为其期望收益扣除本息后应当具有一定收益才行。也就是说，$(1 + \mu_i)(b + l_i)\theta_i - (1 + f_i)l_i - b \geq 0$，其中 f_i 为融资需求人贷款利率。那么，可得融资需求人能接受的最高贷款利率为：

$$f_i \leq \frac{(1 + \mu_i)(b + l_i)\theta_i + b}{l_i} - 1 \qquad (3)$$

从投资人的角度，其收益来自于融资需求人的贷款利息，其成本为投资人的资金成本 r_j、各种信息不对称以及交易成本。假设交易成本为 c_{ij}，表示融资需求人 i 和投资人 j 交易中产生的交易成本；信息不对称程度为 λ_{ij}，也就是说由于双方信息不对称使得投资人无法准确判断成功的概率从而可能低估该项目成功的可能性。那么，投资人进行投资的条件为 $(1 - \lambda_{ij})\theta_i(1 + f_i) - c_{ij} \geq 1 + r_j$。那么，投资人能接受的最低贷款利率为：

$$f_i \geq \frac{(1 + r_j) + c_{ij}}{(1 - \lambda_{ij})\theta_i} - 1 \qquad (4)$$

因此，融资需求人和投资者产生交易的必要条件是融资需求人要求的最高贷款利率高于投资人要求的最低贷款利率即可。根据公式（3）和（4）可得：

$$\frac{(1 + \mu_i)(b + l_i)\theta_i + b}{l_i} \geq \frac{(1 + r_j) + c_{ij}}{(1 - \lambda_{ij})\theta_i} \qquad (5)$$

根据本章提出的中小企业外源融资体系，若该体系能有效降低不对称程度、减少交易成本，进一步依据公式（5），交易的可能性集合将大大得到扩展。本书提出的中小企业外源融资体系包括直接融资体系和间接融资体系两部分，如图13-6所示。在直接融资范畴内，包括开放场外交易市场、私募股权基金等。场外交易市场是对现阶段中国多层次资本市场体系的有益补充。目前，中国的资本市场主要是主板、中小板和创业板，能有效满足企业融资服务的比例太低，无法为广大的中小企业提供资本市场融资保证。通过场外交易市场，中小企业

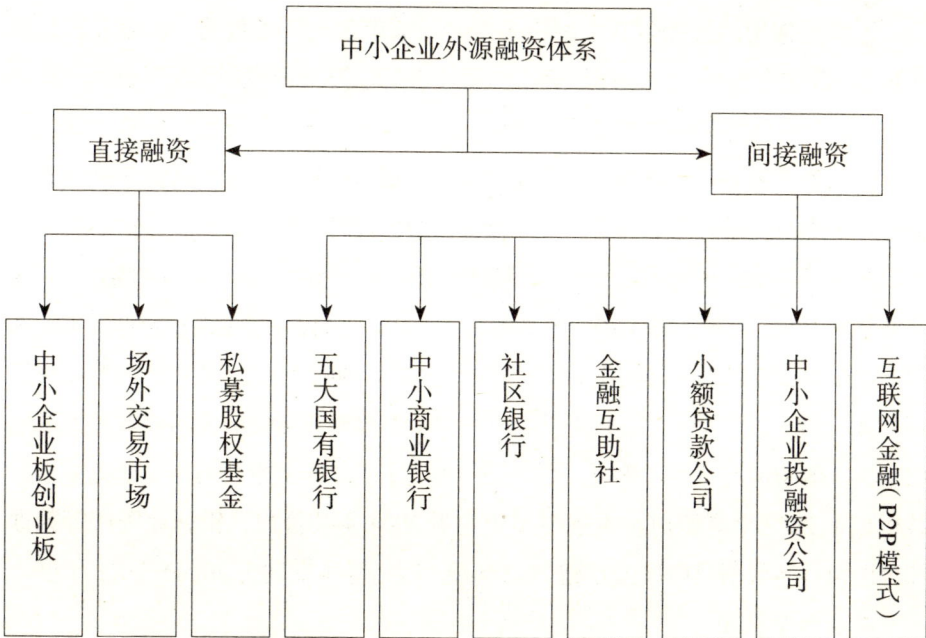

图 13-6 中小企业外源融资体系

可获得资本市场的资源配置服务，从而有效缓解融资难题。私募股权基金也是缓解中小企业融资难的重要举措，尽管目前全国私募股权基金市场已经存在，但还缺乏统一的监管办法。政府应尽快完善相关政策法规，保证私募股权基金的健康发展，这对缓解中小企业融资难题至关重要。除了直接融资体系外，间接融资体系也是中小企业外源融资体系的重要组成部分。间接融资体系主要包括五大国有银行、股份制商业银行、中小银行、社区银行、金融互助社、小额贷款公司、中小企业投融资公司等等。

根据以上分析可知，中小企业外源融资体系存在的关键是由于投资人对融资需求者较为熟悉和了解，能准确判断该项目的盈利能力，从而大大降低交易成本和信息不对称程度，因而其交易可能性集合趋近于 $\dfrac{(1-\mu_i)(b+l_i)\theta_i+b}{l_i} \geq \dfrac{(1+r_j)}{\theta_i}$。也就是说，双方是否达成交易的核心是对项目本身成功概率和盈利能力的评价，而这恰好是中小企业的特点。

13.4　实证研究

一、样本选择与数据来源

本章所使用的数据包括中国中小企业板上市公司财务数据、区域金融包容性数据、区域大银行（中小银行）资产总额、区域非正规金融发展情况等数据。其中，非正规金融发展情况的数据来源于2005—2014年度中国统计年鉴，区域金融包容性数据来源于2005—2014年度中国金融年鉴，银行业资产等数据来源于中国人民银行的《中国区域金融运行报告》，中小企业上市公司财务数据来源于国泰安数据库。本章选取深交所中小企业板上市公司作为初始样本。为避免不必要的"噪音"对实证结果的影响，对初始样本进行了如下筛选：（1）为保证数据的稳定性，本章选取上市至少3年以上的公司作为研究样本。（2）剔除上市公司中金融类和被特别处理（ST）的公司。（3）资产负债率大于1即资不抵债的公司以及其他可能出现异常值的情况。经过筛选，本章最终确定了522家上市公司作为研究样本，共得到了2607个观测值。由于中小企业板2004年才推出，银行业资产等数据和金融包容性数据目前仅公布到2013年度，因而样本期间为2004—2013年度。

二、计量模型

本章试图实证研究金融制度边界扩大以及建立新的外源融资体系，即新的制度边界集合对中小企业融资难问题的影响。由于中国目前是银行主导的金融体系，中小企业融资的主要来源也是银行，金融制度边界扩大主要体现在银行服务范围的扩大。而建立新的外源融资体系中除了银行外，更重要的是加强场外交易体系或者社区银行、金融互助社等间接融资，该部分目前还较小，因而许多中小企业转向非正规金融获取资金。

首先，金融制度边界扩大的计量经济模型。金融制度边界模型扩大体现为银行等金融机构的包容性增强，本书采用金融包容性指标（IFI）进行测度。根据文中的数理模型分析，借鉴先前 Simon Gilchrist（2013）实证研究的标准程序，构建了以下计量经济模型：

$$fc_{it} = \alpha + \beta_1 ifi_{it} + \beta Control\ var\ iables + \varepsilon_{it} \qquad (6)$$

为进一步探索不同规模的金融机构对中小企业融资的影响，本书将银行划分为大银行和中小银行两类，研究各区域哪种类型的金融机构集中度较高时对中小企业融资的影响。大银行指的是中国银行、中国农业银行、中国工商银行、中国建设银行和中国交通银行五大行，而中小银行指的是除了五大行之外的银行业金融机构。基于此，本章构建了以下模型：

$$fc_{it} = \alpha + \beta_1 lb_{it} + \beta Control\ var\ iables + \varepsilon_{it} \qquad (7)$$

$$fc_{it} = \alpha + \beta_1 smb_{it} + \beta Control\ var\ iables + \varepsilon_{it} \qquad (8)$$

$$fc_{it} = \alpha + \beta_1 lb_{it} + \beta_2 ifi_{it} + \beta_3 ifi^* lb_{it} + \beta Control\ var\ iables + \varepsilon_{it} \qquad (9)$$

$$fc_{it} = \alpha + \beta_1 smb_{it} + \beta_2 ifi_{it} + \beta_3 ifi^* smb_{it} + \beta Control\ var\ iables + \varepsilon_{it} \qquad (10)$$

其中，fc_{it} 表示第 i 个企业第 t 年的融资成本；ifi_{it} 表示第 i 个企业第 t 年所在区域的银行的金融包容性，lb_{it} 表示第 i 个企业第 t 年所在区域的银行集中度，smb_{it} 表示第 i 个企业第 t 年所在区域的中小银行占银行业总资产的比重。

其次，为探索建立新的外源融资体系其制度边界集合对中小企业融资成本的影响，本书从非正规金融的角度建立计量经济模型[①]：

$$fc_{it} = \alpha + \beta_1 ifd_{it} + \beta Control\ var\ iables + \varepsilon_{it} \qquad (11)$$

其中，ifd_{it} 表示第 i 个企业第 t 年所在区域的非正规金融发展程度。

---

① 由于现阶段中小企业外源融资体系中的场外交易体系和村镇银行、金融互助社、小额贷款公司等类信贷金融机构还较小，有些甚至还未建立，这部分资金需求多数通过非正规金融满足，因此本书通过研究非正规金融来体现中小企业外源融资体系的作用。

三、变量测度

1. 被解释变量

本章的被解释变量为中小企业融资难，采用中小企业融资成本来进行衡量。融资成本为中小企业的财务费用除以总负债，融资成本越高则体现为中小企业融资越难。

2. 解释变量

现行的金融体系制度边界的扩大体现为其金融包容性增强，因此本章首先采用金融包容性作为扩大金融制度边界的解释变量。表示金融包容性指数，该指数的构建参考 Chakravarty（2013）的方法。金融包容性包括三个维度，即地理渗透性、使用效用性和产品接触性。考虑到数据的可得性，本章仅从两个维度进行度量 [①]，地理渗透性采用金融业从业人数占总人口的比重进行度量，使用效用性采用区域存贷款与 GDP 之比进行测度。计算公式为：

$$IFI = \frac{1}{k} \sum_{i=1}^{k} (\frac{x_i - m_i}{M_i - m_i})^r, \text{ 其中, } r = 0.5。 \tag{12}$$

x_i 表示第 i 个维度的数值，m_i 表示第 i 个维度的最小值，M_i 表示第 i 个维度的最大值。

另外，本章的解释变量还包括银行集中度，是指大银行资产占银行业总资产比重。学者们曾经指出不同的银行业结构会对经济增长或者中小企业融资产生不同的影响，本书采用各地区大银行占银行业资产总额的比重来分别衡量银行集中度。

另一个解释变量是要体现全新的中小企业外源融资体系。由于现阶段该体系还未有效建立，因而很难度量中小企业外源融资体系的效果。然而，民间借贷活动广泛地存在于中小企业融资过程中，这些活动多数属于未被监管当局所监管的金融活动，也就是非正规金融。尽管这些活动并没有得到有效地引导和规范，但确实起到了中小企业外源融资体系的部分作用，因而可采用非正规金融（IFD）规模替代外源融资体系。本章采用冉光和（2012）提出的度量非正规金融的方法进行衡量，即采用各区域全社会固定资产投资按资金来源划分中

---

① Sarma M 在其论文《Financial Inclusion and Development》中遇到数据不可得的问题，也选取了以上两个维度，该方法并未影响研究结论。

的自筹资金和其他资金占全社会固定资产投资的比例表示。

3. 控制变量

中小企业融资成本除了受区域正规金融包容性程度、非正规金融发展程度等因素影响之外，还受到很多其他因素的影响。为了更好地完成本章的研究目的，在计量模型中适当加入一些控制变量非常必要。根据 Burak R. Uras（2014）的研究，本章的控制变量选择也采用了企业自身条件和财务结构等方面的指标，主要包括以下几个变量：

（1）企业规模（SIZE）：采用企业的总资产的自然对数表示。

（2）资产负债率（ZF）：采用企业总资产与负债总额的比值表示。

（3）长期债务结构（LIA）：采用企业长期债务总额与负债总额的比值表示。

（4）资产的流动性（LIQ）：采用企业流动资产减流动负债的差与流动负债的比值表示。

四、实证结果及分析

金融制度边界与中小企业融资成本之间关系的多元回归分析结果见表13-1。本章实证结果中所有的模型均通过了 F 检验，显著性 $p < 0.001$，表明构建模型有效。根据 Hausman 检验，本章所有模型均采用固定效应模型。调整后的多重判定系数 R^2 较高，表明回归方程的拟合度较好，满足了多元回归的要求。

在表 13-1 中，模型 1 是基本模型，仅包含控制变量。采用仅包含控制变量的模型是为了更好地与其他模型进行对比，从而更有效地说明金融制度边界的变化与中小企业融资成本两者间的关系。从模型 1 的回归结果可看出，所有的控制变量都显著地影响了中小企业融资成本。长期负债结构正向影响企业融资成本，企业规模、资产流动性、资产负债率均为负向影响企业的融资成本，这与预期基本一致。由于中小企业受到严重的融资约束，规模越小、资产流动性越差越难获得资金，成本必然提升。

模型 2 是在基本模型的基础上加入了反映银行等金融机构金融包容性的指标，以检验金融制度边界扩大是否可缓解中小企业融资难问题。结果显示，金融包容性（IFI）的回归系数为 –0.0558 且在 $p < 0.001$ 的条件下统计显著，这表明扩大金融制度边界是有效的一种方法。为进一步探索区域银行集中度影响中小企业融资上的差异，本章将银行划分为两种不同的类型。模型 3 和

表 13-1　　　　　　　　　　多元回归分析结果

	模型 1	模型 2	模型 3	模型 4	模型 5	模型 6	模型 7
常数项	0.0978***	0.0488***	−0.113***	−0.0321	0.481***	−0.0406**	0.137***
	(9.4373)	(4.233)	(−7.673)	(−1.534)	(3.952)	(−2.430)	(14.452)
IFI	−	−0.0558***	−	−0.177***	−	−0.163***	−
	−	(−9.391)	−	(−8.082)	−	(−6.545)	−
LB	−	−	0.161***	−0.00853	−	−	−
	−	−	(26.829)	(−0.388)	−	−	−
IFI*LB	−	−	−	0.339***	−	−	−
	−	−	−	(7.713)	−	−	−
SMB	−	−	−	−	−0.161***	0.00853	−
	−	−	−	−	(−26.829)	(0.388)	−
IFI*SMB	−	−	−	−	−	−0.339***	−
	−	−	−	−	−	(−7.713)	−
IFD	−	−	−	−	−	−	−0.0885***
	−	−	−	−	−	−	(−8.671)
SIZE	−0.00359***	−0.000233	−0.00292***	0.00325***	−0.00292***	0.00325***	−0.00217***
	(−7.4831)	(−0.385)	(−4.795)	(4.037)	(−4.795)	(4.037)	(−4.609)
LIA	0.0256***	0.0317***	0.0278***	0.0258***	0.0278***	0.0258***	0.0289***
	8.928	12.429	8.617	7.761	8.617	7.761	(10.214)
LIQ	−0.00128***	−0.00246***	−0.00101***	−0.000751*	−0.00101***	−0.000751*	−0.00144***
	(−2.981)	(−7.547)	(−2.167)	(−1.589)	(−2.167)	(−1.589)	(−3.282)
ZF	−0.00416***	−0.00307***	−0.00494***	−0.005***	−0.00494***	−0.005***	−0.0043***
	(−9.365)	(−7.976)	(−10.121)	(−10.156)	(−10.121)	(−10.156)	(−9.473)
R^2	0.877	0.895	0.864	0.868	0.864	0.868	0.875
$AdjR^2$	0.846	0.869	0.829	0.834	0.829	0.834	0.844
N	2607	2607	2572	2572	2572	2572	2607
F 值	28.446	33.974	24.718	25.567	24.718	25.567	27.875
Hausman 值	142.743	143.229	163.997	164.156	163.997	164.156	163.993

注：表中所列为标准化回归系数，括号内为该系数的 t 检验值。*** 表示 $p < 0.001$,** 表示 $p < 0.05$,* 表示 $p < 0.1$。

模型 5 即是在基本模型的基础上分别加入了不同银行规模的银行结构指标，试图证明现行金融体系的不同银行结构在缓解中小企业的融资上的差异性。结果发现，大银行 LB 的回归系数为 0.161 且在 $p < 0.001$ 的条件下统计显著，

中小银行 SMB 回归系数为 –0.161 且在 p ＜ 0.001 的条件下统计显著，表明区域大银行比重较高时并未降低中小企业融资成本，而中小银行比重较高则显著地降低了中小企业融资成本。模型 4 和模型 6 又分别加入了金融包容性指标（IFI）和反映银行结构指标的交乘项，体现不同银行结构的区域金融包容性增强对中小企业融资的影响。结果表明，大银行尽管增强了其包容性但并未缓解中小企业融资难问题，而中小银行在提高了其金融包容性之后有效缓解了中小企业融资难问题（中小银行占银行业总资产的比重与金融包容性交乘项的回归系数为 –0.339 且在 p ＜ 0.001 的条件下统计显著）。这表明，政府应当尽量扩大中小银行的金融制度边界才是解决中小企业融资难问题的关键。模型 7 是在基本模型的基础上加入了非正规金融发展程度指标，目的是为了证明建立全新的中小企业外源融资体系可行。结果发现，IFD 回归系数为 –0.0885 且在 p ＜ 0.001 的条件下统计显著，这表明本章提出的建立外源融资体系是有效的。

13.5　研究结论

近几年来，随着中国经济的高速发展，中小企业融资难问题不但没有得到缓解反而有加剧的趋势，中小企业融资难已成为影响经济发展和社会稳定的重要因素。区别于以往的研究，本章基于金融制度边界，从金融错配的视角分析了中小企业融资难的根源，认为中小企业融资难是由其自身特点和融资特点与现行的金融体系不匹配造成的，因而在现行金融体系内的改革无法从根本上解决中小企业融资需求，必须寻找新的路径并制定新的资金配送标准才能解决问题。在寻找到中小企业融资难的根本原因的基础上，本章从理论的角度提出并分析了解决中小企业融资难的两种不同模式，并以中国中小企业板 522 家上市公司 2004—2013 年面板数据，利用多元回归分析的方法进行实证检验，得出以下研究结论：

第一，扩大现行金融体系制度边界是缓解中小企业融资难的权宜之计。在现行的金融体系中，由于中小企业存在信息不对称或交易成本高等问题，银行等金融机构从控制风险、节约经营成本和监管费用的"经济性"等角度考虑，将金融制度边界缩小，不愿贷款给中小企业合乎理性经济人假设。因此，政府尽管出台各种政策试图缓解中小企业融资难的问题，但效果都不够理想。本书的实证研究也表明，提升银行等金融机构的金融包容性可有效缓解中小企业融资难，但由于金融体系的制度性原因，其金融制度边界扩大的范围非常有限。特别是大银行扩大其金融制度边界对于缓解中小企业融资难问题并未产生理想的效果。

第二，建立全新的中小企业外源性融资体系。传统的金融体系的制度边界已经固化，本书则提出在传统金融体系制度边界以外，根据中小企业特点设立一套全新的制度边界集合，即符合中小企业融资需求的外源融资体系。该体系从根本上为中小企业融资发展提供平台，直接扎根于中小企业或低收入群体中，有效避免了信息不对称和交易成本高等问题，是解决中小企业融资难的根本措施。

当然，本章重点研究了中小企业融资难的根源并提出了解决该问题的思路和方法，但仍然还存在一些不足之处。中小企业融资难问题的解决是一项系统工程，需要全社会给予有效关注。因此，从普惠金融的视角建立全新的中小企业融资体系，是未来的研究方向之一。

第14章　中小企业融资：基于集合视角

本章共分五部分，第一部分为文献梳理，指出当下的金融制度基于供给导向导致中小企业融资难。第二部分建立理想化的金融制度并分析中小企业融资难的自身原因，本部分引入集合代表制度集建立了一个全新分析框架。第三部分分析法律、法规对金融制度集的影响，据此分析了因制度原因导致的中小企业融资难的因素。第四部分为解决中小企业融资难的建议，包括改革现有的金融体系，建立新型金融制度。第五部分为研究结论。

14.1　相关文献梳理

中小企业作为一个整体对一国经济具有举足轻重的地位，其充分发展有助于提升一国市场竞争力，提高市场效率，促进技术创新，增加就业岗位，保持经济活力。因此，世界各国长期以来一直没有放松促进中小企业发展的努力。在这一过程中一个始终存在且难以解决的障碍是中小企业的融资难问题，为此国内外学术界进行了诸多研究、探讨，并取得了一些一致的观点，按照归因大致可以分为三类，分别为归因于中小企业，归因于金融市场和归因于制度。

中小企业自身原因。这种观点首先认为造成中小企业融资难的原因在于中小企业自身素质差，无法满足融资标准，主要体现在经营时间短，没有信用记录或者信用记录时间过短；企业财务不健全；自有资本少，固定资产不足，抵押品缺失等。融资机构缺少必要数据对企业进行评估，或者即使有数据，在现有的评估模式下其资信水平也不高，达不到融资标准。同时为中小企业融资单位成本高，原因在于每笔融资都有固定成本，中小企业单笔规模小，均摊到单位融资上的成本自然高，融资成本高利率自然高，一方面中小企业承受不起，另一方面金融企业因为风险高也不愿意提供融资。

与上述观点相关联的是信息不对称观点，这种观点认为由于中小企业自身素质差，融资机构与中小企业的不对称信息严重。根据信息不对称理论，在没有足够信息情况下，如果利率不能作为价格来筛选融资申请人，会发生愿意付高利率的申请人往往还款的可能性越低，称为逆向选择，融资机构利润与利率关系会呈现倒 U 形关系（Stiglitz & Weiss 1981）。信息不对称也会造成道德风险，指申请人在融入资金后会改变资金投向，投入高风险高收益项目，由此增加的成本将由融出资金者承担。逆向选择与道德风险让融出资金者放弃信息不对称严重的申请人，而是投入到信息不对称较轻风险较低的申请人，称为信贷配给，造成了中小企业融资约束。

对于中小企业自身素质差观点，生命周期理论对此进行了解释。这种观点认为企业的成长可以分为创立期、成长期和成熟期，企业的信息不对称会随着企业周期的变化而变化，创立期阶段的企业一般属于中小企业，此时规模小、历史短、信息不透明严重，此时以内源融资为主；随着企业的成长，外源融资比重会增大（Begrer & Udell，1998）。

金融企业与金融市场原因。代表观点是规模匹配说，即大型金融企业更愿意为大企业提供贷款，而不愿意为中小企业提供贷款，而中小银行最适合给中小企业提供贷款。这一学说认为，大型金融企业具有规模优势，这种优势在融资需求人规模大、财务状况良好、经营稳定、抵押品充分时最能发挥作用，此时信息透明度好，风险易于评估，市场竞争激烈，只有具备规模优势的大型金融企业才能获得低成本资金，这种融资称为普通交易型融资（arms-length financing）。中小金融机构在为中小企业提供贷款时拥有信息上的优势，其方法有两个：一是通过建立长期关系来获取融资人信息，中小金融机构一般为地方性金融企业，通过与地方企业建立长期合作关系，可以了解企业不为人知的信息，解决信息不对称问题，建立在这一基础上的融资称为关系融资（relationship financing）；二是通过共同监督（peer monitoring）来解决信息不对称问题，金融企业将相互了解的融资需求人组成一个隐性互保的小组，促使小组成员互相监督，这种融资称为群体融资（group financing）。根据这一观点，中小企业贷款难是因为中小金融机构缺乏。

制度原因。代表性观点是金融压抑论，即很多发展中国家实行了经济赶超战略，重点发展资本密集型产业，在金融领域压低存款利率和贷款利率，以便向这些产业提供低成本资金，在资金投向上则向这些行业倾斜。大量的中小企业由于不属于政府支持发展的产业得不到发展资金。

从既有的研究来看，学者们认为中小企业融资难问题主要在于自身，因此解决的思路也主要集中在如何让这类企业符合当下金融企业或金融市场的标准，但从实际效果来看这些建议并没有从根本上改变中小企业融资难的困境。原因在于中小企业的缺陷是与生俱来的，即使再努力也不会改变多少。而一些致力于金融改革的举措却得到了良好的效果，如发达国家建立了多层次的金融体系，中小企业融资状况要比发展中国家好得多（当然发达国家也没有解决中小企业融资难问题）。而一些针对中小企业特点而发展起来的融资技术则在解决中小企业融资难方面起到了良好的作用，如关系融资和群贷融资等。

持续存在的融资难问题迫使我们寻求问题的另一面，作为融资需求者的中小企业其特点是无法更改的，那么作为融资供给者的金融供给是不是存在问题呢？也就是说，既有金融制度供给的产品是不是符合中小企业的需求？金融制度是否根据中小企业的特点提供了相应的产品，设置了相应的机构，制定了相应的规则？由此可以发现，当下的金融制度、分析问题的思路以及解决问题的方法都是基于供给导向，即站在金融企业的立场，总在考虑如何保障金融企业的利润，如何控制风险，并在此指导下制定制度、设置机构、提供产品。资本作为生产最重要资源之长期处于稀缺状态，金融体系在运营过程中自然而形成了根深蒂固的供给导向思维模式，加之金融脆弱性及其发生危机对经济的影响而受到政府的保护，其供给导向的思维进一步加强。面对不断变化的金融需求，金融业应对缓慢，或者要求新发生的需求满足金融体系旧有的标准，或者对现有的金融体系进行修修补补以应对这些新发生的需求。其结果就是用错误的供给满足了需求，产生了金融制度性错配现象。

理论界并未认识到金融体系与实体经济不匹配的严重程度，实证研究却早已经关注到了金融错配对经济增长造成的损失。Hsieh & Klenow（2009）的研究发现，金融资源在中国不同所有制企业间的错配会降低 15%—25% 的制造业 TFP 水平和 8%—11% 的工业产值。邵挺（2010）利用 1999—2007 年间中国工业企业的数据，检验了中国各所有制金融错配程度，通过数值模拟方法估计后发现，如果消除错配中国的 GDP 增长量可以比目前提高约 2%—8%。从这些研究可以发现，发达国家金融错配程度要低一些，而发展中国家的错配要高，但普遍存在金融错配现象，表现在使用了不匹配的融资渠道。这种普遍存在的金融错配不能用某个因素或者国别原因来进行解释，更应当从金融制度来看待这个问题，即现有的金融制度没有根据融资申请人的需求进行设置，致使许多申请人没有合适的融资渠道。中小企业融资难的主要原因，就是因为现有的金融制度没有为中小企业设置合适的融资渠道。金融领域不断发生的金融危机让各国加快了金融监管的国际协调，在很多金融领域各国都采用国际统一标准，如银行领域普遍接受巴塞尔协议。各国金融制度的同质性越来越强，其存在的不足也就具有共性。

把中小企业融资难的原因归结为制度造成的错配，有些经济学家已经意识到，如马尔霍特拉等（2009）就认为，微型及中型企业的融资约束根源于它们对优质金融服务的需求与金融企业供给之间的错配。规模匹配与金融抑制指出了造成中小企业融资难的错配因素，但是这些分析并没有把错配问题上升为金融制度本身缺陷来加以研究。本章尝试从制度角度对中小企业融资难进行分析，以此推进这一问题的研究进展。

14.2　金融制度边界：基于需求的分析

作为现代经济核心组成部分的金融产业，却在瓦尔拉斯一般均衡模型中看不到货币的作用，原因在于金融只是通过资金来调动与分配社会资源的渠道，它的存在是为了降低市场交易成本，而在完全市场假设下是不存在交易成本的，因此也就不存在金融。这也揭示了金融的本质，与其说金融是经营货币的行业，不如说是在经营信息，金融业的工作就是收集信息、处理信息，并依据这些信息来分配资金。在这个过程中，由于融资成本可以从资金使用者支付的利息、股息中冲减，在利润为零的假设下，金融机构（为了区别于一般企业，我们称金融企业为"金融机构"或者简称"机构"）和金融市场（为了简单起见，以下部分以金融机构为主进行论述）的主要成本取决于收集和处理信息的成本，谁的成本更低，向融资申请人收取的费用就低。融资申请人此时处于挑选融资渠道的地位，哪种渠道收取的费用低，申请人就会选择它作为融资的渠道。我们把选择同一种融资渠道的融资申请人视为一个集，称为制度集。金融机构与金融市场的竞争力取决于信息收集与处理成本的高低，表现为各个融资渠道制度集的此消彼长，而整个金融体系的制度集表明了融资需求人的范围，当中小企业无法从这个金融制度中融入资金时，就被视为排除在这个金融制度集之外。研究中小企业融资难问题，就是研究如何让这个制度集能够容纳这些中小企业。

一、金融制度集及其边界

在这一部分建立了一个金融制度集，由于金融制度集是一个新概念，本章把金融制度集建立在金融企业边界基础上。

1.融资需求集与金融制度集

假设存在一个经济体，经济体中存在诸多融资需求人，并将其看作一个集合称为 X，如图 14-1 所示，集合中的每个点看作一个融资申请人。经济体中存在诸多的金融市场及金融企业向申请人提供融资，每一个金融市场和每一个金融企业都可以视为一种具体的金融制度，

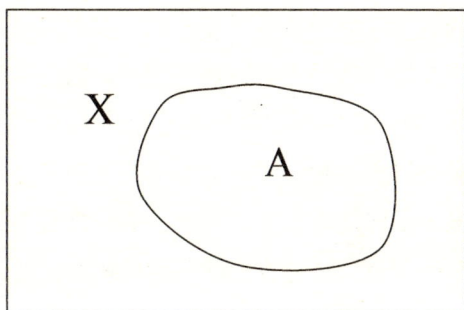

图 14-1　融资需求与金融制度集

申请人根据这些融资渠道提供的价格选择是否融资以及采用哪种方式完成融资。我们把所有能够从这个金融制度中获得资金的申请人视为一个集，标记为集合 A，称为金融制度集，即图 14-1 中不规则圆，即 A 属于 X 的子集。在集合 A 中的点，包括边界点都能得到资金需求；在 A 外边的点，即集合 X-A 为体制无法供应的资金需求。因此点集 X 可以视为定义域，存在一个映射，f：$x \to \{0, 1\}$，其中，$f_A(A) = 1$，表示申请人得到资金；$f_A(X-A) = 0$，表示申请人得不到融资。中小企业融资难指的就是中小企业作为融资申请人被排除在集合 A 外，解决中小企业融资难的问题，就是要求扩大集合 A 的范围，使得集合 X-A 尽可能小。要扩大集合 A 的边界，我们首先要解决的问题就是，决定集合 A 边界的因素是哪些，只有在了解了这些因素后，才能够知道如何扩大 A 的边界。

2.融资申请人在集合 X 中的排列顺列

用集合来表示制度集与制度边界，这意味着集合中的点是非均质的，同时需要按一定的规则排列。各个融资渠道会根据融资需求人信息来评估项目的风险以决定是否接受其申请，但是每一个融资需求的信息是多维的，即如果用 x 表示融资需求人，有 $x = (x_1, x_2, \cdots, x_s)$，$x_\eta = (\eta = 1, 2, \cdots, s)$ 为贷款申请人的第 n 维信息。对于一个项目，基于成本的需要金融组织不可能去获取项

目的所有信息，只会选择在他们看来最能揭示项目风险状况的那部分信息。针对不同的项目，最佳信息组合往往并不相同。本章根据反映项目真实状况的信息性质，对项目在集合 X 中的位置进行分类排列。

信息的分类方式有很多种，如根据概率、熵、相关系数等进行分类，在此我们采用信息经济学中的硬信息与软信息的分类方法。硬信息是由收集人收集到后可以传递给第三方，并可以由第三方验证，且在传递过程中不容易扭曲和丢失的信息，主要指财务信息；软信息到达信息收集者后难以传递给第三方验证，且在传递过程中很容易扭曲丢失，主要指的是非财务类信息。信息越"软"，越难以传递和验证。但是不论软信息还是硬信息它们都可以揭示出项目真实情况，不同之处在于，对于一般信息收集人来说，软信息的收集与处理成本要高于硬信息，且随着"软"性的增加，成本就会越高。对于中小企业融资，他们的财务数据等硬信息一般都比较差，要判断其项目情况，就更多需要依据非财务数据的软信息。相对于硬信息，软信息的数量更大，种类更多，更不规则，这是造成其收集的成本和处理的成本高于硬信息的主要原因。

对于集合 X 中的点，我们按照信息硬化程度进行排列，硬信息占优的申请人居于中心位置，随着趋向集合 X 的边缘，申请人的信息中软信息占的比重越来越大，居于边缘的申请人，其信息中软信息所占的比重最大。如图 14-2 所示。

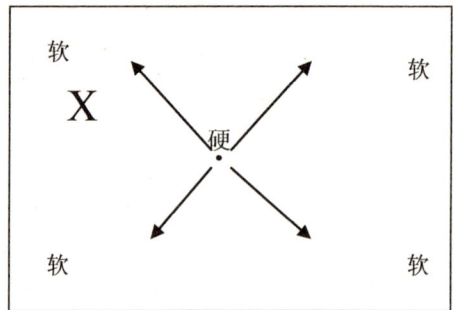

图 14-2　融资申请人在需求集中的排列

3. 金融制度集的组成

金融制度是一个系统的概念，是由多层次的金融制度构成，每个层次的金融制度形成一个行业，每个行业又是由多个具体的金融机构组成。令某个金融企业的制度集为 E_i，这个企业可以是某家银行，某家小额贷款公司等；同时令金融某个行业的制度集为 I_j，如银行业、小额贷款公司行业等等，由此通过下列关系构建基于微观基础的金融制度集：

$$\bigcup_{i=1}^{n} E_i = I_j \ ; \ \bigcup_{j=1}^{m} I_i = A$$

即某个行业所有企业制度集的并集构成行业的制度集，所有金融行业制度集的并集构成金融行业的制度集。因此，金融制度集的构成是以金融机构制度集为基础。

二、金融机构制度集及其边界

不同的企业就有不同的企业制度，由此构成了相异的制度集，金融机构构成了金融机构制度集。很多文章在论述中小企业融资难问题时，即是从金融机构角度进行的分析。

1. 由企业边界到企业制度集

企业边界是经济学特别是新制度经济学的一个重要研究内容。新古典经济学认为，企业的最优规模（企业的边界）是由长期平均成本曲线最低点决定。新制度经济学将企业视为与市场相互替代的两种制度，企业边界位于配置资源时企业所付出的组织成本与市场付出的交易成本相等的点。后来 Willianson（1985）基于资产专用性强调了生产成本、治理成本以及公司治理结构对企业边界的影响；Grossman & Hart（1986）等基于不完全合同理论确立了一体化的成本与收益模型，给出了一个基于产权的企业边界解释；Alchian & Demsez（1972）基于团队生产理论确定了企业边界。

不论从何角度论述企业边界，都是给出了企业的最优规模，企业利润最大化的规模。在最优规模处，要求企业的供给与需求相等，确立了最优规模就确定了最优客户集即企业的制度集，即确立了企业边界同时也就确立了制度集，形成了对偶关系，每一个企业都会对应着一个制度集。换个角度，作为市场中的客户可以选择多个企业制度（每个企业制度是独一无二的）来解决自己的需求，在商品同质情况下他会选择价格最低的那种商品。

2. 金融机构制度集及其边界

对于金融机构来说，当信息完全对称时，机构可以根据融资需求人的风险确定其利率，实现资金供给与需求的均衡，市场也就可以出清，这也意味着金融机构也就没有存在的必要。但完全市场假设的情况是不存在的，信息也不可能对称，信息不对称要求金融机构收集并处理信息，由此带来了成本，融资需求人愿意支付的利息则构成了金融机构的收益。

在图 14-2 构建的集合中，建立金融机构的制度集，如图 14-3 中实线集 E_i。金融机构通过收集申请人的信息并进行处理后确定是否容纳为自己的客户，

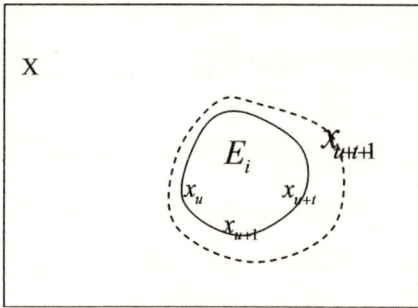

图 14-3　图金融机构制度集及变动

因此其成本可以归结为收集与处理信息需要的花费，这一成本与收集和处理信息的数量成正比，数量越多成本就越高。基于利润最大化需要，对于申请人的多维信息金融机构并不会全部收集，而只会收集其中的一部分，只要这部分信息能够比较准确地反映项目真实未来情况即可。即机构的制度集 E_i 是由下述信息集 $E_i = \{x \mid x_\eta, \eta = (\mu, \mu + 1, \cdots, \mu + t), \mu \geq 0, \mu + t \leq s\}$ 决定的，使用的评估技术为 $f_{Et}(E_i) = 1$，机构的制度集取决于评估技术，这一评估技术可以是风险模型，机构会根据评估的结果确定哪些给予融资哪些不给予融资。由于不同的机构收集和处理成本的优势不同，对于同一个贷款申请人，其成本也不会相同。

为了确定企业边界，集合中的客户应当如此排列：居于集合中心的客户机构提供的金融服务的价格，低于其他制度提供同种金融服务的价格，随着中心向外围扩展，两者之间的价格差逐步降低，在边界处两者价格差变为零，此时客户在至少两种制度之间是无差异的。集合 E_i 的边界线不可能是标准的圆形，因为不同方向的机构其成本的变化速率并不相等，如果信息收集与处理成本增速快，则提供的边界点离中心点就近，某些信息收集处理成本速度慢，离中心点就远一些。

3. 金融机构制度集边界的变动

金融机构制度集边界变动受多种因素的影响。首先是收集信息的数量会影响边界，数量越多边界就会扩大，这是因为信息收集得越多可以发现的客户就会越多，制度集越大。机构制度集 E_i 会随着信息集 η 的增加而增加，这是因为新信息的加入会使原来被排除在外的申请人被纳入到了融资范围之内，如图 14-3 所示，初始的集合 E_i 是由信息集 $(x_u, x_{u+1}, \cdots, x_{u+t})$ 决定，当增加一个新的信息 x_{u+t+1} 时，新的集合 E_i 就会包含原来的集合面积。

集合边界受所收集信息的成本影响。如果所收集信息的成本高，向融资申请人收取的补偿性费用就会高，能付得起这一成本的申请人就减少。对于中小企业来说，反映其融资项目真实情况的信息以软信息为主，信息不对称严重，这类信息收集成本高、处理难，对于很多金融机构来说，这一成本高过项目的收益，结果小微企业因利率太高不愿意借入，机构则因为成本太高而放弃贷款。

竞争性制度的变化也会影响机构制度集的变动。每一个融资申请人可以选择多种制度来解决自己的融资需求，如果其他的融资制度成本更低，申请人就会转向竞争对手融资。因此与其说企业与市场替代，不如说企业是与其他制度的替代，这个制度既可以代表市场，也可以代表其他企业，是一种制度与制度的竞争而导致的替代。

三、行业制度集及边界

如前所述，基于成本的需要金融机构只会截取和处理项目多维信息的一部分，即项目信息集的一个子集。基于子集和处理信息技术的不同，可以把金融机构划分为不同行业，同一行业内部采用基本相同类型的信息子集以及处理技术，不同行业之间的信息子集和处理技术有差别。

1. 行业制度集及其边界

一个金融行业是由多个金融机构组成，由于不同的金融机构采用的信息集和处理技术总会有所差别，他们的制度集也不会完全相同。因此对于相同的客户，基于信息收集与处理技术的差别，不同机构的评价结果也会有差别。构成某一金融行业的每个金融机构的制度集的并集构成了行业的制度集，并集的外缘构成制度边界。用 E_i 表示机构的供给集，用 I_j 表示行业供给集，有

$$\bigcup_{i=1}^{n} E_i = I_j$$

。如图 14-4 所示：

由于行业制度集是多个机构制度集的并集，不同机构的制度集就有可能出现交集。如图 14-5 所示，设有两家机构 E_i 和 E_{i+1}，$E_i \cup E_{i+1} \neq \phi$，两家机构的交集代表同一申请人可由两家机构形成供给，也就是两家机构产生竞争的

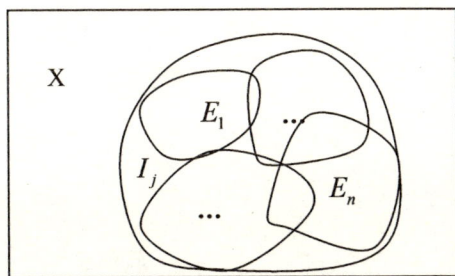

图 14-4　机构制度集与行业制度集　　图 14-5　制度集相交与机构竞争

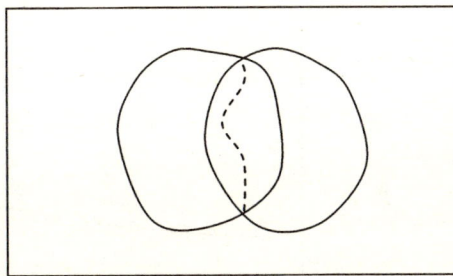

集合，在这个集合中融资申请人能够提供的收益率高于或者等于两家机构的成本，而非交集的地方则属于两家机构各自的垄断领域。在各自的垄断领域，机构会按照申请人所能提供的最高利率定价。但是在交集域，申请人会比较两家机构提供的价格，使得两家机构面临竞争，在库诺特竞争均衡下，成本低的机构会赢得客户，交集中会有一条分割线，在线上的两家机构提供的价格相同，如图 14-5 虚线所示，处在虚线上的客户在两家机构之间是无差异的。行业制度集中会存在多个交集，交集中的竞争过程与上述两家竞争形式相同，让成本最低者赢得申请人。在制度集的边缘则由诸多机构组成，这里是行业制度与其他制度之间的转换点。

扩大行业边界的方法，一是增加机构的数量，机构数量越多，越有可能增加行业所能覆盖的客户群；二是增强机构之间的差异性，机构之间差异越大，其制度集的差异性越大，交集越小，相同数量的机构可以覆盖更多的制度集，也可以减少机构之间的竞争。

2. 信息类型与机构数量

不同类型信息的可传递性不同，以不同信息作为决策依据的金融机构的规模也就不相同。硬信息可以在机构里传递而不易丢失与扭曲，以此为主进行决策的机构可以实行规模化经营。这就意味着覆盖同样多的融资申请人，以软信息为主的机构要比以硬信息为主的机构多。如图 14-6 所示，对于同样规模的客户群，随着信息软化程序加深，需要越来越多的机构为其提供服务：

由于软信息主要以中小企业为主，因此面向中小企业的金融机构的数量就需要较多，如果数量不足，就会阻碍中小企业融资。但是这类机构往往存在着供

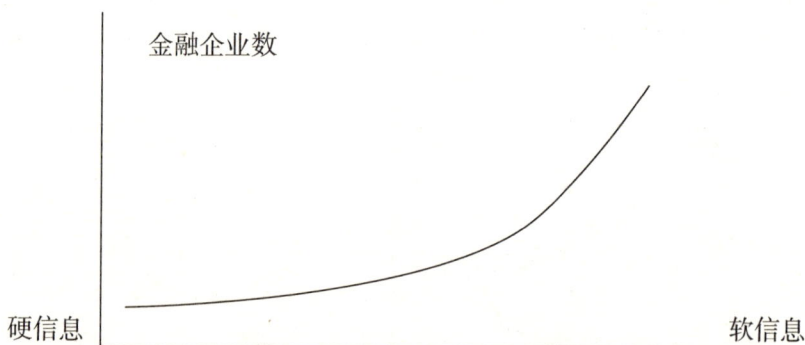

图 14-6　信息类型与机构数量

给过少的问题，金融监管当局基于监管能力的原因，往往会通过发放许可证的方式控制这类机构的数量，或者为这类机构的设立制定比较高的门槛，以便间接控制机构的数量。这种做法对面向中小企业贷款的机构影响较大，这种影响一方面使得资金供给不足，另一方面让金融机构竞争不足，使中小企业融资成本过高。

四、金融制度集及边界

1.金融制度集的分布

金融行业制度集的并集构成了金融业制度集，我们按照所收集与处理信息集的硬软而划分了不同金融行业，并按照信息的硬软将申请人集合 X 由中心向外围排列，则行业制度集在集合 X 的排列方式如图 14-7 所示。

以间接融资主体的银行为例作一说明：大银行针对的是信誉良好、资产规模大的客户，以硬信息为主进行决策，采用交易贷款技术，大银行总量比较少，在中国是指工、农、中、建、交五大行，处在图 14-8 中央；中等银行依靠硬信息和部分软信息决策，针对的主要是中等规模的企业，采用关系贷款技术，这类银行的数量要多于大银行，主要指招商、兴业等全国性股份制商业银行，在图中位于大银行外围；除了上述大中型银行外，中国还有数量众多的地方性小银行，如各地城商行等，使用的信息中软信息占据的比重更大，他们位于中等银行外围；此外还有众多的非正规金融，他们面对的是小微企业，主要依靠软信息决策，采用群贷技术，处于正规金融的外围。

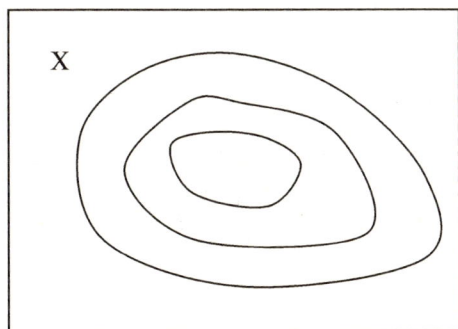

图 14-7　金融行业在集 X 中的排列　　图 14-8　银行业的排列

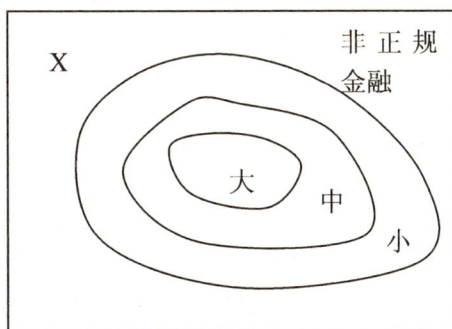

每一家银行都有扩大自己规模的冲动，方向有两个，一是拓展硬信息，二是增加软信息。向硬信息方向发展意味着与比自己规模大的银行抢夺客户，这也是中国中小型银行采取的发展战略。向软信息方向发展面临的问题是信息的收集和处理成本迅速上升，且面临可传递链条变短的现实。银行的规模取决于信息集中传递链条最短的那一项信息，如果银行根据信息的可传递性设置几种决策方式，则多种决策程序存在就会产生套利行为，即借款申请人会在两种评估中寻找对自己有利的贷款申请，两者的摩擦最终会侵蚀利润。因此，试图通过现有金融机构扩大信息范围来覆盖更多申请人，在信息传递方面就不会成功。

2. 金融市场在金融制度集中的排列

在我们构建的融资申请人集 X 中，基于信息的软硬程度及可传递程度，各层次的金融市场同样可以构成由中心向外围的环形状，如图14-9。其中居于中心的是面向全国开放的金融市场，在其中融资的是那些规模大、经营稳定、财务数据良好的大公司；外围的是区域性金融市场，

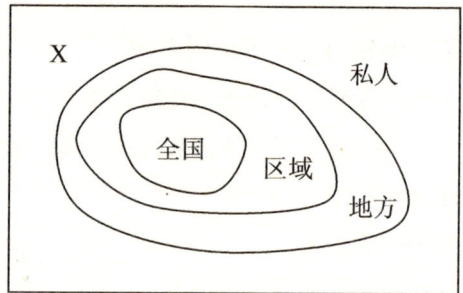

图 14-9　金融市场在集 X 中的排列

面向的是一个区域内的投资者，这类公司规模较小，经营相对稳定，财务数据相对较好，投资者进行投资决策时既依赖于硬信息，也辅助一些软信息；再外围是一些在地方上较好的中小公司，面对的是地方上的投资者，依赖软硬信息相结合的方法进行投资决策；而最外围的则是一些小公司，经营不稳定，主要面对熟人，以软信息为主来进行投资决策。以中国股权市场为例，在上海、深圳交易所上市的公司规模大，财务数据好，居于集合的中央部位；一些区域性地方性股权市场的企业规模相对较小，财务数据相对较差，则处于外围，属于"资合"与"人合"相结合的公司；而更多的企业，则属于相互认识且熟悉的投资者组成，间或有一些风险投资基金参与，但主要的是熟人之间的合作，为人合公司，这部分投资处于外围。可以看出，中国股权市场的一个特点是，全国性金融市场发展较快，而区域性和地方性金融市场的发展严重不足，大量的股权融资者被排除在正规市场之外。

3. 机构与市场的相互替代

新制度经济学认为企业与市场是相互替代的，金融机构与金融市场也是相互替代的。当金融机构的融资成本高于市场时，申请人就会选择市场融资；相反，当机构融资成本低于市场时，申请人就会选择机构融资。假定机构的制度

集为 B，市场的制度集为 S，从市场融资的申请人也可以从机构融资，但是从机构融资的申请人未必能以低成本从市场融资，如图 14-10 所示。当机构替代市场时，则表现为机构是市场的一个子集。

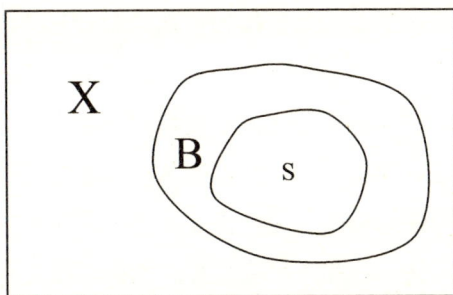

图 14-10　机构与市场的替代

　　把上述代表间接融资的金融行业和代表直接融资的金融市场在 X 中合在一起，就构成了金融制度集，如图 14-11 所示。在这个图中，由外而内先是地方小型金融机构代替私人间的融资市场，然后地方金融市场替代地方小型金融机构；接着中型金融机构替代地方市场，随后区域金融市场替代中型金融机构；再往里区域性金融市场被大型金融机构替代，最后全国性金融市场替代了大型金融机构。形成了一个界面清晰、渐次递进的金融体系。

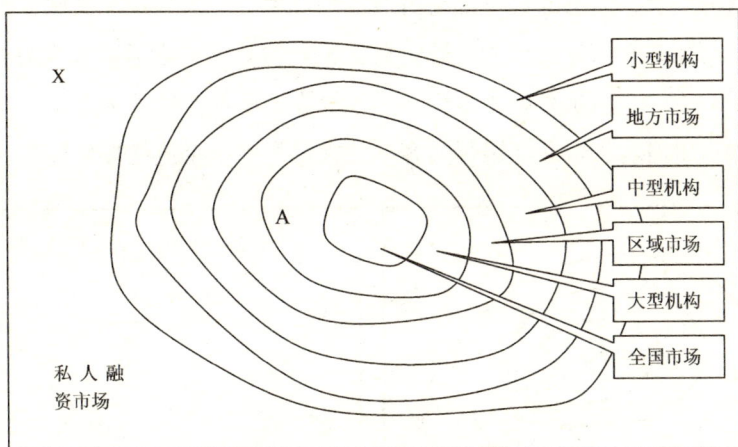

图 14-11　金融制度集

14.3　法律基础上的金融制度集与边界

　　上面对金融制度集和边界的分析是建立在效率基础上，由市场竞争自发形成的理想的金融制度。不过，现实中金融机构与金融市场的运行规则，是由法律法确规定的，金融制度的参与者必须在遵守相关法律法规的前提下，才能寻求自身利益最大化。法律制定有自己的原则，而且在法律制定的过程中也有自身的考量，对机构和市场的制度集及边界产生影响。

一、金融法律法规统一化限制了制度集与边界

金融业是受到管制最严格的部门之一，涉及的法律法规很多，规定的内容也涉及方方面面，巴塞尔协议即是其中最著名的代表。这些规定目的在于约束金融机构的行为，预防风险，同时也限制了金融业选择客户的范围，缩小了制度集，收缩了制度边界。我们以银行为例加以说明，其他的金融行业所受的影响基本如此。

1.对风险评估模型的统一化，限制了金融制度集，收缩了制度边界

巴塞尔协议是各国商业银行遵循的经营规则，它基于风险资本对商业银行进行管理，规定风险资产对资本金不得超过一定的比例，同时对不同资产赋予不同的风险权重，引导银行把更多的资源投向低风险项目。在巴塞尔协议中，符合低风险要求的资产，其特点就是硬信息优势，因此在巴塞尔协议要求和引导下，银行选取的信息集趋同，选择制度集也趋同。其结果是把多层次的银行结构缩减为一层，所有的银行都去争取那些规模大、财务状况良好、经营稳定的公司。而那些软信息比重大，硬信息比较差的中小企业则被所有的银行拒之门外。如图14-12所示，中小银行不得不放弃自己最擅长的为中小企业服务的特长，致力于追求、争夺大银行的客户，大量的中小企业便被放弃了。

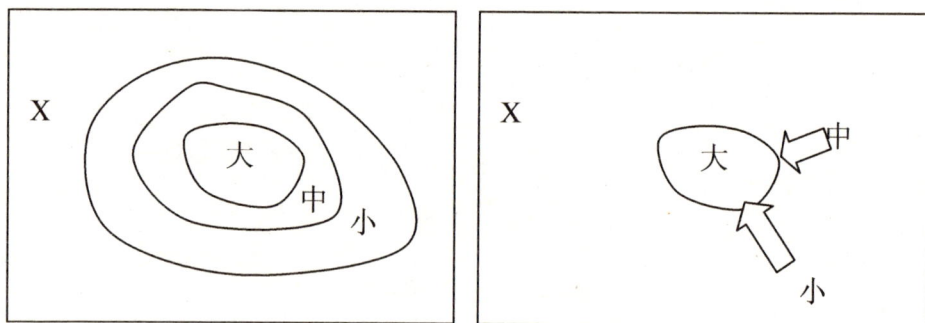

图14-12　多层次的金融机构制度集缩小且趋同

2.金融机构的差异性减小缩减了制度集，收缩了制度边界

金融机构的差异性可以扩大制度集，扩张制度边界。然而包括巴塞尔协议及国内相关法律的规定则减少了差异性。基于金融业的外部性，法律法规对金融业的统一性规定是全方位的，巴塞尔协议的25个核心原则，涉及资本充足率、

风险管理过程、风险管理方式、风险监管技术等，几乎对银行经营的所有方面都规定了统一标准，对于银行的公司治理，任职资格等也做了严格的规定。这些规定对于控制银行风险起到了重要作用，但是这些规定越详细，那么银行之间的差异性就会越小，趋同性就越强。这在宏观审慎监管中已经看出这一问题的严重后果：会产生严重的系统性风险。而在供给方面，差异性减小使得银行的制度集也在减小。

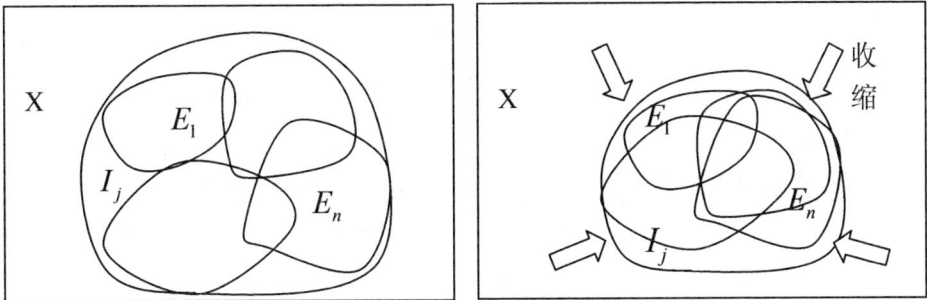

图 14-13　机构差异性的减小缩小了行业制度集

因此法律法规以及巴塞尔协议的实施，让银行的经营方式统一化，客户质量均质化，银行的差异化减小，既增加了银行的竞争，又缩小了银行贷款客户的集，其边界大大收缩。而法律法规及巴塞尔协议的改变非常困难，这就意味着，银行要突破既有边界去容纳大量的中小企业贷款基本不可能。巴塞尔协议面对着中小企业融资难的问题，也出台了有关银行经营小额贷款的建议，但这些建议中充满了不确定性，对于商业银行经营小额贷款业务并没有多少裨益。

二、利率限制与制度集

对利率的限制是正规金融制度的一种普遍做法。对于发展中国家，采用利率限制被称为金融压抑，其目的是为本国产业的发展提供低成本资金。发达国家虽不采用直接的行政手段对利率进行限制，但是会通过市场手段控制利率。金融机构根据成本确定利率，而客户则根据机构收取的利率高低确定选择哪一机构。利率受到限制意味着金融机构会降低信息收集和处理成本，减少软信息收集，集中于硬信息收集，减少对中小和初创型企业融资，让有限的资金更多集中在大中型成熟的企业中，机构的制度集就会缩小。如图 14-14 左图所示，其中虚线表示没有利率限制时金融机构的制度集，实线为利率限制后的制度集。

当然也不能过度指责利率限制，因为把正规金融机构特别是银行的利率限

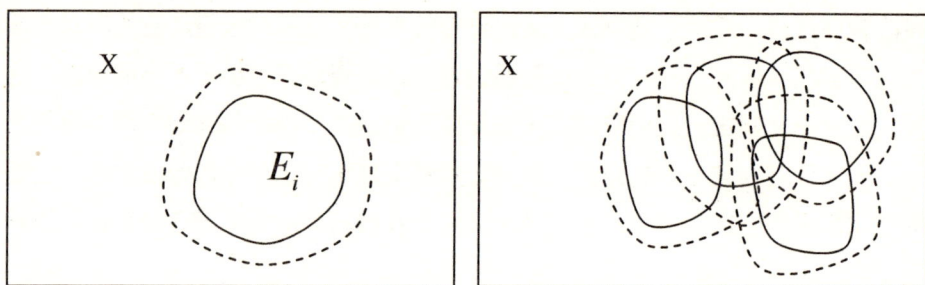

图 14-14　利率限制对机构及行业制度集的影响

定在一定范围内，也是为了控制机构的风险，以免引发金融危机危害实体经济。但这一目的的实现，是以中小企业难以从正规金融机构中融得资金为代价。

巴塞尔协议以及国内法律法规，对于正规金融机构的业务流程及公司架构都规定了严格的标准，这些标准有利于监管部门的监督，但是这些规定对于很多小型的银行及金融机构来说就过于繁琐，增加了机构的组织成本，如果再加上利率限制，对于很多中小正规金融机构来说，他们被迫放弃中小企业，展开与大银行竞争更优质的客户。

在利率限制下单个金融机构会收缩其制度集，当考虑由多个金融机构构成的行业时，利率高限产生的负面影响会减少，行业的制度集组成如图 14-14 右图所示。其中虚线是没有利率限制的机构制度集，而实线部分则是各机构在利率高限时的制度集。由实线部分的外围组成了利率高限下的制度集，由虚线的外围组成的集属于未受利率限制下的制度集。可以看到其中一些被某个机构排除在外的客户，会被另一个机构所接纳。因为距离原因，或者因为搜集信息的不同，或者因为搜集信息的人不同，对有些机构来说客户是不经济的，但对另一些机构来说客户则是经济的。另一方面也可以看出，机构的多样化有助于减少利率高限带来的危害。

如果把行业放到整个金融体系中，可以看到利率限制所产生的负面影响会进一步降低。即对某个金融行业的干预，并不会影响整个制度集，而只是影响金融制度集中不同行业子集的分配。如图 14-15 所示，我们选取金融制度集中的一部分来作说明，假定处于中心位置的为银行业，处于外围的是金融市场。当对银行进行利率限制时其制度集将紧缩为虚线部分，由此排除在外的客户则由金融市场来接纳，虽然扩展了金融市场的发展空间，但原来银行提供的服务是最优的，现在由市场替代会引起资金错配，导致社会效益发生损失。这种结果的前提是有多种金融机构和金融市场的存在，且干预只发生于某个行业而不是对金融业的全体。

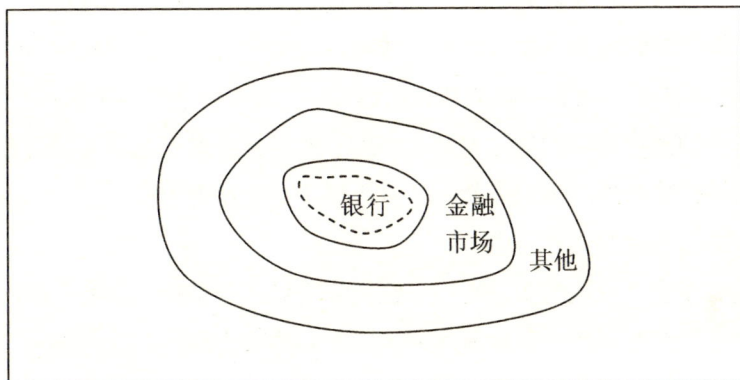

图 14-15　利率限制为竞争性行业腾出发展空间

三、政府干预与金融制度边界

基于经济发展的需要，经常会发生资金投向受到政府干预的现象。如发展中国家为了实现产业赶超战略，要求银行向优先发展的部门投入，或者资本市场向某些行业或者某种性质的企业开放。中国的正规金融受到这种干预就非常明显，如中国银行业和资本市场或明或暗地把支持国有企业的发展作为首要任务。这种基于经济或者政策需要而非正常利益导向的干预，扭曲了正常的金融资源配置渠道，形成金融错配，导致金融业投入产业的效率的下降，最终降低金融业的效益。对于单个机构，行政干预后的情况可以表现在图 14-16 左图，基于成本收益决策的制度集合为实线部分，而受到干预后的制度集为虚线部分，

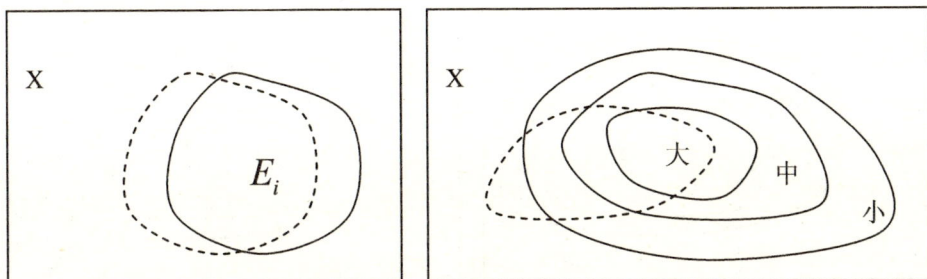

图 14-16　资金投向干预

即偏离了金融机构的最佳制度集。

从一个行业角度来说，这样的行政干预会使整个行业的所有企业偏离了最优的制度集。但这种偏离不同于利率限制造成的制度集收缩，对于利率限制所造成的制度集收缩，会由其他行业机构弥补，当行业机构差异性越大，利率限制造成的制度集收缩状况就可以大大缓解。而对于行政干预造成的最优制度集的偏离，却无法在本行业内解决其负面影响，因为被一家机构排除在外的客户，也会被所有的同行业机构排除在外。当所有的正规金融都采取相同的客户取向时，那么被排除在外的申请人就无法从正规金融中获得融资。

四、垄断与金融制度边界

首先是专业性形成的垄断地位。银行需要处理各种风险，而风险的处理是专业化水平很高的工作，全世界形成了巴塞尔协议为准则的管理原则。这使得只有具备相应能力的机构才能从事银行业务。因此风险管理为银行业垄断提供了技术基础。

其次是法律法规导致的垄断。各国为银行设立确定了许多门槛，除了风险管理水平外，数量、资本金限制及人员配备要求，都使得成立银行变得非常困难。监管机构为了监管效率，也对数量加以限制。

当银行业如果受到政策导向主要向国有企业融资时，银行业就脱离了最优制度集，此时的结果是银行业效率低下。而其腾出来的空间必然会被新进入者填满，如果长此以往，新进入者会迅速成长起来，而银行业则会因为不良贷款增加而衰落。因此政策对贷款投向的干预不可能长久，而要维持长久，垄断还必须与行政相结合，即除了银行业进行融资外，必须把其他融资方式禁绝，或者只允许向国有企业贷款的金融机构或者金融市场存在。这是当下中国中小企

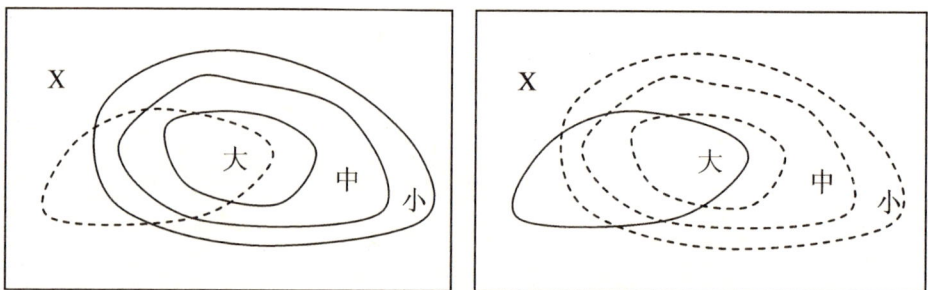

图 14-17　金融垄断下的制度集

业融资的最大障碍。用图 14-17 表示：左边是基于最优制度集下的干预情形，虚线是干预后的制度集；右边是把干预后的银行制度集变为实线，在实线之外的融资需求被全部禁止。只准实线内空白处的申请人才有资格申请，且只能从银行里面申请，而在灰色区域内的申请人则无资格获得融资。

14.4 解决中小企业融资难的制度途径

制度问题是中小企业融资难的主要原因，因此只有通过制度的改革和创新，才能从根本上改变中小企业融资难的现状。这主要包括两个方面，一是对既有制度的改进；另一个是建立新制度，使制度供给尽最大可能覆盖需求面。

一、对既有制度的改进

1. 修正既有制度的错配

居于垄断地位的金融业，最典型的特征就是金融机构与金融市场的残缺，使得众多的融资需求人得不到合适的融资渠道。因此，首先要做的是让这些金融机构与金融市场的业务范围归位，恢复其合理的融资渠道与对象。对于大中型银行，其业务范围应当是以高质量的大中型企业为主，而不应当让其小额贷款业务占据一定的比重。对于主板市场，应当以大中型的优质企业为主，这类企业融资仍然是维持与推动经济发展的主要力量。其次，允许金融机构探索对中小企业融资的新技术。第三，放松管制。放松利率管制，放松出资人管制以及银行数量管制等，让市场来确定利率高低，让市场决定机构的数量和规模。

2. 创建新的机构与市场

在将机构归位以及改进技术和放松管制后，还要建立新的金融机构和金融市场来解决中小企业融资约束。如图 14-18，从金融机构空缺部分可以看出，中国在为大型企业提供服务方面做得相对完善，而在中小企业方面，无论是金融机构还是金融市场都很缺乏，而且越往外其缺乏程度越高。

在完善既有的金融机构与金融市场建设的同时，增加金融机构和金融市场的多样性。加快发展多层次资本市场，特别是加强区域性股权市场、债券市场等。活跃地方性金融交易市场，加快地方金融机构的发展，除小额贷款公司外，应当在城市发展社区银行，在农村地区则应加快发展村镇银行和农村互助银行，发展此类吸储性机构以便更好地服务于社区和当地。对于广大的民间融资市场，应当加以规范，使之交易活动能够在法律法规的保护之下。

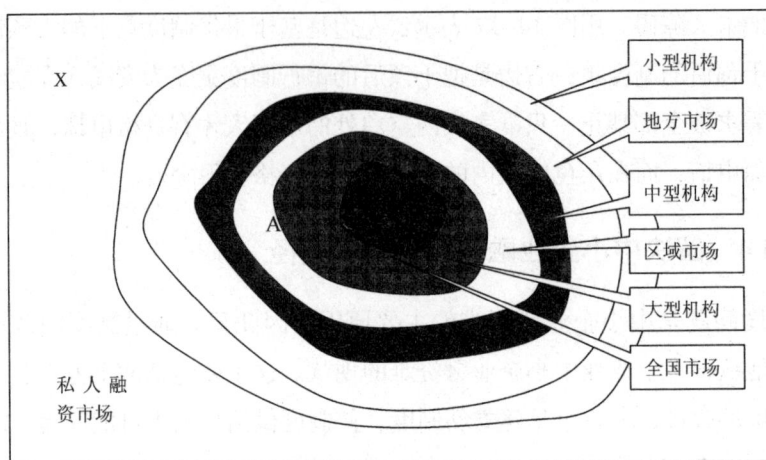

图 14-18　金融制度集

二、普惠金融与中小企业融资体系构建

普惠金融体系（inclusive financial system）是联合国于 2005 年提出的概念，基本含义在于"能有效、全方位地为社会所有阶层和群体提供服务的金融体系"。目前的金融体系并没有为社会所有的人群提供有效的服务，主要服务于大企业和富有的人群，而部分中型企业、大量小微企业、低收入以及贫困人口却没有得到足够的金融服务。普惠金融的理念是让每个人都有获得金融服务机会，以便参与经济的发展。国际上普惠金融体系越来越与脱贫、性别平等等社会意义的目标联系在一起。

尤努斯创新的小额贷款形式，实现了为小微企业、低收入和贫困人口提供金融服务的目的。这表明传统金融制度排除在外的人员，也可以成为金融服务的客户并使经营此类业务的公司实现财务可持续，这是普惠金融体系得以提出的重要实践证据。融资需求是金融服务的重要内容，而被传统金融排除在外的那部分中型企业、小微企业、低收入人群和贫困人口，其信息特点为硬信息不足，软信息占有优势。这类融资需求人在本书的融资需求集 X 中居于外围，即私人融资市场及小型机构与小型市场所处的范围内，为这部分融资需求者提供服务的金融体系也就属于普惠金融体系的一部分。普惠金融提出的目的是把所有的融资需求纳入到正规金融制度之下，为其融资提供制度支持。金融服务也由部分人所拥有的权利成为所有人共有的权利，使金融发展和创新不再受到法律制度的限制，而是得到足够的鼓励和支持。

　　发展普惠金融，首先要发展吸储性的中小型金融机构。由于担心吸储性金融机构可能带来的挤兑性金融风险，中国对吸储性金融机构的设立控制极为严格，使得广大贫困地区缺少甚至根本没有吸储性金融机构。从普惠金融体系看，吸储性金融机构的存在提供了储蓄的渠道，也解决了对这类人群提供小额贷款的资金来源。这类机构利用近距离接触借款人或者采用创新技术解决信息不对称问题，可以较好地控制风险。在农村把现存的信用合作社、村镇银行进行改造，增强服务小微企业、低收入及贫困人口的能力。在城市设立社区银行，为当地社区居民服务。赋予小额贷款公司吸储功能，利用其灵活性深入贫困与边远地区，为当地人提供储蓄与信贷服务。互助组织也是小微企业和贫困者筹集资金自我发展自我救助的重要形式，互助组织的成员相互熟悉，也可以解决融资过程中的信息不对称问题。

　　发展普惠金融，还要加强直接融资体系的建设，需要进一步优化主板、中小企业板、创业板、新三板的制度安排，加快发展多层次资本市场体系，当务之急是要建立全国统一的场外交易市场。而场外交易市场的建立，既需要在法律上给场外交易合法定位，更需要对场外交易的制度安排做出具体规定。

　　1. 明确定义场外交易市场的法律地位。回顾全国已经存在的两大场外交易系统 NET 和 STAQ 一直在法律真空中运行，并受到政策冲击而停摆的历史，以及地方性股权交易市场遭到禁止的例子，我们认为，建立全国场外交易市场必须立法先行，从法律上将场外市场的定位明确化、法制化。1998 年《证券法》颁布时，仅对证券交易所的地位做了明确规定，并未提及和承认场外交易市场的合法性；2005 年修改的《证券法》，仍然没有明确场外市场的法律地位，只是在第 39 条中做了含糊的规定，但对于场外交易市场的法律地位、功能定位、制度安排、市场形态和监管规定并未详细规定，使得场外交易市场至今缺乏法律的支持依据。建议尽快修改《证券法》，从法律上规定"场外交易市场是多层次资本市场体系的重要组成部分，中国为小微企业融资服务的资本市场的基本形式为全国证券交易自动报价系统"。

　　2. 明确规定场外交易市场的制度安排。相对于沪深主板交易市场的制度安排，全国性场外交易市场的制度安排应以较低门槛、较为宽松的条件吸引广大小微企业进入资本市场，从而彰显集中交易和场外交易的差异，彻底扭转目前资本市场"倒金字塔"的不合理结构层次。这些制度安排包括但不限于：场外交易证券发行规则、上市规则、交易规则、结算规则、监管规则、信息披露规则等，还应对行情显示系统、交易系统、资金清算系统、股权登记过户系统等作出统一规定。同时，要特别强调监管规则的制度安排。我们认为，场外交易市场的监管应采取集中监管和自律性监管相结合的原则，在监管体系上分两个层次运行，建议成立全国场外交易市场管理委员会，负责第一层次的监管，由中国证监会负责最终层次的集中监管。

第 15 章　中小企业融资：基于普惠金融视角

普惠金融（inclusive financial）是联合国 2005 年提出的一个新概念，它的基本含义是让社会上的所有群体和阶层，特别是贫困和低收入者都能享受到金融服务。发展普惠金融是解决中小企业融资难的治本之策。

普惠金融概念的提出虽然只有短短的十年时间，但它的理念和探索已有相当长的历史。早在 15 世纪的意大利，修道士就开展了信贷业务以抑制当时盛行的高利贷；18 世纪 20 年代，爱尔兰产生了"贷款基金"，向穷人发放小额贷款；19 世纪开始，世界上很多国家如日本、德国等都开展了小额信贷业务；进入 20 世纪小额信贷在发展中国家普遍出现，尤其是孟加拉国的尤努斯教授创办的乡村银行最为著名，把小额信贷业务推向了微型金融服务的新阶段。进入 21 世纪以来，微型金融的概念逐渐被"普惠金融"概念所取代，这就意味着微型金融不再被边缘化，它已成为一个国家金融体系的重要组成部分，普惠金融从此进入了创新性发展时期。

15.1　中小企业金融排斥

一段时间以来，既有的认知对于低收入人群和中小企业的发展和金融服务需求被合理地忽视了，影响了对这部分人群的金融服务和金融支持。

一、认知错误导致的中小企业金融排斥

一是经济增长与收入不平等关系的认知。很长一段时间以来，人们都认为经济增长早期阶段会伴随着收入不平等和财富过度的集中（一部分人先富起来）。富人的边际储蓄倾向高于穷人，财富集中有利于经济增长，同时反过来也使财富更为集中，直到增长的好处在整个经济中蔓延时。来自美国和其他发达国家的早期经验证据支持这一看法，但一些来自发展中国家的证据却不支持。

就不平等与经济增长之间关系，实证发现不均等程度非常低的状况往往与快速增长相关，而最高的增长率则是与适度的分配不均衡相互关联。此外，严重的分配不均衡会降低以后的增长水平。

二是金融市场失灵认知。金融市场失灵主要来自于信息不对称、缺少可抵押资产以及单位贷款运营成本过高等因素，这些缺陷的存在阻碍了金融服务的提供。得不到金融服务的支持，中小企业无力抵御风险、从事创新和扩大规模。因此，这种对金融市场失灵的认知结果，可能是产生持久性的收入不平等、贫困陷阱以及低增长的关键性问题。

二、中小企业金融排斥的具体表现

物理性壁垒：地理准入指标在国家之间差异十分巨大，埃塞俄比亚平均每100000人拥有的银行分行少于一个，而西班牙平均每1000人差不多就有一个分行。

资格障碍：限制申请者的资格，比如，在阿尔巴尼亚、捷克、桑莫比克、西班牙和瑞典的银行，平均只需要有一个文件就可以开一个银行账户，然而在孟加拉国、尼泊尔、喀麦隆、智利、特立尼达和多巴哥、塞拉利昂、乌干达和赞比亚的银行，至少需要四个文件，包括身份证或者护照、推荐信、工资条和居住证明等。

负担能力障碍：在喀麦隆开立一个存款账户，至少需要700美元，比这个国家的人均国内生产总值要明显高得多。同样地，顾客维护这些账户成本与人均国内生产总值比率，在乌干达是30%，而在孟加拉国的顾客们却不需要付年费。

缺乏合适的产品和服务：对于低收入家庭和小微企业来说，缺少适合的商品和服务是金融排斥的重要表现。如贷款（消费贷款或者按揭贷款）最低额度过高（基于金融中介规模成本），同时也存在成本过高情况。申请的时间过长，在菲律宾，要花上10天以上的时间去处理信用卡的申请。在巴基斯坦，要花上20天以上的时间去处理消费者贷款申请，在智利则需要用2个月以上的时间去处理按揭贷款申请。

15.2　普惠金融实践：传统金融领域

包括银行、证券和保险在内的传统金融已经建立起系统的体系，在各国当下的金融体系中占据主体地位。普惠金融的推广首先源于这些传统金融领域的贡献。

一、银行与金融市场

金融深化与中小企业融资之间的正向关系得到了理论和实证研究的支持。金融深化体现在两个领域，一个是银行，一个是金融市场。由于各自经营特点不同，银行和市场都有自己发挥作用的领域，因此其深化的结果对于中小企业融资的影响也不相同。一般认为，银行为下列特征行业融资是有效的，行业的前景几乎没有异议，只要企业能够控制成本保持生产效率，企业确保偿还贷款。即使只有几家银行控制了大部分的可贷资金，也不会导致信誉良好的借款人被排斥的情形。相反的，当企业的前景分歧很大时，市场融资更为有效：即使大多数人的意见是反对这项计划，如果资金雄厚的少数投资者喜欢该项目，企业也可以找到资金。这意味着对于初创型和创新型的企业，发达的金融市场更有利于其发展；而对于成熟且经营稳定的企业，发达的银行系统更有利于其经营和存续。在融资的期限结构方面，研究发现证券市场相对来说有助于企业获得长期融资，而银行的发展则有助于企业获得短期融资。因此不同金融体系的发展，会影响到哪类企业以及哪类项目能够获得融资，进而对中小企业的发展产生深远的影响。

不过当涉及整体经济增长时，研究表明，金融系统无论是银行主导型还是市场主导型的，它对长期经济增长影响不大。重要的是银行与金融市场的整体发展水平，如果缺少竞争，即使一个完美的银行业体系也会阻碍融资，而一个具有流动性的证券市场可以为融资提供更多方便。因此，建立一个充分竞争且有效的金融体系对于中小企业融资十分重要。

二、债务融资

债务融资通常是所有企业外部资金的主要来源。不同的环境会有不同的贷款方式，传统上区分交易型贷款和关系型贷款时，认为交易型贷款主要基于"硬"信息（如借款人可靠的财务账目）或以资产担保，而关系型贷款则显著地基于"软"信息。

关系贷款需要花费时间和精力了解借款人的商业和金融需求，对于信息不对称严重的中小企业来说，关系贷款是其获得银行融资的主要方式，但是这样做对于银行来说就意味着成本高昂，因此需要高利差或是大量信贷来弥补成本。在广泛意义上说，关系型贷款是银行业务的核心，它让银行相对于证券市场和非银行金融机构具有比较优势，即使在发达国家也是如此。因此在某种程度上可以说，当下中小企业融资难的原因，可以归咎于现有的银行中介不愿意从事小规模的关系贷款。

Berger and Udell（2006）列举了其他形式的针对中小企业的贷款方式。假定法律到位，像保付代理、固定资产贷款、贸易融资、租赁等这些基于资产的贷款技术可以释放大量资金，帮助小型和非透明的企业筹措相关的资金。一些贷款技术在发展中国家还没能广泛使用，反映了潜在的法律、信息和制度环境的不足。

贷款登记和贷款评分可以扩大小企业准入。信用登记是交易型贷款技术扩张的重要工具。信用登记让放款人得到借款人的还款记录，同时也能让放款人预测借款人的还款能力。Powell（2004）使用阿根廷公共信用登记的数据表明，全系统范围登记信息的有效利用，可以有效地改进选定借贷对象的精确度，放款人的贷款违约率从 3.8% 降到 2.9%。小型商业贷款的信用评分一般基于信用登记收集的数据，在发展中国家对于这种信用评分的使用正在提升。

三、引入外国银行

银行私有化以及全球金融一体化，推动了银行业在世界各国的扩张，外国银行在一国的金融体系中所起的作用越来越受到研究者的重视，外国银行进入对中小企业融资作用的研究也越来越多。

大多数外资银行，可能很难理解当地商业文化的各个方面，它们主要在硬信息的交易型银行业务中具有比较优势，然而这种比较优势在关系型贷款上不及本地的小银行。在经营初期，它们会避开软信息贷款，很少贷款给中小企业。因此外资银行进入有利于大公司融资，特别是在那些法律和信息基础设施有缺陷的国家中更为明显。

外资银行可以带来竞争，提升效率。随着时间的推移，外资银行会不断地了解当地情况，它们对中小企业贷款会越来越多。有迹象表明外国银行的进入往往使国内金融机构寻求非传统业务，包括向以前被排除在外的细分市场的客户提供服务，由此也扩大了（针对中小企业部门）融资准入范围。

四、债券融资

与银行债务融资相比，债券融资规模要小得多，良好的债券市场可以与银行贷款形成竞争，当一些信誉良好的企业通过发行债券融资时，商业银行不得不寻找那些先前不为市场所接受的中小企业作为新客户群体。

债券市场虽然很少为中小企业服务，但是它们也可以间接获利。银行可以把中小企业贷款整合成较大的单位，然后卖给养老基金或者其他机构投资者，以这种方式节省资本和流动性。哪里债券融资可行，哪里就可以降低贷款价格同时提升贷款可得性。

五、引入外部资本

任何企业都需要资本来运营企业。资本的来源可以是自有资本，也可以是企业的未分配利润，但从企业外部融资始终是企业离不开的资金来源。初创期企业外部资本主要来源于亲戚和朋友，以及未分配利润。随着企业的发展，开始寻求更多的外部资本来源。大多数国家的个人或者企业会以这样或那样方式为最有前景的企业提供私人资本，但是在有组织的证券交易所会发现更多的投资者。

许多国家为解决中小企业融资，对股票融资进行了创新，比如创立创业板市场、场外交易市场和各种风险投资基金等。股票市场发展要求一个良好的制度环境，它要求有完备的投资者权益保护制度和上市企业财务状况的公开披露。在这方面，发达国家要比发展中国家做得更好。

私募股权基金在很多发展中国家已经设立，他们往往附属于银行或其他金融服务提供商，风险资本和私募股权资本（包括面向新设立企业的风险投资）对某些发展中国家的企业来说，已逐渐成为融资的一个重要的来源。私募股权基金的发展依赖于当地先进的产业基础、投资保护的法律法规、有效的退出渠道等多因素。

15.3　普惠金融实践：创新金融领域

虽然普惠金融制度的完整框架尚未形成，但是世界许多国家对于普惠金融的实践却早已经展开，并取得了许多有益的成果，很多实践经验已经在许多国家得到了应用和推广。

一、群贷技术

群贷技术的创造和推广，使普惠金融理念能够为世人所接受。群贷技术最初是由用于扶贫的格莱珉银行创建者尤努斯创立，典型的群贷是由相互认识的5 个贷款申请人组成（如在同一个村庄之内），其中两位成员首先拿到他们的贷款。如果所有的分期付款都能按时支付，初始贷款的四至六周后，另外两名成员也得到贷款。然后，再过四至六周，将贷款给群体主席（这一模式被称为2：2：1浮动制）。从初期贷款发放到最后一笔贷款还清构成一个贷款周期，在"古典"格莱珉系统中这个周期通常为一年。

群贷并不需要小组成员提供担保或者抵押，但是如果出现了严重的偿还问题，整个群体的成员未来都无法再借贷。这一要求使得群贷技术具有隐含担保的内容，由于贷款对于贷款申请人非常重要，为了得到持续的贷款，当小组成员无法偿还时，其他小组成员就会替其偿还。正是由于这种隐含担保，使贷款申请人产生了分化，低风险人与低风险人组成小组，而高风险人被迫与高风险人组成小组。这样格莱珉银行就可以对低风险申请人提供低利率，从而吸引更多低风险借款人进入。贷款发放后，小组成员也会加强彼此监督，迫使成员及时归还贷款。

这种群贷技术比较适合于农村，在城市，由于人员流动大，彼此不熟悉，群贷似乎无法推行。不过，非赢利性小额贷款公司 FINCA 曾在拉美试验过一种不同的群贷，贷款申请人到 FINCA 办理登记，达到 30 人就组成一个贷款小组，这种随机成组的方式使成员间不熟悉。研究者认为，这样也可以提升社会福利，因为低风险借款人进入拉低了高风险借款利率。

群贷技术把贷款管理和风险转移给了借款人，也相应增加了借款人的成本。除了隐形担保成本外，还有组织小组活动（如会议）成本，参加及监督其他成员成本（特别是当小组成员之间距离比较远时）。因此，群贷款技术也在不断改进。

二、互助性贷款

即使没有正规金融机构提供融资，也并不意味着中小企业和低收入人群就不能进行融资，相反他们会有多个融资来源，可以称为非正式融资。这些融资主要在家庭内部、亲戚和朋友之间，这些贷款往往是互惠的，贷款不存在利息。成本高昂的高利贷性贷款也存在，只不过规模较小。互助性贷款可以算作普惠金融的早期探索，也与后来的群贷技术具有相同的生存机理。这种互助性贷款组织主要有：循环储蓄、信贷协会（ROSCAs）和信贷合作社。

ROSCAs 把更广泛的邻居和朋友资金汇集在一起进行放贷，在世界范围内都广泛存在，如喀麦隆农村 tontines，中国的回族组织，墨西哥的 tanda 和智利 polla。ROSCAs 结构简单，由一定数量的人组成一个组，组中成员同意定期出钱组成一个资金池，每期把资金池中资金分配给团队中的一员使用，到期回收并分配本息，然后再归拢资金提供下一个成员使用。例如，12 个人同意在 12 个月期间内每月贡献出 200 元，这样每月初资金池中有 2400 元，可以放款给其中一个成员，期限一个月。在下一个月的小组会议上，回收款项并分配获得的收益。在排除已经得到资金的受助人后，其他一个成员将得到资金，直到每位成员得到一次 2400 元的资金，形成一个循环（当然 ROSCAs 也有投标这种分配方式）。ROSCAs 可以成功地利用每户的剩余小额资金，转化为大额资金以便用于大额购买。同时亲友之间的关系，使得 ROSCAs 违约风险很小。

信贷合作社的功能很像 ROSCAs，在有储蓄能力的社区募集资金，然后向想投资或消费的人发放贷款。不同的是信贷合作社具有以下特点：第一，借贷时，会员不需等轮到他时再借，也不需竞标贷款。第二，储蓄者和借款人这些参与者都是合作社的股东。一些重要的决策，如现行利率，最大的贷款额度以及信用合作社章程的变化等，都由会员民主决定，以一股一权为基础。像 ROSCAs 成员一样，信贷合作社的成员也有共同特点，也就是，他们住在同一个街区，参拜同一个教堂，或者工作在附近。因此，社会制裁有利于促进合同的履行，最大的可能也就是违约者失去信贷合作社的股份。同时，对于成员投资的项目合作社也会比较熟悉，比起投资外部人员，由不对称引起的风险要低很多。因此，从经济上来说也具有效率。

三、批发金融与小额贷款证券化

从事普惠金融的金融机构（如小额贷款公司）的资金来源，始终是困扰其发展的障碍之一。在很多国家，从事小额贷款的公司都有吸收公众存款的功能。如孟加拉的格莱珉银行，印度尼西亚的国民乡村银行（BRI）。很多这类金融机构处在边远地区，在提供储蓄服务获得资金来源的同时，也为当地居民和企业积聚财富提供了渠道。批发金融与小额贷款证券化是开辟新的资金来源的有益尝试。

批发金融是指由批发机构汇集资金，专门为小额金融机构提供资金，然后再由小额金融机构发放给低收入客户。批发机构组织形式多种多样，可以是开发银行、非政府组织、捐助项目、私营商业银行以及特别的政府项目或捐助项目。

2009 年 2 月，世界银行扶贫协商小组（CGAP）完成了一项关于批发机构（apex）的调查项目，确定在全世界有 76 家小额金融批发机构。这类机构在南亚和拉丁美洲尤其普遍，过去五年里，非洲的批发机构数量也大幅度增加，2003 至 2008 年之间成立了 8 个批发机构。印度国家农业和农村发展银行（NABARD）是世界最大的批发机构，仅 2007 年投入的资金就达 500 多亿美元。

NABARD 成立于 1982 年，是一家国有银行，其使命是促进农业与农村可持续和公平发展，由印度政府和印度储备银行出资组建。NABARD 支持小微金融公司主要通过两个渠道。一是资本金支持。NABARD 根据地区分布、客户覆盖水平、信贷模式和历史经验等指标，对申请资助的微型金融机构进行筛选，通常要求微型金融机构具有较宽的覆盖面和高质量的小额贷款资产组合。被选定的微型金融机构将得到资本金支持，同时也得到基础设施建设和管理经验的支持，条件是微型金融机构在向贫困人群提供金融服务时，需要收取相对较低的利率。二是贷款资金的支持。NABARD 向微型金融机构提供循环式的批发资金，规定这些资金用于对小微企业和贫困农户的再贷款。批发资金贷款年利率为 3.5%—9.5%，贷款期限为 7—9 年。为保证批发资金用于特定贷款对象，NABARD 还对微型金融机构进行评级和监督，评价标准包括其管理能力、信息系统和数据报告体系的质量等，并随机调查接受批发贷款的微型金融机构的客户和检查会计记录的有效性。

2006 年 8 月，孟加拉国农村发展委员会的小额信贷证券系列 I 发行，它是世界首个证券化的小额信贷应收款，同时也是第一个称为小额信贷证券化的新型投资证券（MCBS）组合，它也是孟加拉国国内的第一个 AAA 级证券交易。这一交易使证券直接与小额信贷应收款联系在一起，而不是发放给小额信贷机构的贷款。

小额贷款证券化，为通过金融市场发展普惠金融提供了试验性机会，通过公开化的信息渠道，小额贷款的风险特征也得以显现。如何提升信用，如何优化证券设置，都为后续的普惠金融业务提供了良好基础。

四、移动电话在普惠金融中的应用

地理障碍是金融中介机构无法为中小企业及贫困人口提供金融服务的重要障碍之一。很多中小企业或者贫困人口处于偏远地区，金融服务人员去接触客户时需要付出较大成本。而移动电话则可以在很大程度上减少这一成本，因而在一些国家移动电话开始成为普惠金融的重要渠道。在移动电话应用于普惠金融方面，印度走在了前面。

印度移动电话普及率增长很快，2004 年印度电话普及率还不到 20%，到 2014 年 1 月，移动电话人口就达 9.36 亿，普及率达到 74.89%。虽然印度的金融系统在农村地区进行了扩展，但是这些金融机构相对于广大农村地区仍然显得过少，机构也只在个别地区出现。Suvidha 是印度一家移动电话公司，依靠自身的移动网络，它面向客户推出了移动金融服务 Beam 系统。

Suvidha 的 Beam 服务对象主要是那些没有银行账户，但通过小额信贷机构或银行获得小额信贷的客户，即消费者购买的卡。Beam 实际上有两个部分，一是用户间无线内部账户金融交易系统，运行在后台，称为 SWIFT 系统，二是储存有预付款以备消费者购买服务的卡。因此 Beam 用户不需要连接因特网，下载软件、设置 SIM 卡或者其他特殊设备，所有的电信用户都可以使用。

SWIFT 是一个移动电子商务平台，为银行和其他提供小额信贷的金融机构提供交易管理服务和远程通信服务。用户开通 Beam 服务很简单，只要是 Suvidha 的移动用户，通过向 Beam 发送手机短信并分配给一个个人识别号码（SPIN）来获取服务。SWIFT 自动为用户建立 Beam 账户，并将此操作在几秒钟内通过短信告知用户。在开通 Beam 服务后，用户就可以使用金融服务，使用金融服务的资金存在预付卡上（即 Beam 账户资金）。用户通过短信、IVRS（交互式语音应答系统）和网络享受 Beam 的服务。用户可以进行汇款、付款、消费等支付业务。由于拥有用户的支付信息，加上强大的 SWIFT 后台网络，Suvidha 公司也为其他金融机构提供服务，允许这些金融机构通过这一系统提供金融服务，包括小额信贷业务，小额保险业务，小额投资业务，以及 Suvidha 合作商对 Beam 客户的国际汇款服务。

15.4　政府在发展普惠金融中的作用

开展普惠金融面临着诸多难题，如信息缺口、集体行动的协调等，单靠市场无法解决，就需要政府机构参与进来。

一、长期的制度建设

政府首先要维持宏观经济的稳定，只有这样才可以促进金融业的发展。宏观经济的稳定有利于长期融资契约，而不稳定的环境下融资方只愿意签短期契约，以便随时控制资金。维持金融制度稳定，在财政政策上需要注意维持财政平衡，防止出现通货膨胀。金融业的发展须同时注重两方面，一是金融政策用来提升金融机构运作的商业环境（包括通信、交通和能源基础设施），而不是为了解决金融部门自己的需求；二是金融制度建设应当提升金融功能，特别是基础制度框架，现代经济的增长离不开良好的金融制度保障。

制度建设是一个长期而复杂的工程。制度对金融的作用主要体现在法律制度上，法律制度需要有一定程度的灵活性，因为金融技术是不断发展的，具有灵活性的法律制度可以跟上金融技术的变化。由于普通法传统的法律比起民法传统的法律更具有灵活性，因此就融资障碍来说，具有普通法传统的国家比民法传统的国家要少得多。

制度建设要保护私有产权，防止国家对私有产权的侵害。征收的风险是对金融部门发展的主要威胁，因此也是经济增长的主要威胁，没有阻止国家掠夺私有财产的制度，金融促进经济繁荣的道路会被严重阻碍。而在许多发展中国家，反复发生着财产被国家掠夺的行为，金融资产便无法有效积累。制度建设也要致力于社会的开放，这意味着政治体制要维护竞争而不是寻租。

制度建设涉及多个方面，同时进行显然是很难做到的，可以先改革那些不容易引起争议的制度。首先解决与个人权益有关的法律及制度，解决多个权利人矛盾的法律和制度可以延后。除了法律基础设施外，信息基础设施也很重要，特别是对贫穷国家更是如此，如征信系统。

二、促进普惠金融的一些具体政策

普惠金融制度应当是一个自我深化并不断扩展的体制，为此，制度的设置目的应当以促进金融市场活动为目标。在全球化趋势已经相当广泛的情况下，采用全球广泛使用的法律法规是一条可行途径，这些法律法规以保护金融市场活动为目的，包括会计、银行、证券市场、信托基金、租赁等。对金融活动征税要合理适度，不过度征税；普及、提高社会的金融知识等措施，对于普惠金融活动的发展也非常有益。

贷款登记制度有助于普惠金融的发展。贷款登记可以由私人部门经营，也可以由政府部门经营，不同国家采用的方式会不尽相同。信用信息共享无疑会加剧信贷市场的竞争环境，减缓中小企业的融资约束，因此现在的银行可能不会有兴趣和其他机构分享正面信息，因为这可能会给自己增加来自新进入者的竞争压力，因此政府可能不得不考虑强制信息分享。

及时立法保护最新科技在金融上的应用。互联网和移动电话的迅速发展，极大降低了信息收集、传递和处理的成本，在金融领域得到了越来越广泛的应用。但缺乏法律依据可能会阻碍这些技术的适应，政府需要先行立法跟上技术步伐。新技术的应用会改变金融业的业务运作模式，相应的监管制度也要进行改革，如新技术的应用让一些科技类公司如电话公司等，可以自建电子交易系统及相应的支付系统，而原来的支付系统是由金融机构建立，因此相应的监管就需要进行改革。

针对中小企业特点，设立相应的上市规则。证券市场制度设计的主要目的在于保护投资者，一般来说，证券市场制度设计越规范，对投资者保护越强，但同时也意味着对上市公司的要求越高，结果会把中小企业挤出市场。为此，许多国家设立专门证券市场来容纳中小企业。在这些市场上，上市公司要获得公众认可，一方面依靠企业自身的努力，另一方面中介机构的信誉也起到了关键作用。这些市场一般是通过降低进入标准，来获得更多中小企业上市。

三、市场上的政府干预

由于市场失灵以及普惠金融所具有的社会福利性，政府对其进行干预被认为是必要的。

补贴是世界各国推动普惠金融采用的主要工具，但是这种工具实施效果并不令人满意，主要原因是提供补贴的成本高昂，主要体现在以下两个方面：一是目标群体不能被很好地定义，导致优惠政策没有落到最需要的群体上；二是市场创新会促进普惠金融发展，而补贴则会破坏这一创新。事实上，信贷补贴的财政成本可能会很高，通常远远高于事前预测。不仅如此，优惠政策还可能受政治化的影响，形成系统性偏离。政府试图改善中小企业贷款的数量和期限结构，往往采用定向信贷计划，而定向贷款很容易出现政治导向，贷款最终流向了政治密友或者自己的利益集团。

在税收方面，面临的主要问题是税收的变动很容易成为推动普惠金融的障碍。由于很容易从金融部门获得税收收入，这导致了许多其他形式的税收或准税收被强加到金融部门，这对于扩大中小企业金融服务非常不利。

政府干预也有一些地方做得比较好，值得进一步完善和发展。一是政府支持的储蓄和支付服务。许多国家通过邮政银行和国家储蓄银行为低收入群体提供存款服务，邮政机构网络众多，成为偏远的地区提供基本的支付和储蓄服务的首选。二是发展类金融机构。国家扶贫开发类机构开始改变经营模式，不再单纯提供贷款，而是演变成更复杂的金融服务的提供者。例如在墨西哥就出现了多种服务中小企业的创新：一是政府开发银行 Nafin 开发的反向保理电子经纪业务，小供应商向大的有信誉的需求商供货而取得应收账款，可以此应收账款融资；二是 BANSEFI 设立电子平台，通过集中后台办公操作，来帮助金融中介机构降低运营成本；三是政府拥有的投资银行 FIRA，为农业等供应链提供贷款风险管理。此外，采用公私合作方式经营的发展类金融机构也成为一种选择。

人们越来越认识到，对政府直接干预普惠金融的活动，需要认真地设计和规划。首先要进行成本与收益的评估，确定干预是建立在成本有效的基础上。其中对目标受益人的影响必须进行评估。其次要注意干预行为的系统性效应，尤其是大规模的项目，这些项目干预对于参与者与未参与者的影响微妙，例如，通常认为，直接以低于成本价格提供服务会削弱私人服务提供者进入的动力。再次，干预的成功离不开机制设置，通过治理机制做到目标自我实现，同时要有可行的技术及机构设置来保障干预的运行。

第 16 章　中小企业融资：基于信息通信技术视角

16.1　问题的提出

目前，在"大众创业，万众创新"的环境下，中小企业的地位日显重要。但是，中小企业获得的融资支持与其在经济发展中的作用极不相称，融资难成为制约中小企业发展的瓶颈。众多学者已经展开了对如何缓解中小企业融资约束的探讨，传统的观点把中小企业融资困难的主要原因归咎于中小企业自身信息不透明、缺乏抵押品、融资交易成本高等（Beck and Demirguc-Kunt, 2008; 徐忠和邹传伟，2010）。Lvatury（2006）就认为，主流的金融机构很难将金融服务提供给中小企业或者低收入群体，主要体现在以下几个方面：首先，中小企业数量多且交易成本高，传统的银行很少关注小额贷款。其次，如果区域内通信设施基础较差，金融机构也很难将金融服务提供给该区域内中小企业或者低收入群体。最后，中小企业或者低收入群体较少的信用记录增大了金融机构提供贷款的风险。最新的观点则认为中小企业融资难的原因在于既有的金融制度的缺陷，即中小企业的自身特点和融资特点与现行的以商业银行为主导的融资体系严重不匹配。因此，在现有金融体系内的改革无法从根本上解决中小企业的融资需求，必须对金融制度进行变革或者技术创新来改变现有的金融制度体系（邢乐成，2013）。

实际上，信息通信技术（ICT）的发展给银行等金融机构以更低成本向更广泛的低收入群体或者中小企业提供正规金融服务的机会（Richard Nyangosi et al, 2013）。借助于手机、电脑等终端，可以随时随地获得金融服务，在 ICT 的支持下，交易成本降低，交易边界得到拓展。大量的研究已经发现，信息技术的发展增加了银行为广大低收入群体或者中小企业提供高质量金融服务的机会，特别是在给距离较远或者未能提供正规金融服务的区域上具有重要作用（Claessens，2006）。实践中，伴随着普惠金融战略的实施，基于 ICT 的无网点银行金融服务体系在非洲、美洲等世界发展中国家如火如荼地开展。在亚洲和非洲，无网点银行服务多数采用手机银行项目，而在拉丁美洲多数是通过代理银行实施，由银行直接控制（Mas，2009）。目前，以信息通信技术（ICT）为基础的手机银行、互联网金融模式，通过移动支付、网络平台和云计算等对现有的金融制度产生了颠覆性的影响。在 ICT 的影响下，支付便捷、集中支付和个体移动支付相统一，信息处理和风险评估也通过网络化进行，市场信息不对称程度大大降低，资金供需双方在资金期限匹配、风险分担上成本更低（谢平等，2012）。市场充分有效，达到了和现有的资本市场以及银行等融资机构一样高效的资金配置效率，大幅减少交易成本。因此，基于 ICT 扩散，研究其是否通过降低交易成本、扩大金融制度边界及提升金融包容性，从而缓解中小企业融资约束具有非常重要的理论和现实意义。

16.2 相关的文献回顾

在信息化时代，ICT 作为促进经济增长的重要资源而受到国内外学者的广泛关注。已有的研究中，学者们重点关注了 ICT 影响经济增长、ICT 促进金融包容性等方面（Vu，2013；田杰，2014）。Seo（2009）提出 ICT 的基础设施作为一种社会资本，能便利地使人们获取并共享信息，减少交易成本，因而能提高生产效率。Vu（2011）利用 102 个国家 1996—2005 年的面板数据，分别采用传统的回归分析和 GMM 方法测度了 ICT 扩散对经济增长的影响，发现 ICT 正向促进了经济增长。Shamim（2007）以 61 个国家作为研究样本，利用其 1990—2002 年的面板数据并采用系统 GMM 方法对信息通信设施建设与经济增长关系进行研究，结果发现移动用户的增长和互联网人数的增长与金融深度呈正相关关系。Andrianaivo and Kpodar（2011）采用非洲 44 个国家 1988—2007 年的面板数据并利用系统 GMM 方法估计了 ICT 扩散是否通过金融包容性来促进经济增长，结果发现 ICT 对经济增长存在正向影响，移动手机的发展对高水平的金融包容性更为重要。Seifallah Sassi and Mohamed Goaied（2013）以 17 个中东和北非国家为例，采用其 1960—2009 年度面板数据分析了金融发展和 ICT 对经济增长的影响，结果证明 ICT 对经济增长显著正向促进，提出中东和北非国家应当大力发展信息通信技术的政策建议。由于 ICT 促进金融发展在中国还处于起步阶段，仅有少数国内学者注意到 ICT 在提高金融包容性以及促进经济增长方面的重要作用。郭兴平（2010）提出电子化金融服务渠道创新是建立普惠型农村金融体系的突破口。何光辉（2011）指出由于手机银行成本低廉，不受时空限制等特点，应该运用其来促进中国农村金融的包容性发展。田杰（2012，2014）利用中国 2006—2010 年 1743 个县市的数据实证研究发现，信息通信技术可以有效降低金融排斥，促进农村金融包容，带动农村经济增长。

在经济活动中，多数中小企业面临着明显的融资约束问题，因而国内学者分别从中小企业调整自身结构(王卫星等,2012)、政府加强信用等级评估(郭娜,2013)、发展中小金融机构或非正规金融机构（林毅夫，2001，2005）等不同的角度探索如何缓解中小企业融资约束。然而，这些策略或者方法并没有有效改善中小企业融资难的境况。本章认为，目前的金融制度是以金融机构自身为立足点，以控制风险为核心建立，从根本上就排斥中小企业融资的需求。因此，中小企业融资难的根本原因是现有的金融制度边界过于狭窄，将低收入群体和中小企业均排斥在外。要改善这种状况，必须扩大金融制度边界。ICT、互联网和金融的结合，引致了无网点银行服务的出现，使得手机银行能有效拓展交易边界（Ahmed Dermish，2011；Martin Jayo，2012；刘海二，2013）。然而，仅有少数文献试图从信息技术发展的角度探索其对企业融资约束的影响。如赵岳（2012）分析了银行通过电子商务平台为中小企业贷款的新型信贷模式，认为引入电子商务平台后，其在增大企业违约成本、采集企业信息、实现风险共担等方面的优势可以在一定条件下帮助企业展示自己的信用类型，从而解决我国中小企业的融资难题。

虽然学术界已经关注到 ICT 扩散提升了银行等金融机构的包容性并促进经济增长，也探索了缓解中小企业融资约束的各种策略，但从 ICT 的角度探索如何缓解中小企业融资约束的研究还较为鲜见。本章基于金融制度边界的视角，提出 ICT 扩散可扩大金融制度边界、提升金融包容性从而有助于缓解中小企业融资约束。鉴于此，本章首先在集合的框架下分析了 ICT 扩散影响金融制度边界变动的理论基础并提出相关命题假设，然后以中国 522 家中小企业板上市公司 2004—2014 年面板数据实证研究了 ICT 扩散、金融制度边界与中小企业融资约束的关系，最后由此提出相应的制度设计和政策建议。

16.3　金融制度边界理论的再分析

金融制度是为经济发展提供金融服务的一系列规则，中国金融制度体系严重滞后于实体经济的发展，特别是政府对金融资源的实质性控制和制度性歧视排斥了中小企业融资（姚先国等，2010）。因此，国有大中型企业容易被目前的金融制度所接纳，而大多中小企业则被排斥在外。这样，所有的融资需求人之间就形成一条界线，界线以内融资需求得到有效满足而界线以外则无法得到满足，本章称其为金融制度边界。ICT 的发展将会对金融制度边界产生影响从而使金融制度边界产生变动，将排斥在外的中小企业纳入到金融制度接纳的范畴。因此，本章试图从交易成本和竞争两个角度分析 ICT 如何影响金融制度边界的变动，进而缓解中小企业融资约束。

一、金融制度边界基本模型

假设在一个经济体中，存在诸多的金融机构或金融市场等金融组织为融资需求人提供资金，同时也存在规模、融资需求等不同的融资需求人。本章将所有的融资需求人看作一个集合 X，在这个集合中，金融组织根据融资需求人的自身条件决定向哪些融

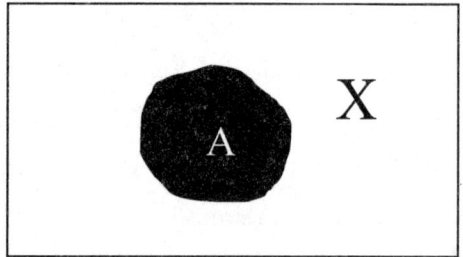

图 16-1　金融制度边界组合图

资需求人提供资金。现实中，仅有部分融资需求人获得了满足，从而构成了一个新的集合 A，该集合的边界就构成了金融制度边界，即图 16-1 中的不规则圆形。集合 A 以外的融资需求人，即集合 X-A 则为目前的金融制度无法提供资金的融资需求人。中小企业由于各方面的原因，普遍被排斥在金融制度边界以外，因而广泛存在于集合 X-A 中。本章的研究即是探索 ICT 扩散如何影响集合 A 的边界变动，从而将中小企业能有效纳入到集合 A 中。

在集合 A 中，融资需求人自身条件也存在着差异性，金融组织亦按照一定的规则为集合 A 中的所有融资需求人进行排序。融资需求人的排序依据是按照每个融资需求人的多维信息进行综合评估，即 $x = (x_1, x_2, \cdots, x_s)$。按照信贷理论，融资需求人的多维信息可分为硬信息和软信息两类。硬信息容易得到第三方验证，且在传递过程中不容易扭曲和丢失，因而更容易被获取，成本较低，主要体现为财务信息；而软信息则由于难以验证且在传递过程中容易扭曲和丢失难以被获取，主要是人力资源、管理技能等信息。金融组织获取融资需求人的多维信息需要付出一定的成本，中小企业由于硬信息较差，而软信息

又难以获取，使得评价中小企业的成本要高于国有大中型企业（宋徐徐等，2012）。如图 16-2 所示，对于集合 X 中的融资需求人，集合 A 到 X-A 集中体现了硬信息和软信息带来的排列上的差异。因此，降低评价成本或者交易成本是缓解中小企业融资约束的重要途径。

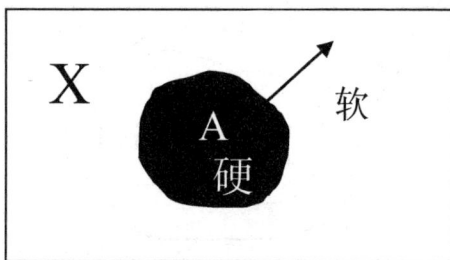

图 16-2　融资需求人的排列

二、交易成本与金融制度边界的变动

张杰（2012）分析了金融制度边界的影响因素，提出采用交易成本来分析并确定金融制度边界更为合理，交易成本的变化影响着金融制度边界的扩张与收缩。实际上，金融制度边界是在一定的金融制度条件下选择的结果，如果金融制度提供的融资机会成本大于收益，需求人将选择收益最大的那项制度进行融资，那么金融制度边界就会扩张，反之，则会收缩。

根据上述分析可知，交易成本影响着融资需求得到满足的人数。当交易成本降低时，融资需求得到满足的人数将会增多，参与交易的资金量也会增大，金融包容性增强，金融制度边界将扩大。因此，借助于 ICT 扩散，交易成本大大降低，使得金融制度边界得以拓展，原先无法得到融资需求

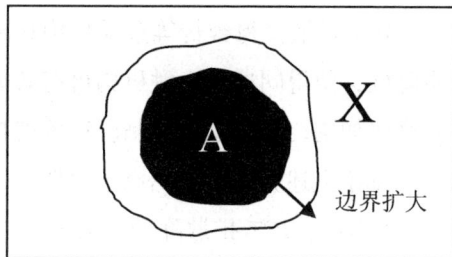

图 16-3　交易成本与金融制度边界变动

的人也纳入到交易集合当中，如图 16-3 所示。因此，ICT 扩散给众多的中小企业进入金融制度边界以内的机会，从而有效缓解融资约束问题。

三、竞争与金融制度边界变动

金融制度提供了金融机构的行为准则，面对融资需求人，不同的金融机构为其提供金融服务。此时，融资需求人通过比较各个不同金融机构提供的服务质量和成本选择适合的金融服务企业。在此过程中，不同的金融机构之间将产生竞争。在竞争过程中，提供高质量服务和更低成本的企业将会获得收益，其制度边界也将会扩大，反之，在竞争中失败的企业将不得不收缩其制度边界。

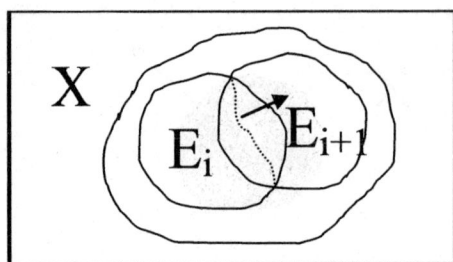

图 16-4　竞争与金融制度边界变动

然而，当不同金融机构竞争激烈时，利率更低，服务更优质，从而会使得整体集合的金融制度边界扩大，如图 16-4 所示。在图 16-4 中，存在两个金融机构和 E_i，E_{i+1}，$E_i \cup E_{i+1} \neq \phi$ 两个金融机构在其交集部分产生竞争，在库诺特均衡条件下，交集中存在一条分界线（图 16-4 中虚线），在线上表示两个金融机构的服务质量和成本对融资需求人是相同的。而当某一金融机构 E_i 效率提升或者成本更低时，分界线将向 E_{i+1} 方向移动，反之则相反。

利用上文中的模型，在金融机构竞争激烈时，各个金融机构作为资金供给方其愿意接受的利率将降低，那么根据 $r_d = r_s + t$，融资需求人的愿意支付的利率也将会降低，根据公式 $\begin{cases} r_d = \alpha - \beta n l_d \\ r_s = \gamma - \lambda m l_s \end{cases}$，参与到融资需求满足集合当中的融资需求人的数量也将会增加，从而金融制度边界将会扩大。

ICT 扩散使得银行等金融机构和融资需求人的效率大大提升，同时交易成本降低，使得同样的金融机构可有效地服务更多的客户，这样银行之间的竞争程度将加剧，有利于金融制度边界的扩大，从而缓解中小企业融资约束。

基于上述分析，提出以下命题：

命题 1：ICT 扩散降低交易成本、提升金融机构间竞争程度，能直接缓解中小企业融资约束。

命题 2：ICT 扩散扩大金融制度边界，通过提升金融包容性间接缓解中小企业融资约束。

16.4　研究设计

一、样本选择及数据来源

本书所使用的数据包括中国中小企业板上市公司财务数据、区域金融包容性数据、信息通信技术发展情况等数据。其中，信息通信技术发展状况的数据来源于 2005—2013 年度中国统计年鉴，区域金融包容性数据来源于 2005—2013 年度中国金融年鉴，中小企业上市公司财务数据来源于国泰安数据库。

本书选取深交所中小企业板上市公司作为初始样本。为避免不必要的"噪音"对实证结果的影响，对初始样本进行了如下筛选：（1）为保证数据的稳定性，本章选取上市至少 3 年以上的公司作为研究样本。（2）剔除上市公司中金融类和被特殊处理（ST）的公司。经过筛选，本书最终确定了 522 家上市公司作为研究样本，共得到了 2605 个观测值。由于中小企业板 2004 年才推出，信息通信技术数据和金融包容性数据目前仅公布到 2013 年度，因而样本期间为 2004—2013 年度。

二、计量模型

从国内外相关文献来看，融资约束问题的研究模型主要采用投资－现金流模型和现金－现金流模型。然而，有学者认为由于投资机会测量偏误、内生性问题等原因导致投资－现金流模型不能正确反映投资－现金流敏感性。之后，Almeida（2004）提出现金－现金流模型可以避免投资－现金流模型存在的问题。国内外许多学者已经利用该模型展开了相关研究（Khurana，2006；张伟斌，2012），且连玉君（2008）的研究也确定利用现金－现金流敏感性来度量企业融资约束合理。本书借鉴 Almeida（2004）提出的现金－现金流敏感性模型，并参照 Khurana（2006）对其的修正，构造了以下两个计量模型：

基准模型：

$$CHAS1_{i,t} = \alpha_0 + \alpha_1 CF_{i,t} + \alpha_2 ICF_{j,t} + \alpha_3 ICF_{j,t}{}^* CF_{i,t} + \alpha_4 SIZE_{i,t} + \alpha_5 GROWTH_{i,t} + \eta_i + \zeta_{i,t} \tag{1}$$

$$CHAS1_{i,t} = \alpha_0 + \alpha_1 CF_{i,t} + \alpha_2 ICT_{j,t} + \alpha_3 IFI_{i,t} + \alpha_4 ICT_{j,t}{}^* IFI_{j,t}{}^* CF_{i,t} + \alpha_5 SIZE_{i,t} + \alpha_6 GROWTH_{i,t} + \eta_i + \zeta_{i,t} \tag{2}$$

扩展模型：

$$CHAS1_{i,t} = \alpha_0 + \alpha_1 CF_{i,t} + \alpha_2 ICT_{j,t} + \alpha_3 ICT_{j,t}{}^* CF_{i,t} + \alpha_4 SIZE_{i,t} + \alpha_5 GROWTH_{i,t} + \alpha_6 EXPEN_{i,t} + \alpha_7 SD_{i,t} + \alpha_8 NWC_{i,t} + \eta_i + \zeta_{i,t} \tag{3}$$

$$CHAS1_{i,t} = \alpha_0 + \alpha_1 CF_{i,t} + \alpha_2 ICT_{j,t} + \alpha_3 IFI_{i,t} + \alpha_4 ICT_{j,t}{}^* IFI_{j,t}{}^* CF_{i,t} + \alpha_5 SIZE_{i,t} + \alpha_6 GROWTH_{i,t} + \alpha_7 EXPEN_{i,t} + \alpha_8 SD_{i,t} + \alpha_9 NWC_{i,t} + \eta_i + \zeta_{i,t} \tag{4}$$

其中，$CHAS1_{i,t}$ 表示第 i 个企业第 t 期的现金及现金等价物的变动；$CF_{i,t}$ 表示第 i 个企业第 t 期的现金流；$ICT_{j,t}$ 表示第 i 个企业所在的区域 j 第 t 期的信息通信技术情况，包括 $MOBILE_{j,t}$，$INTERNET_{j,t}$，$TEL_{j,t}$ 分别是移动电话、互联网和固定电话。$IFI_{j,t}$ 表示第 i 个企业所在的区域 j 第 t 期的金融包容性指数。

其他为控制变量，包括企业规模 $SIZE_{i,t}$，主营业务收入增长率 $GROWTH_{i,t}$，资本支出 $EXPEN_{i,t}$，短期借款的变动 $SD_{i,t}$ 和非现金营运资本的变动 $NWC_{i,t}$。详细的各变量的情况参见表 16-1。

表 16-1　　　　　　　　　　　变量名称及其测度

变量	变量的描述
被解释变量	
$CHAS_{i,t}$	第 i 个公司 t 期现金及现金等价物＝货币资金 / 本期总资产
$CHAS1_{i,t}$	第 i 个公司 t 期现金及现金等价物的变动
解释变量	
$CF_{i,t}$	现金流测度指标：$CF_{i,t}$＝当期经营活动产生的现金流量净额 / 本期总资产
$MOBILE_{j,t}$	移动电话测度指标：MOBILE＝第 j 个区域中移动电话数目与总人口之比
$INTERNET_{j,t}$	互联网测度指标：$INTERNET_{j,t}$＝第 j 个区域中互联网上网人数与总人口之比
$TEL_{j,t}$	固定电话测度指标：$TEL_{j,t}$＝第 j 个区域中固定电话数目与总人口之比
$IFI_{j,t}$	金融包容性测度指标（计算方式参见文中公式）
控制变量	
$SIZE_{i,t}$	第 i 个公司 t 期总资产的自然对数
$EXPEN_{i,t}$	第 i 个公司 t 期资本支出
$GROWTH_{i,t}$	未来的投资机会，利用主营业务收入增长率表示
SD	短期借款的变动
NWC	非现金营运资本的变动

三、变量测度

1. 被解释变量

本章的被解释变量是现金持有量，指现金及现金等价物的变动。

2. 解释变量

本章采用 CF 即经营性现金流量占上年总资产的比重来作为主要解释变量，其系数体现现金的现金流敏感性。当中小企业存在融资约束的时候，该系数为正值且统计显著。ICT 即信息通信技术分别采用移动电话数目、互联网上网人数、固定电话数目与总人口的比值来表示。模型中 ICT^*CF 表示信息通信技术与现金流的交互项，体现了信息通信技术对融资约束的影响，如果其系数为负值且统计显著，表明信息通信技术显著降低了中小企业融资约束。$ICT^{*}IFI^{*}CF$ 表示信息通信技术、金融包容性指数与现金流的交互项，体现了信息通信技术通过影响金融包容性来缓解中小企业融资约束的作用，如果其系数为负值且统计显著，表明信息通信技术通过金融包容性显著降低了中小企业融资约束。

IFI 表示金融包容性指数，该指数的构建参考 Chakravarty（2013）的方法。金融包容性包括三个维度，即地理渗透性、使用效用性和产品接触性。考虑到数据的可得性，本书仅从两个维度进行度量[①]，地理渗透性采用金融业从业人数占总人口的比重进行度量，使用效用性采用存贷款与 GDP 之比进行测度。IFI 计算公式为：

$$IFI = \frac{1}{k} \sum_{i=1}^{k} \left(\frac{x_i - m_i}{M_i - m_i} \right)^r, \qquad 其中，r = 0.5。 \tag{5}$$

x_i 表示第 i 个维度的数值，m_i 表示第 i 个维度的最小值，M_i 表示第 i 个维度的最大值。

3. 控制变量

Almeida（2004）基本模型的控制变量为企业规模与投资机会，扩展模型的控制变量增加了短期流动负债的变动、资本支出和非现金营运资本的变动。因此，本书的控制变量包括了企业规模，投资机会，短期流动负债的变动，非现金营运资本的变动，公司资本支出。企业规模用当年总资产的自然对数衡量；Almeida（2004）基本模型中投资机会采用托宾 Q 值进行测度，本书考虑我国资本市场特点，采用主营业务收入增长率测度；短期流动负债的变动采用短期流动负债的变动额占上年总资产的比重衡量；非现金营运资本的变动也采用非现金营运资本的变动额与上年总资产的比重衡量；资本支出采用购置固定资产、无形资产和其他长期资产所支付的现金与处置固定资产、无形资产和其他长期资产所收入的现金净额之差与本期总资产的比重进行衡量。

---

① Sarma M 在其论文《Financial Inclusion and Development》中遇到数据不可得的问题，也选取了以上两个维度，该方法并未影响研究结论。

16.5 实证分析与结论

一、描述性统计分析

表 16-2 报告了主要变量的描述性统计量。

表 16-2   主要变量的描述性统计

变量	均值	中值	最大值	最小值	标准差	偏度	峰度
CHAS	0.2471	0.2102	0.9283	0.0011	0.1587	1.0471	3.9369
CHAS1	−0.0093	−0.0144	0.6427	−0.5233	0.1111	0.9202	7.2137
CF	0.0482	0.0468	0.4300	−0.3934	0.0811	−0.0669	5.1049
SIZE	21.1699	21.0850	25.0561	18.8555	0.8356	0.6930	4.0076
EXPEN	0.0860	0.0711	0.3973	−0.1634	0.0655	1.1187	4.4116
GROWTH	0.2168	0.1325	5.4861	−0.6077	0.3393	4.9362	49.8154
SD	0.0105	0.0101	0.4789	−0.6270	0.0881	−0.5015	6.4708
NWC	0.0089	0.0095	0.4326	−0.2767	0.0643	−0.0022	6.7652
MOBILE	0.8207	0.8463	1.5309	0.1365	0.2605	−0.0925	2.6323
INTERNET	0.4286	0.4665	0.7045	0.0292	0.1564	−0.3845	2.2172
TEL	0.3000	0.3001	0.6136	0.1091	0.0977	0.0925	2.4890
IFI	0.4448	0.4115	0.9939	0.1524	0.1521	1.4859	5.9068

样本企业中现金及现金等价物出现明显差异，最小值仅为同期资产总额的 0.11%，而最大值为同期资产总额的 92.83%，最大值是最小值的近 900 倍。而现金及现金等价物的均值为 24.71%，这种状况表明企业的现金持有率差异化非常显著，企业的现金管理需要进一步优化。现金流均值较低，仅为 4.82%，最小值为 −39.34%，大约有五分之一的企业现金流为负值，标准差是均值的近 2 倍，表明中小企业上市公司现金流波动较小，基本都集中在 4.68% 附近。主营业务收入增长率最小值为 −0.6077 而最大值为 5.4861，标准差是 0.3393，相对差异较大，表明上市公司在投资机会的获得上存在异同，利用主营业务收入增长率衡量投资机会较为合理。本书选取的样本同已有研究中选择中小企业上市公司的样本特征较为相似。

二、回归结果分析

ICT 扩散影响中小企业融资约束以及 ICT 扩散通过扩大金融制度边界影响中小企业融资约束的多元回归分析结果见表 16-3 和表 16-4。通过 F 检验和 Hausman 检验，所有模型均采用固定效应模型。从总体来看，样本观测值为 2605 个，调整后的多重判定系数 R^2 即回归方程的拟合优度较高，符合多元回归的要求。所有的模型均通过了 F 检验，显著性 $p < 0.001$，说明构建的模型是有效的。

表 16-3　　　　　　　　　　基准模型回归结果

	模型 1	模型 2	模型 3	模型 4	模型 5	模型 6	模型 7
常数项	0.2553***	−0.1864*	−0.3248***	−0.004235	−0.1841**	−0.3259***	0.04632
	（3.8577）	（−2.003）	（−3.6401）	（−0.0419）	（−1.9796）	（−3.7274）	（0.4521）
CF	0.4813***	0.5756***	0.6041***	0.4554***	0.5487***	0.5622***	0.5538***
	（28.0634）	（10.3795）	（12.8915）	（8.1109）	（17.1441）	（19.5538）	（15.0619）
MOBILE	−	−0.09287***	−	−	−0.08676***	−	−
	−	（−6.1469）	−	−	（−4.9656）	−	−
INTERNET	−	−	−0.1731***	−	−	−0.1941***	−
	−	−	（−7.9846）	−	−	（−7.7171）	−
TEL	−	−	−	0.1825***	−	−	0.05194
	−	−	−	（3.6598）	−	−	（0.7510）
MOB*CF	−	−0.0939*	−	−	−	−	−
	−	（−1.8796）	−	−	−	−	−
INT*CF	−	−	−0.2473**	−	−	−	−
	−	−	（−2.3790）	−	−	−	−
TEL*CF	−	−	−	0.1026	−	−	−
	−	−	−	（0.5924）	−	−	−
IFI	−	−	−	−	−0.03140	0.06312	−0.1642**
	−	−	−	−	（−0.6372）	（1.3687）	（−2.8593）

（续表）

	模型1	模型2	模型3	模型4	模型5	模型6	模型7
MOB*IFI*CF	—	—	—	—	−0.1359[*]	—	—
	—	—	—	—	(−1.744)		—
INT*IFI*CF	—	—	—	—	—	−0.3576[**]	—
	—	—	—	—	—	(−2.9130)	—
TEL*IFI*CF	—	—	—	—	—	—	−0.3880[*]
	—	—	—	—	—	—	(−1.7382)
SIZE	0.0128[***]	0.0118[**]	0.01842[***]	−0.003057	0.01213[**]	0.01761[***]	−6.93E−05
	(4.1047)	(2.4477)	(4.0564)	(−0.7151)	(2.4888)	(3.8794)	(−0.01576)
EXPEN	−0.7703[***]	−0.8021[***]	−0.8348[***]	−0.7880[***]	−0.8031[***]	−0.8314[***]	−0.8076[***]
	(−31.8996)	(−32.1854)	(−33.2484)	(−30.7353)	(−32.4481)	(−34.2242)	(−30.9847)
GROWTH	0.2746[***]	0.2694[***]	0.2661[***]	0.2734[***]	0.2696[***]	0.2652[***]	0.2727[***]
	(137.4518)	(113.4470)	(119.0507)	(127.0488)	(114.0709)	(122.0808)	(127.3045)
R2	0.9212	0.9141	0.9208	0.9157	0.9176	0.9285	0.9159
AdjR2	0.9013	0.8923	0.9007	0.8943	0.8968	0.9104.	0.8946
N	2605	2605	2605	2605	2605	2605	2605
F值	46.3651	42.0433	45.9345	42.9126	43.9387	51.2138	42.9722
Hausman值	239.0024	249.5991	253.1447	252.5877	248.7403	255.0835	236.6229

注：表中所列为标准化回归系数，括号内为该系数的t检验值。*** 表示 $p < 0.001$，** 表示 $p < 0.05$，* 表示 $p < 0.1$

表16-3反映了采用基本模型的多元回归结果，表16-4则反映了采用扩展模型的多元回归结果。总体来看，结果并未发生变化，表明研究结论稳健性较好。模型1和模型8是基本回归模型，仅包含需要测度的现金流变量和控制变量。模型2—7以及模型9—14是分别在基本回归模型的基础上加上ICT与CF的交乘项以及ICT、金融包容和CF的交乘项以测度ICT如何缓解中小企业融资约束。在表16-3和表16-4中，所有的回归模型中现金流系数持续为

正值，且统计显著，基本回归模型系数大小基本稳定在 0.45—0.60 之间，扩展回归模型系数大小基本稳定在 0.26—0.32 之间，体现了中小企业存在显著的现金流敏感性，即中小企业在经营过程中具有提取现金并持有的倾向，面临着明显的融资约束问题。

表 16-4　　　　　　　　　　扩展模型回归结果

	模型 8	模型 9	模型 10	模型 11	模型 12	模型 13	模型 14
常数项	−0.2910***	−0.3481***	−0.1445**	−0.1152**	−0.3351***	−0.1267**	−0.08156
	（−7.0017）	（−5.4645）	（−2.4661）	（−2.0424）	（−4.9554）	（−2.0416）	（−1.3714）
CF	0.2652***	0.3203***	0.3288***	0.3057***	0.3010***	0.2880***	0.2712***
	（42.1634）	（12.0456）	（13.2336）	（14.8397）	（16.0081）	（15.8182）	（18.2813）
MOBILE	−	−0.02352	−	−	−0.05848***	−	−
	−	（−0.6297）	−	−	（−7.7191）	−	−
INTERNET	−	−	0.0610***	−	−	−0.003132	−
	−	−	（4.3399）	−	−	（−0.1609）	−
TEL	−	−	−	−0.1362***	−	−	−0.05259
	−	−	−	（−4.6022）	−	−	（−1.3313）
MOB*CF	−	−0.0619**	−	−	−	−	−
	−	（−2.2296）	−	−	−	−	−
INT*CF	−	−	−0.1437**	−	−	−	−
	−	−	（−3.0168）	−	−	−	−
TEL*CF	−	−	−	−0.1061	−	−	−
	−	−	−	（−1.4234）	−	−	−
IFI	−	−	−	−	0.2762***	0.1747***	0.1207***
	−	−	−	−	（8.7871）	（5.6906）	（4.1099）
MOB*IFI*CF	−	−	−	−	−0.09155**	−	−
	−	−	−	−	（−2.6468）	−	−
INT*IFI*CF	−	−	−	−	−	−0.1630**	−
	−	−	−	−	−	（−2.1231）	−

（续表）

	模型 8	模型 9	模型 10	模型 11	模型 12	模型 13	模型 14
TEL*IFI*CF	–	–	–	–	–	–	–0.09633
	–	–	–	–	–	–	（–0.8536）
SIZE	0.01381***	0.01669***	0.00553***	0.007345**	0.01228***	0.002343	0.002026
	（7.0127）	（5.2548）	（1.8480）	（3.0102）	（3.6291）	（0.7342）	（0.7155）
EXPEN	–0.6557***	–0.6691***	–0.6343***	–0.6357***	–0.6571***	–0.6371***	–0.6291***
	（–63.9123）	（–62.6567）	（–61.4161）	（–54.7690）	（–56.5978）	（–78.6126）	（–61.1601）
GROWTH	0.1801***	0.1797***	0.1826***	0.1789***	0.1874***	0.1834***	0.1809***
	（67.9312）	（64.4825）	（66.3018）	（73.1138）	（60.8456）	（62.6225）	（71.7422）
SD	–0.1813***	–0.1871***	–0.1828***	–0.1858***	–0.1607***	–0.1831***	–0.1815***
	（–30.0736）	（–29.3787）	（–31.9044）	（–38.1176）	（–22.7293）	（–29.0805）	（–35.6205）
NWC	–0.4596***	–0.4572***	–0.4516***	–0.4454***	–0.4752***	–0.4644***	–0.4627***
	（–67.7597）	（–69.4661）	（–73.5099）	（–75.0503）	（–53.9998）	（–62.9883）	（–68.6805）
R2	0.9908	0.9891	0.9955	0.9967	0.9850	0.9957	0.9911
AdjR2	0.9877	0.9853	0.9940	0.9956	0.9799	0.9943	0.9880
N	2084	2084	2084	2084	2084	2084	2084
F 值	319.6430	266.5152	654.9291	898.2512	193.5094	693.866	326.2987
Hausman 值	58.6239	65.5679	66.3778	59.1204	74.3509	68.5592	72.8028

注：表中所列为标准化回归系数，括号内为该系数的 t 检验值。*** 表示 $p < 0.001$，** 表示 $p < 0.05$，* 表示 $p < 0.1$。

模型 2—4 以及模型 9—11 反映了在基本回归模型中加入 ICT 扩散指标后对中小企业融资约束的影响。在表 16-3 中，移动电话 MOB 与 CF 交乘项的回归系数为 –0.0939 且在 $P < 0.1$ 的条件下统计显著，INTERNET 与 CF 交乘项的回归系数为 –0.2473 且在 $P < 0.05$ 的条件下统计显著，TEL 与 CF 交乘项的回归系数为 0.1026 但统计并不显著。这表明，除了固定电话外，ICT 显著地缓解了中小企业融资约束。固定电话不显著的原因可能是其与移动电话具有较强的替代性。在表 16-4 中，情况基本一样，移动电话 MOB 与 CF 交

乘项的回归系数为 –0.0619 且在 $P < 0.05$ 的条件下统计显著，INTERNET 与 CF 交乘项的回归系数为 –0.1437 且在 $P < 0.05$ 的条件下统计显著，TEL 与 CF 交乘项的回归系数为 –0.1061 但统计并不显著，命题 1 得到支持。模型 5—7 和模型 12—14 是在基本回归模型的基础上加入了 ICT、金融包容性以及现金流的交乘项指标，以此测度 ICT 是否通过提升金融包容性来缓解中小企业融资约束。在表 16–3 中，MOB、IFI 与 CF 交乘项的回归系数为 –0.1359 且在 $P < 0.1$ 的条件下统计显著，INTERNET、IFI 与 CF 交乘项的回归系数为 –0.3576 且在 $P < 0.05$ 的条件下统计显著，TEL、IFI 与 CF 交乘项的回归系数为 –0.3880 且在 $P < 0.1$ 的条件下统计显著。这表明，ICT 显著地促进区域金融包容性程度，从而有效缓解中小企业融资约束，命题 2 得到支持。表 16–4 利用扩展模型的结果与表 16–3 结果基本一致（MOB、IFI 与 CF 交乘项的回归系数为 –0.09155 且在 $P < 0.05$ 的条件下统计显著，INTERNET、IFI 与 CF 交乘项的回归系数为 –0.1630 且在 $P < 0.05$ 的条件下统计显著，TEL、IFI 与 CF 交乘项的回归系数为 –0.09633 但统计不显著）。从表 16–3 和表 16–4 研究结果来看，交乘项系数与现金流系数绝对值之比最高为 50% 左右，ICT 扩散缓解中小企业的融资约束作用较为明显。特别是互联网金融模式更有效地缓解中小企业融资约束，这表明近几年互联网高速发展，大大促进了金融机构的普惠性，中小企业已经在充分利用互联网融资贷款缓解现金流困难。如近几年发展较为迅速的拍拍贷、人人贷等基于网络的 P2P 融资模式起到了重要作用。值得注意的是，ICT、IFI 与 CF 交乘项的系数要明显高于 ICT 与 CF 交乘项的系数，说明 ICT 扩散通过金融包容性来缓解中小企业融资约束比直接缓解作用更强。

另外，本章的研究结论与已有的研究文献中利用现金—现金流的基准模型和扩展模型的现金流估计系数较为接近，这在一定程度上表明本书的研究结论是有效的。

在控制变量中，主营业务收入增长率、企业规模显著影响企业现金流，多数情况下至少在 1% 的水平上显著为正。而资本支出、非现金营运资本的变动和短期借款的变动分别在 1% 的显著性水平上为负值。这表明，中小企业的现金持有水平与企业规模、投资机会存在正向关系，而与资本支出、非现金营运资本的变动和短期借款的变动存在负向关系。

三、稳健性检验

本书从以下几个方面进行了稳健性检验。首先，Khurana（2006）对 Almeida 提出的现金 – 现金流模型进行了修正，本书利用 Khurana 修正的模型对研究假设进行了检验。其次，借鉴唐建新（2009）的方法，由于中小企业板的上市公司持有现金具有发放现金股利的倾向，因而本书也在控制变量中加入股利分配率。最后，采用总资产增长率替换主营业务收入增长率作为控制变量对研究假设进行了检验。研究结论基本不变。

四、结论

2005 年联合国提出世界各国应积极促进普惠金融发展，积极为低收入群体和中小企业服务。然而，现有的金融制度边界限制了银行等金融机构的包容性程度，难以实现金融普惠。本书则基于 ICT 的视角，从理论分析的角度探索 ICT 如何影响金融制度边界以及 ICT 如何通过提升金融包容性来缓解中小企业融资约束，并提出相应的命题假设。之后，采用中国中小企业板 522 家上市公司 2004—2013 年面板数据，利用多元回归分析的方法进行实证检验，得出如下结论：（1）中小企业面临着明显的融资约束，而随着 ICT 扩散程度不断加强，可显著地直接缓解中小企业融资约束。（2）ICT 扩散扩大了金融制度边界，通过提升金融包容性显著地间接缓解了中小企业融资约束。（3）相对于移动电话和固定电话，互联网金融模式是最有效的扩大金融制度边界的方式，更有效缓解中小企业融资约束。（4）ICT 扩散通过提升区域金融包容性来缓解中小企业融资约束比直接缓解中小企业融资约束的能力更强。

根据以上研究结论，本书提出以下几个方面的政策建议。

1. 进一步加强信息通信技术基础设施的建设，加快 ICT 与金融的融合，有效促进普惠金融战略的实施。截至 2013 年 12 月，中国网民数量达到 6.98 亿，互联网普及率为 45.8%，其中手机上网规模超过了 5 亿，继续保持第一大上网终端的地位[①]。互联网的普及率为金融普惠发展奠定了基础。然而，中小企业使用计算机、互联网信息化状况需要进一步加强，特别是微型企业。地域性差异存在较为明显，东部地区互联网普及率较高，而中西部地区尽管发展速度较快，但仍然和东部地区有较大差距。因此，未来政府应进一步加强中西部地区

---

① 数据来源于中国互联网络发展状况统计报告（2014 年 1 月）。

的通信基础设施建设，普及互联网设备及推进宽带网络计划，加大金融机构的信息化程度，充分利用手机银行、网络银行、短信等提高金融空白区域的金融服务。

2. 政府对以 ICT 为基础的新兴金融模式应加强管理，更好地促进金融机构利用 ICT 为低收入群体和中小企业服务。目前，手机银行、互联网金融模式等已经广泛兴起，如拍拍贷、人人贷等发展迅速，但也存在一些问题。然而，该种模式具有简便灵活、更好满足中小企业融资需求的特点，因而是对现有金融制度体系良好发展的有效补充。因此，政府对出现的问题应理性处理，不能简单粗暴地将其扼杀，这样才能更好地缓解中小企业融资约束。

3. 深化金融体制改革，发挥金融机构潜力并基于 ICT 以容纳更多的低收入群体和中小企业。鼓励金融机构探索中小企业融资技术，充分利用 ICT 扩散能降低交易成本、增加透明度、扩大服务规模等特点，增强金融机构的普惠性，从而更有效地服务于中小企业。另外，基于普惠金融建立中小企业融资体系也是缓解中小企业融资约束的重要举措。例如，发展面向中小企业的中小金融机构，更好地面对面地为中小企业服务。当然，由于此类机构众多，监管困难，可以基于 ICT 利用大型金融机构对中小金融机构进行监管。

参考文献

一、中文文献

［1］陈国进：《金融制度的比较与设计》，厦门：厦门大学出版社，2002年版。

［2］陈雨露：《现代金融理论》，北京：中国金融出版社，2000年版。

［3］戴维·罗杰斯：《商业银行的未来：组织机构、战略及趋势》，王徽、汤建军译，北京：新华出版社，2001年版。

［4］丹尼尔·F.史普博：《管制与市场》，余晖等译，上海：上海人民出版社，1999年版。

［5］道格拉斯·D.诺斯：《经济史中的结构与变迁》，陈郁、罗华平等译，上海：上海人民出版社，1989年版。

［6］蒂米奇·威塔斯：《金融规管——变化中的游戏规则》，曹国琪译，上海：上海财经大学出版社，2000年版。

［7］富兰克林·艾伦等：《比较金融系统》，王晋斌等译，北京：中国人民大学出版社，2002年版。

［8］哈罗德·德姆塞茨：《所有权、控制和企业—论经济活动的组织》，段毅才等译，北京：经济科学出版社，1999年版。

［9］哈特、斯蒂格列茨：《契约经济学》，李凤圣等译，北京：经济科学出版社，2000年版。

［10］哈特：《企业、合同与财务结构》，费方域译，上海：上海人民出版，1998年版。

[11] 黄金老：《金融自由化与金融脆弱性》，北京：中国城市出版社，2001 年版。

[12] 黄亚生：《改革时期。的外国直接投资》，北京：新星出版社，2005 年版。

[13] 凯文·多德等：《金融与货币经济学前沿问题》，陈雨露、王芳译，北京：中国税务出版社，2000 年版。

[14] 李怀斌：《企业组织范式研究》，大连：东北财经大学出版社，2002 年版。

[15] 廖理等：《探求智慧之旅——哈佛，麻省理工著名经济学家访谈录》，北京：北京大学出版社，2000 年版。

[16] 刘恩禄、汤谷良：《高级财务学》，沈阳：辽宁人民出版社，1991 年版。

[17] 迈克尔·迪屈奇：《交易成本经济学——关于公司的新的经济意义》，王铁生、葛立成译，北京：经济科学出版社，1999 年版。

[18] 米什金：《货币金融学》，郑艳文、荆国勇译，北京：中国人民大学出版社，2001 年版。

[19] 默顿·米勒：《默顿·米勒论金融衍生工具》，刘勇等译，北京：清华大学出版社，1999 年版。

[20] 纳尔逊等：《经济变迁的演化理论》，胡世凯译，北京：商务印书馆，1997 年版。

[21] 尼古莱·J. 福斯等：《企业万能——面向企业能力理论》，李东红译，大连：东北财经大学出版社，1998 年版。

[22] 齐寅峰：《公司财务学》，北京：经济科学出版社，2000 年版。

[23] 乔治·J. 斯蒂格勒：《产业组织和政府管制》，潘振民译，上海：上海人民出版社，1989 年版。

[24] 秦国楼：《现代金融中介论》，北京：中国金融出版社，2002 年版。

[25] 青木昌彦：《比较制度分析》，周黎安译，上海：上海远东出版社，2001 年版。

[26] 邵东亚：《金融业的分与合：全球演进与中国实践》，北京：北京大学出版社，2003 年版。

[27] 孙杰：《货币与金融：金融制度的国际比较》，北京：社会科学文

献出版社，1998 年版。

［28］泰勒尔：《产品组织理论》，张维迎译，北京：中国人民大学出版社，
1998 年版。

［29］魏建：《金融控股公司的组织管理模式》，《中国资本市场前沿：
2002》，北京：中国金融出版社，2002 年版。

［30］夏斌等：《金融控股公司研究》，北京：中国金融出版社，2001 年版。

［31］谢平：《金融控股公司的发展与监管》，北京：中信出版社，2004 年版。

［32］熊彼特：《经济发展理论》，张培刚译，北京：商务印书馆，1997 年版。

［33］余晓宜：《国内金融混业经营发展现状及趋势》，广州：广发证券
研究发展中心研究报告,2003 年

［34］约翰·G.格列等：《金融理论中的货币》，贝多广译，上海：上海
人民出版社，1994 年版。

［35］张春子：《金融控股集团组建与运营》，北京：机械工业出版社，
2005 年版。

［36］张杰：《中国金融制度的结构与变迁》，太原：山西经济出版社，
1998 年版。

［37］张艳：《金融业混业经营的发展途径研究》，北京：中国金融出版社，
2003 年版。

［38］张玉明：《信息非均衡与银行不良资产》，上海：三联书店，2001 年版。

［39］赵文广：《企业集团产融结合理论与实践》，北京：经济管理出版社，
2004 年版。

［40］周延年：《西方金融理论》，北京：中信出版社，1994 年版。

［41］兹维·博迪·罗泊特·C.英顿：《金融学》，北京：中国人民大学
出版社，2000 年版。

［42］邹薇：《经济发展理论中的新古典政治经济学》，武汉：武汉大学
出版社，2000 年版。

［43］陈很荣、范晓虎、吴冲锋：《西方现代公司融资理论述评》，《财
经问题研究》，2000 年第 8 期。

［44］陈岚：《中国金融制度风险研究》，《南方金融》，2002 年第 1 期。

［45］崔百胜：《非正规金融与正规金融：互补还是替代？基于 DSGE 模

型的相互作用机制研究》,《财经研究》,2012 年第 7 期。

[46] 戴静、张建华:《金融所有制歧视、所有制结构与创新产出》,《金融研究》,2013 年第 5 期。

[47] 杜朝运:《制度变迁背景下的农村非正规金融研究》,《农业经济问题》,2001 年第 3 期。

[48] 杜晓山、聂强、张军:《江苏小额贷款公司发展中的经验与问题》,《农村金融研究》,2010 年第 5 期。

[49] 郭建斌:《国外小额信贷可持续发展的内在机理及经验借鉴》,《农村金融研究》,2011 年第 2 期。

[50] 郭娜:《政府？市场？谁更有效——中小企业融资难解决机制有效性研究》,《金融研究》,2013 年第 3 期。

[51] 郭兴平:《基于电子化金融服务创新的普惠型农村金融体系重构研究》,《财贸经济》,2010 年第 3 期。

[52] 何光辉、杨咸月:《手机银行模式与监管：金融包容与中国的战略转移》,《财贸经济》,2011 年第 4 期。

[53] 胡金焱、卢立香:《中国非正规金融研究的理论综述》,《教学与研究》,2005 年第 9 期。

[54] 胡金焱、李永平:《正规金融与非正规金融：比较成本优势与制度互补》,《东岳论丛》,2006 年第 2 期。

[55] 黄少安、张岗:《中国上市公司股权融资偏好分析》,《经济研究》,2001 第 11 期。

[56] 记琼骁:《麦克米伦缺欠与中小企业政策性融》,《金融研究》,2003 年第 7 期。

[57] 简泽:《市场扭曲、跨企业的资源配置与制造业部门的生产率》,《中国工业经济》,2011 年第 1 期。

[58] 江其务:《论中国转轨时期。的金融风险》,《金融研究》,1999 年第 3 期。

[59] 姜旭朝、丁昌锋:《民间金融理论分析：范畴、比较与制度变迁》,《金融研究》,2004 年第 8 期。

[60] 康灿华等:《浅谈金融制度创新及其潜在风险》,《财经理论与实践》,

2002 年第 4 期。

［61］李雅珍：《资本结构理论与企业最佳资本结构的确定》，《数量经济技术经济研究)，2001 年第 4 期。

［62］李永平、胡金焱：《设立小额贷款公司的政策目的达到了吗？——以山东省为例的调查分析》，《山东社会科学》，2011 年第 1 期。

［63］李志赟：《银行结构与中小企业融资》，《经济研究》，2002 年第 6 期。

［64］连建辉、钟惠波：《我国上市公司融资偏好悖论：提出与解读》，《福建师范大学福清分校学报》，2002 第 1 期。

［65］连玉君、苏治、丁志国：《现金—现金流敏感性能检验融资约束假说吗？》《统计研究》，2008 年第 10 期。

［66］梁冰：《我国中小企业发展及融资状况调查报告》，《金融研究》，2005 年第 6 期。

［67］林毅夫、姜烨：《经济机构、银行业结构与经济发展》，《金融研究》，2006 年第 1 期。

［68］林毅夫、李永军：《中小金融机构发展与中小企业融资》，《经济研究》，2001 年第 1 期。

［69］林毅夫、李志赟：《政策性负担、道德风险与预算软约束》，《经济研究》，2004 年第 2 期。

［70］林毅夫、孙希芳：《信息、非正规金融与中小企业融资》，《经济研究》，2005 年第 7 期。

［71］林毅夫、孙希芳：《银行业结构与经济增长》，《经济研究》，2008 年第 8 期。

［72］刘刚：《企业的异质性假设——对企业本质和行为基础的进化论解释》，《中国社会科学》，2002 年第 2 期。

［73］刘瑞明：《金融压抑、所有制歧视与增长拖累——国有企业效率损失再考察》，《经济学季刊》，2011 年第 1 期。

［74］刘伟等：《中国银行业改革的侧重点：产权结构还是市场结构》，《经济研究》，2002 年第 8 期。

［75］卢峰、姚洋：《金融压抑下的法治、金融发展和经济增长》，《中国社会科学》，2004 年第 1 期。

［76］欧树军：《资本成本分析和融资决策》，《江汉石油职工大学学报》，
      2001 年第 9 期。

［77］邱宝金：《农民的金融权利实现》，《甘肃金融》，2011 年第 5 期。

［78］冉光和、汤芳桦：《我国非正规金融发展与城乡居民收入差距——
      基于省级动态面板数据模型的实证研究》，《经济问题探索》，
      2012 年第 1 期。

［79］邵挺：《金融错配、所有制结构与资本回报率：来自 1999—2007
      我国工业企业的研究》，《金融研究》，2010 年 9 期。

［80］史建平等：《垄断、政府控制与金融制度演进》，《国际金融研究》，
      2004 年第 6 期。

［81］宋徐徐、许丁：《软信息收集在中小企业贷款 "信贷工厂" 模式中
      的重要作用》，《经济体制改革》，2012 年第 1 期。

［82］谭之博、赵岳：《企业规模与融资来源的实证研究——基于小企业
      银行融资抑制的视角》，《金融研究》，2012 年第 3 期。

［83］唐建新、陈冬：《金融发展与融资约束——来自中小企业板的证据》，
      《财贸经济》，2009 年第 5 期。

［84］田杰、刘勇、刘蓉：《信息通信技术、金融包容与农村经济增长》，
      《中南财经政法大学学报》，2014 年第 2 期。

［85］田杰、陶建平：《社会经济特征、信息技术与农村金融排除》，《当
      代经济科学》，2012 年第 1 期。

［86］王常柏等：《金融资产同质性：关于全能银行的一个理论分析》，《金
      融研究》，2002 年第 6 期。

［87］王江：《我国储蓄投资转化机制的变迁与金融效率》，《投资研究》，
      1997 年第 9 期。

［88］王磊、吴辉凡、姚广宁：《互补、替代与转化：非正规金融与正规
      金融的关系》，《经济经纬》，2009 年第 5 期。

［89］王宁：《我国上市公司资本成本的比较》，《中国工业经济》，
      2000 第 11 期。

［90］王平：《小额贷款公司的制度设计与成效评价》，《中国金融》，
      2007 年第 2 期。

［91］王卫星、赵刚：《长三角中小企业融资困境及其破解路径》，《管理世界》，2012 年第 12 期。

［92］谢平、邹传伟：《互联网金融模式研究》，《金融研究》，2012 年第 12 期。

［93］邢乐成、解传喜：《关系贷款、群贷技术与金融制度边界——中小企业贷款难理论研究及最新进展》，《理论学刊》，2014 年第 10 期。

［94］邢乐成、梁永贤：《中小企业融资难的困境与出路》，《济南大学学报》，2013 年第 2 期。

［95］邢乐成、王廷江：《中小企业融资难问题研究：基于普惠金融的视角》，《理论学刊》，2013 年第 8 期。

［96］邢乐成、韦倩、王凯：《中小企业投融资公司：破解中小企业融资难的新途径》，《山东社会科学》，2011 年第 1 期。

［97］邢乐成、宋琳：《资本成本与上市公司融资偏好》，《理论学刊》，2005 年第 6 期。

［98］徐传湛等：《我国商业银行规模经济问题与金融改革策略透析》，《经济研究》，2002 年第 10 期。

［99］徐忠、邹传伟：《硬信息和软信息框架下银行内部贷款审批权分配和激励机制设计——对中小企业融资问题的启示》，《金融研究》，2010 年第 8 期。

［100］姚先国、武鑫：《中国的金融制度转型——基于经济危机中的观察》，《经济学动态》，2010 年第 11 期。

［101］姚耀军、董钢锋：《中小银行发展与中小企业融资约束——新结构经济学最优金融结构理论视角下的经验研究》，《财经研究》，2014 年第 1 期。

［102］易宪容：《美国金融业监管制度的演进》，《世界经济》，2002 年第 7 期。

［103］于孟霞：《我国中小企业的发展现状分》，《管理观察》，2013 年第 17 期。

［104］袁志刚、邵挺：《重新审视国有企业的历史地位、功能及其进一步改革》，《学术月刊》，2010 年第 1 期。

［105］昝廷全：《制度的数学模型与制度设计的两个基本准则》，《中国工业经济》，2002 年第 2 期。

［106］张建华：《国外商业银行效率研究的最新进展及对我国的启示》，《国际金融研究》，2003 年第 5 期。

［107］张建军、袁中红、林平：《从民间借贷到民营金融：产业组织与交易规则》，《金融研究》，2002 年第 10 期。

［108］张杰：《金融中介理论：一个文献综述》，《中国社会科学》，2002 年第 1 期。

［109］张杰、周晓艳、郑文平：《要素市场扭曲是否激发了中国企业出口》，《世界经济》，2011 年第 8 期。

［110］张杰、尚长风：《资本结构、融资渠道与小企业融资困境》，《经济科学》，2006 年第 3 期。

［111］张杰：《交易成本、法律传统与金融制度边界的决定》，《财贸经济》，2012 年第 2 期。

［112］张捷：《中小企业的关系型借贷与银行组织机构》，《经济研究》，2002 年第 6 期。

［113］张宁：《试论非正式金融》，《当代财经》，2002 年第 11 期。

［114］张伟斌、刘可：《供应链金融发展能降低中小企业融资约束吗？——基于中小上市公司的实证分析》，《经济科学》，2012 年第 3 期。

［115］赵连卿：《资本成本概念辨析》，《财会月刊》，2000 第 1 期。

［116］赵岳、谭之博：《电子商务、银行信贷与中小企业融资——一个基于信息经济学的理论模型》，《经济研究》，2012 年第 7 期。

［117］中国银行纽约分行：《"金融现代化法案"实施以来的美国银行业：传统与创新》，《国际金融研究》，2003 年第 5 期。

［118］朱玲：《中国扶贫理论和政策研究评述》，《管理世界》，1992 年第 4 期。

［119］朱玲：《中国乡村信贷扶贫制度研究》（上）（下）：《金融研究》，1994 年第 6 期、7 期。

［120］朱武祥：《资本成本理论在公司财务决策中的作用》，《投资研究》，2000 第 1 期。

二、英文文献

［1］Adams D. and J.D. Pischke, "Microenterprise Credit Programs: 'Déja Vu'" ［J］. *World Development*, 1992, 20: 1463–1470.

［2］Aghion A. and C. Gollier, "Peer group formation in an adverse selection model" ［J］. *The Economic Journal*, 2000, 110 (465): 632–643.

［3］Aghion A. and C. Gollier., "Peer group formation in an adverse selection model" ［J］. *The Economic Journal*, 2000, 110 (465): 632–643.

［4］Ahmed Dermish, Christoph Kneiding, Paul Leishman, Ignacio Mas. "Branchless and Mobile Banking Solutions for the Poor: A Survey of the Literature" ［J］. *Innovations: Technology, Governance, Globalization*, 2011, 6(4):81–98

［5］Aizcorbe A.M., A.B. Kennickell and K.B. Moore. "Recent changes in U.S. family finances: evidence from the 1998 and 2001 survey of consumer finance" ［R］. *Federal Reserve Bulletin*, Jan 2003.

［6］Allen N. Berger and Gregory F. Udell, "The economics of small business finance: The roles of private equity and debt markets in the financial growth cycle " ［J］. *Journal of Banking & Finance*, 1998:613–673.

［7］Almeida, H., M. Campello, M.S.Weisbach. "The Cash Flow Sensitivity of Cash" ［J］. *Journal of Finance*, 2004, 59(4): 1777–1804

［8］Andreas Madestam. "Informal finance: A theory of moneylenders" ［J］. *Journal of Development Economics*, 2014, 107:157–174

［9］Banerjee A. and E. Duflo. *Growth theory through the lens of development economics* ［A］. P. Aghion and S. Durlauf, eds. *Handbook of Economic Growth*, Vol. 1A ［C］. Amsterdam: Elsevier, 2005, Chap. 7.

［10］Beck, T., Demirguc–Kunt, "A. Access to finance: an unfinished agenda" ［J］. *World Bank Economic Review*, 2008, 22（3）: 383–396.

［11］Berger A. N. and G. F. Udell, "The economics of small business finance: The roles of private equity and debt markets in the financial growth cycle" ［J］. *Journal of Banking & Finance*, 1998, 22: 613–673.

[12] Berger A.N. and G.F. Udell, "Small business credit availability and rela-
tionship lending: The importance of bank organisational structure" [J] .
The Economic Journal, 2002, 112: 32–53.

[13] Berger A.N., A. Saunders and J.M.. Scalise, "Udell, G.F.. The effects of
bank mergers and acquisitions on small business lending" [J] .*Journal
of Financial Economics*, 1998, 50: 187–229.

[14] Berger, A.N. and G.. F. Udell, "A more complete conceptual frame-
work for SME finance" [J] . *Journal of Banking & Finance*, 2006, 30:
2945–2966.

[15] Berlin M. and L. Mester, "Debt covenants and renegotiation" [J] .
Journal of Financial Intermediation, 1992, 2: 95–133.

[16] Besley T. and S. Coate, "Group lending, repayment incentives, and so-
cial collateral" [J] .*Journal of Development Economics*, 1995, 46 (1):
1–18.

[17] Bester Helmut, "Screening vs. rationing in credit markets with imperfect
information" [J] . *American Economic Review*, 1985, 75, 4: 850–855.

[18] Bhattacharaya, S. and G. Chiesa, "Proprietary information, financial in-
termediation, and research incentives" [J] . *Journal of Financial Inter-
mediation*, 1995, 4: 328–357.

[19] Bhole B. amd S. Ogden, "Group lending and individual lending with
strategic default" [J] .*Journal of Development Economics*, 2010,
91:348–363.

[20] Bolton P.and M. Dewatripont, "The firm as a communication network"
[J] . *Quarterly Journal of Economics*, 1994, 109: 809–839.

[21] Bolton Patrick and D. S. Scharfstein, "A theory of predation based on
agency problems in financial contracting" [J] .*American Economic Re-
view*, 1990, 80: 93–106.

[22] Boot A. W., S. I. Greenbaum and A. V. Thakor, "Reputation and discre-
tion in financial contracting" [J] . *American Economic Review*, 1993,
83: 1165–1183.

[23] Boot A.W., "Relationship banking: what do we know?" [J] *Journal of Financial Intermediation*, 2000, 9: 7–25.

[24] Boot Arnoud, A. V. Thakor and G. F. Udell, "Secured lending and default risk: equilibrium analysis, policy implications and empirical results" [J] . *The Economic Journal*, 1991, 101, 458–472.

[25] Buera F.J., J.P. Kaboski and Y. Shin. "Finance and development: a tale of two sectors" [J] . *American Economic Review*, 2011, 101: 1964–2002.

[26] Burak R. Uras. "Corporate financial structure, misallocation and total factor productivity" [J] . *Journal of Banking & Finance*, 2014, 39:177–191.

[27] Calomiris C. and S. Haber, "Fragile banks, durable bargains: why banking is all about politics and always had been" [R] .Mimeo, Stanford University, 2011.

[28] Chant Link & Asscociates. "A report on financial exclusion in Australia" [R] . Nov 2004. www.anz.com/resources/.

[29] Claessens, S. "Access to financial services: a review of the issues and public policy objectives" [J] . *World Bank Research Observer*, 2006, 21(2): 207–240.

[30] Colin C.Williams, Alvaro Martinez–Perez. "Why do consumers purchase goods and services in the informal economy?" [J] . *Journal of Business Research*, 2014 , 67:802–806.

[31] Dasgupyta B. "Capital accumulation in the presence of informal credit contracts: Does the incentive mechanism work better than credit rationing under asymmetric information?" [R] . *Economics Working Paper*, 2004.

[32] Dewatripont M. and E. Maskin, "Credit and efficiency in centralized and decentralized economies" [J] . *Review of Economy Study*, 1995, 62: 541–555.

[33] Diamond D. W."Monitoring and reputation: the choice between bank loans and directly placed debt" [J] . *Journal of Political Economy*, 1991, 99: 689–721.

[34] Diamond Douglas W."Financial intermediation and delegated monitoring" [J] . *Review of Economic Study*, 1984, 51, 3: 393–414.

[35] Duo Qin, Zhong Xu, Xuechun Zhang. "How much informal credit lending responded to monetary policy in China? The case of Wenzhou" [J] . *Journal of Asian Economics*, 2014, 31–32: 22–31.

[36] Eduardo Diniz, Rene Birochi, Marlei Pozzebon. "Triggers and barriers to financial inclusion: The use of ICT–based branchless banking in an Amazon county" [J] . *Electronic Commerce Research and Applications*, 2012, 11(5):484–494.

[37] Emmanuel Saez, "Top incomes in the united st ates and canada over the twentieth century " [J] . *Journal of the Euro EuropeanEconomic Association*, 2005 (4).

[38] European Commission. Financial services provision and prevention of financial exlusion [EB/OL] . www.pfrc.bris.ac.uk/ completed_research/ Reports/, 2008.

[39] Fama E. "What's different about the bank? " [J] . *Journal of Monetary Economics*, 1985, 15: 29–40.

[40] Gale D.and M. Hellwig, "Incentive–compatible debt contracts: the one–period problem" [J] .*Review of Economic Study*, 1985, LII: 647–663.

[41] Ghatak M."Group lending, local information, and peer selection" [J] . *Journal of Development Economic*, 1999, 60: 27–50.

[42] Ghatak M.."Screening by the company you keep: joint liability credit contracts and the peer selection effect" [J] .*The Economic Journal*, 2000, 110: 601–631.

[43] Ghate. *Informal finance: some findings from Asia* [M] . Oxford Univ. Press, 1992.

[44] Guttman J. M. "Assortative matching, adverse selection, and group lending" [J] .*Journal of Development Economics*, 2008, 87: 51–56.

[45] Hall R.E. and C.I. Jones. "Why do some countries produce so much

more output per worker than others? " [J] . *Quarterly Journal of Economics*, 1999, 114: 83–116.

[46]Hsieh C.T. and P.J. Klenow. "Relative prices and relative prosperity"[J]. *American Economic Review*, 2007, 97(3): 562–85..

[47] Hsieh, C., and P. Klenow. "Misallocation and manufacturing TFP in China and India" [J] . *Quarterly Journal of Economics*, 2009, 124(4):1403–1448.

[48] Ivatury, G. "Using technology to build inclusive financial systems" [R] . CGAP Focus Note32, Washington, DC, January 2006.

[49] Jaffee D. and T. Russell, "Imperfect information, uncertainty, and credit rationing" [J] . *Quarterly Journal of Economics*, 1976, 90, 4: 651–666.

[50] Jensen M.C.and W. Meckling, "Theory of the firm: Managerial behavior, agency costs and capital structure" [J] . *Journal of Financial Economics*, 1976, 3: 305–360.

[51] Keeton W. *Equilibrium credit rationing* [M] . New York: Garland Press, 1979.

[52] Kempson E. and C. Whyley. "The extent and nature of financial exclusion" [R] . Working Paper 1, 1999a, Bristol: Personal Finance Research Centre, University of Bristol.

[53] Kempson E. and C. Whyley. "The processes and consequences of financial exclusion" [R] . Working Paper 2, 1999b, Bristol: Personal Finance Research Centre, University of Bristol.

[54] Khurana, L., X.Martin and R.Pereira. "Finaneial Development and the Cash Flow Sensitivity of Cash" [J] *.Journal of Financial and Quantitative Analysis*, 2006, 41(4):787–807.

[55] Klenow P.J. and A. Rodriguez–Clare. *The neoclassical revival in growth economics: has it gone too far?* [A] . Bernanke and J. Rotemberg, eds. *NBER Macroeconomics Annual*, B [C] . London: Cambridge, MA: MIT Press, 1997.

[56] Laffont J."Collusion and group lending with adverse selection" [J] . *Journal of Development Economics*, 2003, 70: 329–348.

[57] Leyshon A. and N. "Thrift. The restructuring of the UK financial services industry in the 1990s: a reversal of fortune? " [J] . *Journal of Rural Studies*, 1993, 9(3): 223–41.

[58] Liberti J.M. and A.R. Mian, "Estimating the effect of hierarchies on information use" [J] . *The review of financial studies*, 2009, 22(10): 4057–4090.

[59] Linton K. Law, "Access to capital in China: Competitive conditions for foreign and domestic firms" [R] . SSRN Working Paper Series, 2007.

[60] Martin Jayo, Eduardo H. Diniz, Felipe Zambaldi, Tania P. Christopoulos. "Groups of services delivered by Brazilian branchless banking and respective network integration models" [J] . *Electronic Commerce Research and Applications*, 2012, 11(5): 504–517.

[61] Mas, I."The economics of branchless banking" [J] . *Innovations: Technology, Governance, Globalization*, 2009, 4(2):57–75.

[62] Massenot B, Straub S." Informal sector and economic growth: the supply of credit channel" [R] . IDEI Working Papers 685, 2011.

[63] Modigliani F. and M.H. Miller, "Corporate income taxes and the cost of capital: A correction" [J] . *American Economic Review*, 1963, 53: 433–443.

[64] Modigliani Franco, and Millr, Menon H."The Cost of Capital, corporation Finance, and Theory of Investment" [J] . *American Economic Review*, 1958, 48:261—297.

[65] Morduch J."The microfinance promise" [J] . *Journal of Economic Literature*, 1999, XXXVII: 1569–1614.

[66] Myers S.C. and N.S. Majluf, "Corporate financing and investment decisions when firms have information that investors do not have" [J] . *Journal of Financial Economics*, 1984, 13: 187–221.

[67] Petersen M. A. and R. G. Rajan, "The benefits of lending relationships: Evidence from small business data" [J] . *Journal of Finance*, 1994, 49: 3–37.

[68] Petersen M. A. and R. G. Rajan. "The effect of credit market compe-

tition on lending relationships" [J] . *Quarterly Journal of Economy,* 1995, 110: 407–443.

[69] Rajan R., "Insiders and outsiders: the choice between relationshipand arm's length debt" [J] . *Journal of Finance,* 1992, 47: 1367–1400.

[70] Richard Nyangosi, J.S. Arora, Sumanjeet Singh. "The evolution of e–banking: a study of Indian and Kenyan technology awareness" [J] . *Int. J. of Electronic Finance,* 2009, 3(2): 149–165.

[71] Roubini N, Sala–i Martin X ."A growth model of inflation, tax evasion, and financial repression" [J] . *J M Econ.,* 1995, 35(2):275–301.

[72] Satya R. Chakravarty, Rupayan Pal."Financial inclusion in India: An axiomatic approach" [J] . *Journal of Policy Modeling,* 2013, 35(5):813–837.

[73] Scott J.H., "A theory of optimal capital structure" [J] . *The Bell Journal of Economics,* 1976, 7(1): 33–54.

[74] Seifallah Sassi and Mohamed Goaied. "Financial development, ICT diffusion and economic growth:Lessons from MENA region" [J] . *Telecommunications Policy,* 2013, 37: 252–261.

[75] Seo, H.J., Lee, Y.S., Oh, J.H."Does ICT investment widen the growth gap?" [J] . *Telecommunications Policy,* 2009, 33(8), 422–431.

[76] Shamim, F. "The ICT environment, financial sector and economic growth: across–country analysis" [J] . *Journal of Economic Studies,* 2007, 34(4), 352–370.

[77] Sharpe S.A. "Asymmetric information, bank lending, and implicit contracts: a stylized model of customer relationships" [J] .*Journal of Finance,* 1990, 45: 1069–1087.

[78] Simon Gilchrist, Jae W. Sim, Egon Zakrajšek. "Misallocation and financial market frictions: Some direct evidence from the dispersion in borrowing costs" [J] . *Review of Economic Dynamics,* 2013, 16:159–176.

[79] Stein J.C."Information production and capital allocation: Decentralized versus hierarchical firms" [J] . *Journal of Finance,* 2002, 57: 1891–1921.

［80］Stiglitz J. "Peer monitoring and credit markets"［J］. *World Bank Economic Review*, 1990, 4 (3): 351–366.

［81］Stiglitz J. E. and A. Weiss, "Credit rationing in markets with imperfect information", in the［J］. *American Economic Review*, 1981, 71, 3: 393–410.

［82］Stiglitz J. "Peer monitoring and credit markets"［J］. *World Bank Economic Review*, 1990, 4 (3): 351–366.

［83］Stiglitz, J. and Wiess, A. "Credit rationing in market with imperfect information"［J］. *American Economic Review*, 1981, 71(3):393–410.

［84］Strahan, Philop E., Weston, James P. "Small business lending and the changing structure of the banking industry"［J］. *Journal of Banking & Finance*, 1998, 22(6–8):821–845.

［85］Torre A., M.S.M. Peria and S.L. Schmukler. "Bank involvement with SMEs: beyond relationship lending"［J］. *Journal of Banking & Finance*, 34(2010): 2280–2293.

［86］Van Tassel E. "Group lending under asymmetric information"［J］. *Journal of Development Economics*, 1999, 60, 3–25.

［87］Varghese A. "Bank–Money lender linkages as an alternative to competition"［J］. *Oxford Economic Papers*, 2005, 57(2):315–335.

［88］Vu, K.M. "ICT as a source of economic growth in the information age: Empirical evidence from the 1996–2005 period"［J］. *Telecommunications Policy*, 2011, 35(4), 357–372.

［89］Vu, Khuong M. "Information and Communication Technology (ICT) and Singapore's economic growth"［J］. *Information Economics and Policy*, 2013, 25（4）：284–300.

［90］Williamson S.D. "Costly monitoring,financial intermediation,and equilibrium credit rationing"［J］. *Journal of Monetary Economics*, 1986, 18(2):159–179.

［91］World Bank. Finance for all?［EB/OL］. www.worldbank.org/INT-FINFORALL/ Resources/, 2008.

后 记

　　中小企业融资难是个世界性难题，在中国表现得尤为突出。十多年来，我把学术研究的重点放在了中小企业融资难问题上。之所以选择研究这个题目，与我的从业经历有很大关系。本人在银行和企业的从业经历，使我有机会接触到了许许多多的中小企业。这期间我有一个强烈的感受：中小企业发挥的作用和它所处的地位很不匹配。尽管中小企业在促进经济增长、增加税收、提供就业岗位和推动创新等方面发挥着十分重要的作用，但它却是个弱势群体，面临着非常恶劣的生存环境，其在发展过程中受到很多方面的制约。其中，融资难、融资贵就是制约中小企业发展的瓶颈。

　　出于一种社会责任，我很想在解决中小企业融资难问题上做点事情。一方面，我先后发起成立了将军担保公司、将军典当公司、齐鲁中小企业投融资公司等运作平台，从实践中为中小企业融资提供力所能及的帮助和支持，积累了大量的第一手资料，增加了我的感性认识；另一方面，我十分关注对中小企业融资难的理论研究，先后阅读了大量的理论文章和经典著作，增加了自己的理性认识。正是从理论与实践的结合上，我认识到了现有理论研究的不足和实践探索的缺陷。如何发挥自己在理论和实践结合上的优势，来深入探讨中小企业融资难问题就显得很有必要。十几年来，我陆续发表了几十篇文章并撰写了大量研究文稿，为本书的出版提供了基础素材。

　　进入高校工作后，我主持了一项国家社科基金课题"基于金融错配分析框架的中小企业融资难问题研究"。对该课题的研究，进一步提升了我对中小企业融资难问题的认知水平。在从事该课题的研究中，我结识了一个优秀的团队，对本书的写作给予了很大的帮助和支持，书中的有关章节分别由他们完成。值此本书出版之际，向这个优秀团队的成员表示谢意，他们是：解传喜博士、贾军博士、刘玉刚博士、羿建华博士。感谢大家的支持、帮助和付出。

　　感谢山东财经大学的宋琳教授，他对资本市场和直接融资理论研究具有独创的见解，对书中的许多观点提供了建设性意见。

　　感谢我的研究生邵娜同学，她为本书的出版付出了努力，从打字到理论文献的梳理，再到书稿的论证和编辑加工，她都付出了辛勤的劳动。

　　感谢所有理解我、支持我、帮助我的人们！

邢乐成

2015 年 6 月于泉城